土地管理论丛

基于生产力总量平衡的耕地区域布局优化及其补偿机制研究

柯新利　著

科学出版社

北　京

版权所有，侵权必究

举报电话：010-64030229，010-64034315，13501151303

内 容 简 介

耕地保护是我国的基本国策，其实质是保障国家粮食安全。本书以耕地保护的根本目标是耕地生产力的保护为基本观点，提出我国社会经济快速发展阶段耕地保护的新思路。本书在耕地生产力评估、耕地非农化压力测算及其区域差异分析的基础上，针对经济发展水平和自然资源禀赋的区域差异，提出基于生产力总量平衡的耕地区域布局优化的理论与方法体系。进而，以耕地非农化收益的区域差异为基础，以耕地区域布局优化结果为依托，设计耕地保护区域补偿机制。

本书可以作为土地资源管理、耕地保护、土地利用与政策、土地资源优化配置、土地资源可持续利用，以及自然资源利用、管理与保护等领域管理者、科研工作者及相关领域本科生与研究生的参考书。

图书在版编目(CIP)数据

基于生产力总量平衡的耕地区域布局优化及其补偿机制研究/柯新利著.
—北京：科学出版社，2019.10
（土地管理论丛）
ISBN 978-7-03-062403-1

Ⅰ.①基… Ⅱ.①柯… Ⅲ.①耕地资源–资源管理–研究–中国 Ⅳ.①F323.211

中国版本图书馆 CIP 数据核字（2019）第 210776 号

责任编辑：杨光华 李建峰/责任校对：高 嵘
责任印制：彭 超/封面设计：苏 波

科学出版社 出版

北京东黄城根北街 16 号
邮政编码：100717
http://www.sciencep.com

武汉市首壹印务有限公司印刷
科学出版社发行 各地新华书店经销
*

开本：787×1092 1/16
2019 年 10 月第 一 版 印张：13 3/4
2019 年 10 月第一次印刷 字数：323 000

定价：88.00 元
（如有印装质量问题，我社负责调换）

"土地管理论丛" 总序

土地既是重要的自然资源,又是不可替代的生产要素,在国民经济和社会发展中具有重要的作用。土地资源管理在推进工业化、农业现代化、新型城镇化、信息化和生态文明建设中的地位日益突出。土地资源管理作为管理学、经济学、法学、信息科学、自然资源学等交叉学科,成为管理学中不可替代的重要学科。

华中农业大学土地资源管理学科创办于 1961 年。1961 年在两位留苏专家韩桐魁教授、陆红生教授的努力下创立了中国大陆第二个土地资源管理本科专业(前称为:土地规划与利用);1981 年韩桐魁教授、高尚德教授、陈若凝教授、陆红生教授等在全国率先恢复土地规划与利用专业;1987 年获得全国第一个土地资源管理硕士点(前称为:农业资源经济与土地规划利用);2003 年获得全国第三批土地资源管理博士点;2012 年获批公共管理博士后流动站。历经五十余年,在几代土管人的努力下,华中农业大学已经成为中国大陆土地资源管理本科、硕士、博士、博士后教育体系齐全的人才培养重要基地。

华中农业大学于 1960 年建立土地规划系(与农业经济系合署办公),1996 年成立土地管理学院(与农经学院合署办公),2013 年土地管理学院从经济管理学院独立出来与高等教育研究所组成新的土地管理学院和公共管理学院。经过近六十年的积累,已经形成了土地资源经济与管理、土地利用规划和土地信息与地籍管理三个稳定的研究方向。近年来主持了国家自然科学基金项目 27 项,国家社会科学基金项目 10 项,教育部哲学社会科学重大课题攻关项目、博士点项目、中国博士后科学基金项目 21 项。

华中农业大学土地资源管理学科在兄弟学校同行的大力支持下,经过学院前辈的不懈努力,现在已经成为中国有影响的、重要的土地资源管理人才培养、科学研究基地。《资源节约型与环境友好型社会建设土地政策研究》《粮食主产区农地整理项目农民参与机制研究》《农村土地流转交易机制与制度研究》《城市土地低碳集约利用评价及调控研究》《城乡统筹背景下建设用地优化配置的动力、绩效与配套机制研究》《基于生产力总量平衡的耕地区域布局优化及其补偿机制研究》《基于微观群体视角的农田生态补偿机制——以武汉城市圈为实证》《大都市郊区农村居民点用地转型与功能演变研究》为近年我院土地资源管理教师承担的国家自然科学基金、国家社会科学基金项目的部分研究成果，组成"土地管理论丛"。

　　"土地管理论丛"的出版，一来是对过去我们在三个研究方向所取得成果的阶段性总结；二来用以求教、答谢多年来关心、支持华中农业大学土地资源管理学科发展的领导、国内同行和广大读者。

张安录

2017 年 6 月 6 日

前　　言

　　城市化与耕地保护的矛盾是我国快速城市化进程中面临的关键问题。耕地总量动态平衡造成耕地占优补劣，加剧了耕地质量的恶化。保护耕地并保育耕地生产力是保障粮食安全的基本要求。耕地生产力总量平衡是实现粮食安全的重要保障。然而，由于忽视了区域经济发展和资源禀赋的非均衡性，区域内的耕地总量动态平衡效果欠佳：经济发达地区耕地非农化压力难以释放，经济欠发达地区耕地非农化效率低下。开展耕地区域协调保护可以在保障国家粮食安全的基础上实现耕地非农化效率的帕累托改进。耕地保护区域补偿是实现耕地区域协调保护的有力保障。当前的耕地保护补偿研究大多根据现状确定耕地保护目标、以耕地价值为基础确定补偿标准，难以起到耕地保护的激励作用。因此，有必要开展基于布局优化的耕地保护区域补偿机制研究：开展耕地区域布局优化以确定区域耕地保护目标责任，将补偿标准与耕地非农化收益挂钩，建立耕地保护区域补偿机制。本书根据各区域经济发展和资源禀赋的差异，以耕地生产力总量平衡为目标，构建分区异步元胞自动机模型开展耕地区域布局优化，为协调粮食安全和经济发展的矛盾、实现耕地区域协调保护提供新的思路和方法；同时根据耕地区域布局优化结果确定区域耕地保护目标责任，据此测算区域耕地"赤字/盈余"，结合耕地非农化收益测算耕地保护区域补偿价值标准，构建基于生产力总量平衡的耕地区域协调保护机制。

　　理论方面，本书提出基于耕地生产力总量平衡的耕地区域布局优化及其补偿机制理论和方法体系，是耕地区域协调保护理论的新探索。实践方面，本书有利于在耕地区域协调保护中实现"以布局引导补偿，以补偿实现保护"，协调快速城市化进程中粮食安全与经济发展的矛盾，对耕地资源合理配置和有效保护具有重要的现实意义。

　　在本书的编写过程中，得到了中国科学院地理科学与资源研究所刘纪远研究员、邓祥征研究员，武汉大学边馥苓教授，华中农业大学公共管理学院张安录教授、杨钢桥教授、陈银蓉教授、王秀兰教授、马才学教授等的指导和大力支持。作者的研究生杨柏寒、胡少华、廖平凡、郑伟伟、李红艳、温槟荧、普鹍鹏、祁凌云、黄翔、唐兰萍、刘世超、马艳春、金莹、王立业、肖邦勇、朱林、周秋实、张玥、杨蓉萱等为书稿的修改和校对提供了帮助。在此，一并表示感谢！

　　本书的研究工作得到了国家社会科学基金"基于生产力总量平衡的耕地保护区域布局优化及补偿机制研究"（编号：13CGL092）和国家自然科学基金"城镇用地扩张与耕地功能演变的时空耦合机理研究——以武汉市为例"（编号：41371113）、"城市群城镇用地扩张多尺度耦合机理研究"（编号：41101098）的资助。

　　由于作者水平有限，书中难免有疏漏之处，敬请读者批评指正。

作　者

2019 年 6 月

目　　录

第 1 章 绪 论

1.1 中国耕地保护的重要意义

（1）耕地保护不仅是粮食安全的重要保障，也是实现协调发展的重要基础。

粮食安全是国家社会稳定、经济发展的基础，其强国之根、固国之本的战略地位不可动摇（聿曾，2018）。在我国人口众多且人均耕地不足的现实背景下，粮食安全问题显得尤为重要。2015 年中国粮食总需求在 $6\,400 \times 10^8$ kg 以上，总产量为 $6\,215 \times 10^8$ kg，有接近 $2\,000 \times 10^4$ t 的缺口，而未来五年这个缺口将达 $10\,012 \times 10^4$ t。耕地资源作为粮食生产最基本的物质条件，是人类赖以生存和发展的基础。粮食安全的核心是土地安全，耕地的数量和质量会直接影响粮食的产出能力。保持一定数量和质量的耕地，既是构成粮食综合生产能力的基本前提，也是我国实现国家粮食安全的重要保障（张慧 等，2017）。《2014 中国国土资源公报》数据显示：截至 2013 年底，全国耕地面积仅占农用地面积的 14.3%。2009～2013 年，耕地总体保有量呈下滑趋势。第一次及第二次全国土地调查中全国人均耕地分别为 0.106 hm^2 和 0.101 hm^2，不足世界人均水平的一半。此外，中低等级耕地占我国耕地面积的 70% 以上，总体质量偏低。我国"18 亿亩[①]耕地红线"政策已实行十多年，耕地保护重心由注重数量转到数量质量并重。我国实行严格的耕地保护制度，依法依规落实耕地占补平衡政策，《中共中央 国务院关于加强耕地保护和改进占补平衡的意见》中特别强调："像保护大熊猫一样保护耕地"。

---

① 1 亩=666.67 m^2

在我国现代化进程中，快速的城镇化给耕地保护带来了巨大压力。一方面，"土地城镇化"快于"人口城镇化"。另一方面，部分地区过度依赖土地出让收入和抵押融资推进城镇建设，用地需求的增加占用大量耕地资源。为此，我国实行严格的耕地保护政策。其中，耕地占补平衡政策虽然对耕地数量的保护起到了一定的作用，但存在"只占不补、多占少补、占优补劣"等问题。为贯彻落实《中共中央 国务院关于加强耕地保护和改进占补平衡的意见》（中发〔2017〕4 号）精神，原国土资源部（现自然资源部）发布的《关于改进管理方式切实落实耕地占补平衡的通知》中提到：改进耕地占补平衡管理，建立以数量为基础、产能为核心的占补新机制，通过"算大账"的方式，落实占一补一、占优补优、占水田补水田，实现耕地数量、质量和生态三位一体保护。但目前耕地保护的质量与生态平衡的相关研究较少，耕地保护的形势在城镇化的趋势下依然很严峻，如何协调两者的冲突成为我国经济发展中亟待解决的问题。

在"十三五"规划建议中，提出"坚持最严格的耕地保护制度，坚守耕地红线，实施藏粮于地、藏粮于技战略，提高粮食产能，确保谷物基本自给、口粮绝对安全"。意味着耕地资源的保护和优化已经上升为我国战略发展的关键性问题。

（2）耕地生产力总量平衡是耕地总量动态平衡的进一步优化。

为有效保护我国耕地资源，1997 年国家土地管理局制定了"耕地总量动态平衡"政策，并将耕地占补平衡作为我国实现耕地保护的基本制度，并于 1998 年在《中华人民共和国土地管理法》（以下简称《土地管理法》）中首次赋予其法律意义。国务院于 2004 年提出补充耕地数量质量实行按等级折算的规定，占补平衡的重点开始关注质量平衡。2009 年提出有条件的地区可积极探索耕地占补平衡市场化运作方式，并鼓励省内甚至全国范围内的"易地占补平衡"模式。

不同区域的资源禀赋、社会经济发展差异显著，同时在特定社会经济发展阶段，不同区域耕地非农化的需求也存在差异。然而，包括耕地总量动态平衡政策在内的耕地保护政策往往忽视区域差异，使得这些政策频频失灵。主要原因有四点。第一，占补平衡政策提出耕地数量和质量实行按等级折算，并制定补充耕地质量验收评定技术规范，但执行力度不够，缺乏对补充耕地质量评价的顶层设计。第二，在城市土地扩张过程中，往往会选择区位条件优越的城市郊区或交通干线两侧，占用大量优质耕地，而补充的耕地往往是偏远、难以利用的荒地、滩涂、废弃的建设用地等。第三，目前的耕地补充过度依赖后备土地资源的开发，通过多年开发，条件较好的宜耕后备资源已开发殆尽，而高成本的土地整理和土地复垦使用较少（岳永兵 等，2013）。在耕地保护方面，更多地关注"耕地数量"保护。第四，在经济发达地区，耕地非农化与耕地数量保护之间的矛盾十分突出，导致该地区耕地非农化的压力难以释放，从而产生大量非法用地；而在经济欠发达地区，地方政府为了不影响下一期规划的耕地非农化指标分配而争取不合理的指标，从而导致土地的低效利用（张效军，2006）。

耕地生产力总量平衡，是从耕地质量角度对耕地保护的进一步思考，是解决"占优补劣"问题的核心举措。在耕地总量动态平衡的基础上进一步创新，更多关注耕地的产出量和产出效益，依据粮食需求、区域经济发展与资源禀赋的特点，规划耕地保护的策略。

耕地生产力总量平衡能够有效实现耕地占补数量与质量的平衡；根据农业产业变化及时调整作物以保持土地高价值；根据各区域不同生产力发展水平，调整国家政策，疏通耕地保护的地域流动，充分发挥各地区耕地的生产力优势；在保持生态平衡的基础上，保护土地生产力的持续开发（陈利根 等，2001）。

（3）耕地区域协调保护是实现耕地生产力总量平衡的重要手段。

耕地生产力总量平衡与耕地总量平衡相比，需考虑资源禀赋、经济发展不均衡对土地需求作用的区域及省域空间差异性。东部发达地区耕地资源相对稀缺，人口密度大，城市化水平高，人地矛盾压力最大；中西部地区土地资源较丰富，产业发展相对落后，耕地开发实力不足，土地管理粗放。经济发展快、平原地貌多的省（自治区、直辖市），耕地资源社会价值较高，后备资源严重不足。而后备资源丰富的区域，其耕地的社会价值往往较低。耕地资源的社会价值与区域分布呈现东高西低、南高北低的显著差异（吴泽斌 等，2016）。

各区域土地资源和经济发展不同，导致土地利用状况存在差异。东部地区经济的飞速发展、城市用地需求的急剧扩大依赖于耕地资源的进一步开发，实际用地需求远远超过计划下达指标。随着中西部地区承接产业转移步伐的加快，建设用地需求迅速增长，例如，中部地区的安徽省 2008 年实际建设用地也超出了国家规划的目标。土地的供需矛盾，会严重制约基础建设与产业发展。在土地利用过程中，存在土地利用与区域工业化发展不匹配的现象。一方面，部分区域新增建设用地的产出能力大幅度提高，GDP 效应增强，但就业效应和人口城市化效应却呈下降趋势，土地利用方式粗放（杨刚强 等，2012）。另一方面，部分过多承担耕地保护任务的地区出现贫穷、落后的现象及"粮食大县、工业小县、财政穷县"的窘况。在耕地平衡与经济发展的博弈中，很多地区相互推诿耕地保护责任（马驰 等，2009）。由于现行的建设用地指标分配大多未考虑区域经济发展与资源禀赋的区域差异，各区域分配不均、土地资源利用效率低下的现象屡见不鲜。经济发达地区，建设用地指标不足，耕地非农化的压力难以释放；而经济欠发达地区，耕地非农化效率低下，土地资源浪费严重（柯新利 等，2013）。

因此，开展耕地区域协调是在保障国家粮食安全的基础上，实现土地利用效率帕累托优化的途径。第一，针对各区域经济发展的不同阶段，以及土地非农化效益的差异，对土地利用进行差别化管理与调控，提高土地资源利用效率，缓解土地供需矛盾。第二，结合整体区域经济发展的战略规划，形成东部地区土地集约型产业布局、中西部地区土地密集型产业布局，协调东部经济实体往中西部过渡，缓解东部地区耕地压力，提高中西部地区的土地利用效率，最终实现土地生产力的均衡。第三，通过市场交易的方式促进耕地资源与经济发展资金的区域间流动（胡敏华，2009）。在进行土地资源利用的空间配置时，充分考虑区域比较优势和空间效率，实现耕地生产力总量均衡。

（4）基于布局优化的耕地保护区域补偿机制是耕地区域协调保护的重要途径。

当前的耕地保护补偿研究大多以耕地价值作为补偿标准，与耕地非农化收益脱钩。随着区域间经济发展差异日益扩大，区域间耕地保护补偿机制缺失造成耕地保护的输出地逐渐放弃耕地保护，甚至降低耕地产出以谋求经济发展。耕地保护的收益地承担经济发展所带来的耕地保护压力，能给予的耕地保护置换补偿价值不高，难以起到足够的激励作用（马驰 等，2009）。只有当受偿地区得到的补偿不小于该地区耕地非农化的收益时，才会促进受偿地区落实耕地保护；同样，只有当补偿地区支付的补偿不小于该地区耕地非农化的收益时，才会有效抑制补偿地区的耕地非农化行为，起到耕地保护的导向和杠杆作用。

实现区域耕地保护补偿，需要建立在协调地方经济发展与资源禀赋的基础上，由部分经济发达、耕地资源紧张的地区通过财政转移支付等方式对经济欠发达、过多承担耕地保护任务的地区进行经济补偿（马驰 等，2009）。在保证全区域耕地保护总量的前提下，完善区域耕地保护补偿政策，明确各区域耕地保护的目标、补（受）偿标准。由于补偿标准与土地利用效率和耕地非农化需求脱钩，可能出现土地利用效率高、耕地非农化需求迫切的区域承担耕地保护任务，而土地利用效率低、耕地非农化需求不足的区域不承担耕地保护任务。在综合布局思路下进行耕地资源平衡，确定区域耕地保护的目标责任，协调国家经济发展与地区耕地保护。在保证全区域粮食安全的前提下，根据土地利用效率和耕地非农化需求进行耕地区域布局优化，确立各区域耕地保护目标。同时，结合各地非农化收益、耕地价值、耕地盈余状况确定耕地保护补偿标准（柯新利 等，2015）。

耕地保护补偿应以市场化方式为引导，激励性补偿为主。对履行保护耕地义务的农民、集体经济组织和地方政府给予补偿（陈治胜，2011），改变中央和地方财政"经济直补"的补偿方式，运用市场原则将补偿标准与耕地非农化收益挂钩。对耕地盈余量大的受偿区域，应确定较高的受偿标准；对耕地赤字量大的补偿区域，提高应支付的补偿标准。在耕地生产力总量平衡的要求下，保证区域经济发展对耕地非农化需求的最大化实现。

1.2　中国耕地保护政策的历史演进

1.2.1　耕地保护政策的定义

耕地是重要的物质资源，耕地保护是实现耕地资源可持续化的重要手段，是对耕地的数量和质量进行多方位的保护。耕地保护政策作为我国四大基本国策之一，是指所有与耕地保护有关的政策、法律、法规，综合了多套规范，是一个完整的体系（翟文侠 等，2005）。

1.2.2　改革开放前的耕地保护政策

新中国成立至我国改革开放是我国传统经济战略的发展阶段，高速推进优先发展重工业为主要内容的社会主义工业化。这一战略目标的实现需要经济体制、政策措施支持（周永，2000）。1954 年农业部成立土地利用总局，土地管理工作重心转向农村，提出要大力解放农村生产力、发展农业生产，强调对耕地的保护。保证粮食产量是该时期耕地保护的主要任务，耕地数量有所增加，为国家的经济与工业化的发展奠定坚实的基础（林晓雪，2014）。

1.2.3 改革开放后的耕地保护政策

1978年后，我国进入改革开放新时期，工业化、城镇化的进程不断推进，城市扩张规模扩大，导致大量的耕地被建设用地侵占，这一时期的耕地保护政策也开始发生变化。在前人研究（吴群，2011；刘新卫 等，2009；秦明周，2008）的基础上，本节将改革开放后我国耕地保护政策的发展历程细分为以下五个阶段。

（1）起步阶段（1978~1985年）：我国改革开放初期，推行农村家庭联产承包责任制，农民的种粮积极性得到提高，实现了粮食增产。此阶段城市和农村的发展都需要依托土地。我国耕地保护政策在这一阶段呈现的主要特点是：总体上服从于保证建设需要，受到保证粮食安全及农业结构调整的限制，政策散布于相关文件和报告；耕地保护政策主要是以行政命令形式展开，但是缺乏相对应的法律配套措施，导致耕地保护缺乏法律支撑。

（2）发展阶段（1986~1991年）：随着改革开放的全面展开，建设用地的需求日益增长，规模逐渐扩大，侵占了大量耕地，建设用地与耕地之间的矛盾日益突出。我国成立国家土地管理局对耕地保护进行统一管理，出台了一系列土地管理法律法规，并开始展开基本农田保护区试点工作。虽然我国耕地保护政策在这一阶段存在过度依赖行政手段、系统性不强等问题，但是我国耕地保护在政策制定及实践方面都得到了进一步的发展和突破。

（3）巩固阶段（1992~1997年）：我国社会经济进入迅速发展的新阶段，城镇扩张导致耕地大量流失，耕地保护工作面临严峻的形势。为推行并落实耕地保护政策，我国进一步强化行政手段，并加强法律法规建设。这一阶段我国耕地保护政策的制定和实施的主要特点是：耕地保护政策体系得到了初步构建；耕地保护政策服从于国家重大战略；行政手段仍然是重要的实施手段之一，但手段日趋多样化。

（4）调整阶段（1998~2004年）：这一阶段，我国城镇化率超过30%，进入城镇化高速发展阶段，城市扩张及生态退耕等加大了耕地保护压力。为了加强对耕地的保护，1998年国务院重新组建国土资源部对耕地保护工作进行统一管理，完善配套措施，重视有关耕地保护方面的技术规程。此阶段耕地保护政策有所调整，保护手段更加多样化，体系框架更加系统化。

（5）完善阶段（2005年至今）：这一阶段，我国处于经济发展的关键时期，耕地保护面临着新的机遇，耕地保护的重要性也被提到一个新的高度。2006年《政府工作报告》明确提出"切实保护耕地特别是基本农田"、"一定要守住全国耕地不少于18亿亩这条红线"。随后，出台和更新了多部法律，强调耕地保护"数质并重"。我国的耕地保护政策在这一阶段呈现的主要特点是：耕地保护政策被赋予了参与调控的使命；我国的耕地保护政策逐渐形成了数量、质量和生态三位一体保护的科学内涵；耕地保护政策与相关政策的协调性得到增强；耕地保护政策的实施手段不断得到完善，并且更加多样化。

1.3 中国耕地总量动态平衡政策的实施效果

耕地总量动态平衡是保障粮食安全的关键，能够缓解人地矛盾的资源冲突。国务院明确了在正视我国土地现有状态的基础上,实现耕地总量动态平衡应作为下一阶段发展的重要目标。耕地总量动态平衡是我国可持续发展战略制定的核心所在,是当下人民生活与经济发展的依托,是促进国家发展良性循环的重要举措。

我国人均耕地较少,且人地矛盾逐年加剧。为实现耕地与其他发展要素的协调统一,可以通过治理生态环境、增加耕地数量、提升耕地质量等多种耕地总量动态平衡的举措,进一步推进我国可持续发展的战略(刘绪平,1998)。要实现耕地总量动态平衡,维持耕地生产力是关键。虽然我国人均粮食的占有量逐渐接近世界平均水平,但农业现代化水平和耕地利用水平仍整体偏低。另外,后备耕地资源匮乏,尤其是在当前生态环境改善的退耕还林(草)政策背景下。维持耕地生产力应提高土地集约化利用程度、提高土地质量、推进农业科技现代化、调整农业结构、优化耕地的利用率,提高耕地单位面积的产能。坚决执行《土地管理法》"占一补一"制度,在维持耕地数量的基础上,通过质量的改善实现耕地的动态平衡。充分结合我国耕地的区域差异性,有针对地实现区域协调下的平衡。尤其是将全国范围内粮食产量较高的优势区域,与市场成熟、耕地资源匮乏的区域进行整合,实现产供销互补,建立长期战略性合作,在资源整合的基础上,加强对耕地数量与质量的保护,从而达到实现全国范围内的总量动态平衡目标(陆迁,2003)。

1.4　基于生产力总量平衡耕地保护的必要性

为保护耕地资源,我国推行了一系列耕地保护政策,虽有成效但仍不尽人意,其主要原因有以下五个方面。

(1)耕地保护对象不明确,国际标准对于耕地的定义包括"永久性作物",而耕地总量动态平衡中"耕地"的定义比较狭窄,直接影响耕地资源的集约利用(朱礼龙,2004)。

(2)耕地保护未考虑地理位置、资源存量及经济发展状况方面存在的空间差异性。为达到耕地总量平衡的要求,经济发达地区的耕地非农化转变往往被制约;而对于耕地富足的农业传统优势地区,往往会出现农产品产量过剩的问题,农业和工业发展都受到影响,耕地总量动态平衡政策无法有效发挥作用。黄贤金等(2001)认为以农业化生产为主、经济欠发达的地区,应加大后期非农化占用耕地的成本。

(3)耕地保护政策单纯考虑数量指标,质量改善的量化指标不够全面,缺乏相应的激励措施,因此,导致地方政府放弃改善耕地质量,转而开垦一些不符合耕地标准的荒地,影响整体的耕地质量和数量(艾建国,2003)。

(4)耕地保护政策的推行主要运用行政手段,而经济和市场手段运用较少,缺乏市场机制为主导的保护思路(黄锦东 等,2012;周进生,2002)。当耕地保护目标与土地非农化转变发生冲突时,地方政府往往选择经济效益优先而牺牲耕地(钱忠好,2003)。现行的考核标准以 GDP 为主,侧重于经济指标,缺乏对地方政府部门耕地保护的综合评价,对平衡经济发展和激励农地保护行为并没有发挥实质性的作用(艾建国,2003)。

(5)我国现行耕地保护制度缺乏对农民的激励效应(韩龙达 等,2009)。耕地总量动态平衡的实现没有和农业经济同步发展，缺乏对农民适应农业市场发展的政策引导。农民的自主耕作权受限，不能根据市场的供需变化自行选择效益较高的农产品。此外，政府"过度"干预粮食市场，导致农民增产而不增收，甚至出现亏损现象，抑制了农民耕作的积极性，导致某些地区出现大面积弃耕（艾建国，2003）。

因此，有必要在耕地总量动态平衡路径的基础上进行创新。基于耕地生产力总量平衡的耕地保护，更多关注耕地的产出量和产出效益，依据粮食需求、区域经济发展与资源禀赋的特点，规划耕地保护的策略，不仅有利于解决"占优补劣"问题，还能进一步促进耕地总量动态平衡政策的实施。

1.5 基于生产力总量平衡耕地保护的理论与方法体系

1.5.1 耕地生产力及其评估理论

1. 生产力理论

古典经济学家对生产力的理解集中于物质生产领域，即单纯的物质生产所具有的力量，将生产物质财富的量的多少作为衡量生产力发展程度的标准（李劲 等，2017）。《国富论》定义劳动生产力为生产性劳动的产出，侧重于产品的生产率（亚当·斯密，1974），体现在生产产品的数量上。大卫·李嘉图将土地的自然力理解为土地生产力，即土地生产出产品的多少取决于生产力的高低，是雇佣关系下的农业劳动所带来的土地产出产品的量的基础上加上地租（彼罗·斯拉法，1962）。萨伊等（2009）从要素论提出生产力有土地、资本和劳动三要素，只有当土地获得地租、资本取得利润、劳动得到报酬的时候，才能产生生产力。李斯特进一步纳入人的力量和劳动能力，包涵了自然及人的生产力。《中国大百科全书·哲学》将生产力定义为，人们在物质资料生产过程中与自然界之间的关系，是人类改造自然的客观物质力量，也称社会生产力。

生产力不仅是人类在劳动活动中所蕴含的推动社会进步的力量，也是劳动者与自然进行物质、信息、能量变换中促进经济发展与环境保护共赢的力量，表现在：①生产力是人类在以往活动基础上传承下来的一种力量，推动社会不断发展；②生产力是人类在劳动中产生的力量，该劳动指人与自然之间的物质变换过程，是实现生产力发展的重要限制因素；③生产力是经济发展与环境保护共赢的力量。马克思从数量和质量进一步发展了生产力的内涵（李松龄，2017）：前者指人类在与自然进行物质变换中创造物质财富的力量，后者指人类与自然进行物质变换中促进经济发展与环境保护共赢的力量。所以，人类从自然界获取物质财富时要尊重自然、顺应自然和保护自然，通过合理科学地发展生产力，在发展经济的同时促进对生态环境的保护，实现生产力与生态环境协调发展，达到经济发展与环境保护共赢的目标（徐海红，2018）。

2. 土地生产力理论

土地生产力包括土地的自然生产力及社会经济生产力（袁绪亚，1995），前者指土地的生物生产能力（毕宝德，2006），是土地本身的资源特征（如土壤物理、化学性状和生态环境等）；后者指投入人类劳动、技术等社会经济要素而形成的生产力（陈利根 等，2001）。土地自然生产力具有三个特点。①原生态性，即土地本身的资源特征。土地生产力具有不稳定性，在人类进行改造、利用过程中进入生产过程就会呈现动态发展，直至产生产品（李长智，1995）。②生态性，表现在土地中的生物通过光合作用吸收和聚集太阳能，通过食物链将能量向上逐级传递，最终为人类所利用（宇振荣 等，1998）。③永续性，指土地中的自然要素永续存在，多层面作用于生产过程，一是土地提供生产过程中所需要的空间场所，与其他要素的组合在时间上永续一致；二是土地中的自然要素进入或退出生产过程；三是生产过程中各种残余物质重新投入土地中，或者再参与生产（李锋瑞，1988）。而土地经济生产力受社会经济因素的直接影响，如土地集约化水平（卞正富 等，1998）。土地经济生产力的特点有：①稳定性，取决于土地的空间位置不可移动特性；②级差性，由于投入资金、劳动力等存在差异，同时构成土地的要素如土壤肥力、气候条件、地形地貌、水文等会直接影响土地生产力产出水平的自然条件也不尽相同（赵庚星，1996）；③社会经济敏感性，在土地自然生产力基础上，通过培肥土壤、改良品种、创新栽培技术、加强田间基础设施建设和提高田间经营管理水平等措施可以提高土地生产力（卞正富 等，1998）。

3. 耕地生产力理论

耕地生产从系统论角度可看作一个大系统，由生产要素和产出结果两大子系统构成。自然基础、政策支撑、科技支撑、投入支撑与效益反馈等因素对耕地功能产生重要的作用。①自然基础。自然资源对耕地生产系统的支撑能力，主要包括土地、水、气候等自然资源物质要素，是耕地生产力形成的基础（李新旺，2011）。②政策支撑。制定和实行不同的政策对耕地生产力水平会产生不同的影响，先进的、合适的政策制度使农业生产组织不断趋于优化，降低农业生产成本，提高效益（黄季焜 等，2003）。③科技支撑。它是指提高农业科技成果研发能力和储备水平，以及提高劳动者的素质、技能，科学技术在推动耕地生产力发展方面发挥着重要作用。④投入支撑。它包括水土资源开发、农业劳动力投入、固定资产投入及控制灾害能力等投入，直接决定耕地生产力的后劲与潜力（李晓峰，1992），是耕地生产力形成的核心和衡量生产力水平的重要标志。⑤效益反馈。它是指农民对往年耕地收益的满意程度及采取的响应措施，主要包括耕地粮食产值（总产值、人均产值和地均产值）和种粮比较利益。

耕地生产力发展变化的特征：①时间变异性，耕地生产力会随着科学技术的发展、投入的增加等得到不断提高，会随气候因素、价格因素等偶然因素而波动，也会随着我国工业化与城市化不断推进，在越发普遍的非农占用耕地现象中变化；②空间差异性，表现在耕地生产力受地域差别化的自然及社会经济因素（环境资源的数量、质量，社会文化环境、经济水平）的共同影响；③种类异质性，耕地生产力还取决于作物本身的个体生命周期特性（如品种和类型）及其对环境条件的适宜性（如对病虫等灾害的忍耐能力和适应程度）。

根据耕地生产力的地域差异性调整耕地总量动态平衡政策，充分发挥不同地区土地生产的比较优势是完善耕地保护政策的关键。实现全国范围内的耕地总量平衡，要在耕地总量占补平衡的基础上，从耕地质量的角度研究对耕地的保护，即基于耕地生产力总量平衡的耕地保护，更多地关注耕地的产出量和产出效益，依据粮食需求、区域经济发展与资源禀赋的特点，规划耕地保护的策略，有效解决"占优补劣"问题，促进耕地总量动态平衡政策的实施。

4. 耕地生产力评估理论

农业生态区划（agro-ecological zones，AEZ）模型方法由联合国粮食及农业组织（Food and Agriculture Organization，FAO）和国际应用系统分析研究所（International Institute for Applied Systems Analysis，IIASA）研发，在 20 世纪 90 年代被引入中国。AEZ 模型因其主体结构未考虑季节分布不均匀等因素对产量的影响，以及所有的农作物系数获取于非洲农田实验，与本国的气候、作物等实际情况有所差异，国内学者对参数进行了修正（党安荣 等，2000；刘建栋 等，1998；赵安 等，1998）。AEZ 模型由光合潜力、光温潜力、光温水土生产潜力发展成耕地生产潜力的作物生产潜力模型，被广泛应用于全球各地的农田生产潜力评价及土地利用规划和管理分析。运用 AEZ 模型对耕地生产潜力评估需依赖于计算机系统模拟与运算，如地理信息系统（geographic information system，GIS）空间分析技术，可实现数据管理，具有时空针对性，直接服务于自然资源管理或者土地利用规划决策（姜群鸥 等，2008）。本书结合 AEZ 模型与 GIS 技术，实现耕地生产力的评估及结果优化。

准确评估耕地生产力是实现保护耕地生产力，进而实现耕地保护的关键。AEZ 模型可实现栅格尺度上我国耕地生产力总量及单位面积均值的量化及其空间分布，进而汇总到各省（自治区、直辖市）上，分析各个行政区域在不同时期耕地生产力的变化趋势和空间差异。

土地生产潜力取决于农业气候和农业土壤条件。AEZ 模型在栅格尺度的农业气候情境下，根据土壤和地形特征修正土地生产潜力（Fischer et al.，2002）。它的主要步骤有：①农业气候数据分析，包括气候数据分析及农业气候指标的确定；②生物量的计算，包括特定作物农业气候评估及水资源限制下生物量的计算；③农业气候条件限制，在此条件限制下土地生产力的修正；④农业土壤条件限制，计算土壤适宜性和地形适宜性，以及土壤、地形条件限制下土地生产力的修正；⑤耕地生产潜力，结合①～④生成特定作物的生产潜力。

1.5.2　基于生产力总量平衡的耕地区域布局优化理论与方法

1. 耕地资源布局优化

人们对耕地的需求随经济社会的不断发展越发多元化，满足该需求需对有限的土地资源进行优化配置。耕地区域布局优化的目的即实现工业化、城市化与耕地保护的协调发展,释放发达地区的耕地非农化压力,提高欠发达地区土地利用效率。然而当前我国耕地资源优化布局难以服务于这一目标。

基于耕地适宜性评价的耕地区域布局优化早期主要考虑耕地的自然属性,后逐渐关注经济与生态属性。宋依芸等（2015）从环境和耕地质量两方面的自然属性构建耕地适宜性评价体系,选取灌溉保证率、地形坡度、排水条件、剖面构型因子,分析水田、旱地、水浇地适应性,优化县域耕地布局为粮食主产、高效农业、休闲农业、林业产业、核心发展 5 个区域。杜秀双（2010）关注耕地的资源效益,从土地利用结构、空间布局、集约配置、优化配置效益方面,进行宜耕、宜园和宜林性评价,以期实现最佳的经济、社会、生态效益。多目标土地适宜性评价根据不同的土地利用方式,结合土地地理环境因素、经济因素、社会条件进行多维度的评估。刘忠秀等（2008）将土地适宜性的评价从农业扩展到工商业与城市规划,基于土地数量、质量及利用方式的评价结果规划耕地、园地、林地、养殖用地、建设用地。关小克等（2010）根据北京市"宜居城市"的定位,从自然、经济和生态适宜性角度对耕地进行多目标适宜性评价,指出耕地适宜性指标体系的设计,不仅要涵盖土地适宜性评测的基本内容,还要考虑对生态适宜性等城市建设等目标进行修正。

比较优势的概念源于区域分工和区域间的贸易交流,为提高资源配置的效益,各地区将发展中心放在优势明显的产业上。同样地,土地资源的规划与配置也应按照土地资源的禀赋及机会成本的高低进行比较优势的选择。由于土地不可移动,在比较优势指导下的土地资源配置可实现优势化的产业带。区域内土地利用福利为达最大化,分别规划出农地利用效益较高和非农建设用地效益最高的区域。一方面形成农业产业的优势集聚,另一方面在生态环境的承受范围内形成工业区和城市带的延绵,最大限度地协调经济发展与耕地保护之间的矛盾。衡量不同区域土地农业与非农业利用的比较优势,农业土地利用效益用第一产业的增加值进行测算,非农业土地利用效益用建设用地的第二、第三产业来进行。张鸿辉等（2011）从模拟生物与环境的适应性出发,生物间相互竞争、协同生存的关系入手,采用多智能体遗传进化算法,结合"资源节约"与"环境友好"构建多目标土地利用空间优化配置模型（multi-objective spatial optimization model for land use allocation, MOSOLUA）,对长株潭城市群的核心区域的居住用地、商业用地、工业用地分别优化其土地配置,使得优化布局更加紧凑。人口增长、经济迅速发展、城镇化都加大了土地利用强度,随之而来的土地细碎化问题也越来越严重。土地细碎化不但阻碍土地集约化利用,而且导致生物多样性降低和生态环境破坏。王世忠（2012）借鉴用于研究农地和物种生境优化配置的土地利用空间优化（land use pattern optimization, LUPO）模型,以减少土地细碎化的视角对德清县的农用地、农村居民点、城镇用地、工业用地进行差别化的优化设计。农用地规划的目标是保护生态环境,减少细碎度;农村居民点要提高农村建设用地利用率,推动村和村之间的合并;城镇用地要实现建设用地利用和改造;工业用地要实现各类土地斑块结合度指数的最大化,减少污染及降低污染治理投入。任平等（2016）从动态变化的关联性分析了成都市龙泉驿区耕地格局的动态变化规律和特点,用核密度计算、耕地集中度指数、空间自相关等研究方法,发现 2005 年、2009 年及 2013 年耕地分布呈现西北部和北部密集、中部和南部疏松的特征,且随时间的推移出现西北向西南扩张,城镇由中心向外扩张的趋势,为耕地动态变化监测、耕地保护和耕地空间布局优化提供借鉴。

2. 耕地非农化压力与耕地区域布局优化

耕地非农化的压力存在显著的区域差异,然而当前研究少有基于此开展耕地在区域间的布局优化,布局结果无法协调耕地保护与城市化对耕地非农化需求之间的矛盾,快速城市化区域的耕地非农化压力无法释放。耕地非农化收益颇丰,为各地经济发展做出重要贡献,但对粮食安全造成了巨大压力。为协调耕地保护与经济发展,首先要了解耕地非农化的内在原因、区域差异性及其与经济发展的关系。王冉等(2005)从发生学的角度,指出长三角地区耕地后备资源较少,耕地非农化现象严重的矛盾源于制度层面存在地方政府经济发展与中央政府耕地保护的分歧,且土地转换成本较低,表现为农村土地所有权及承包经营权较模糊,土地流转不利,让渡成本和代价都不高。均衡方面,工业用地的边际产出远高于农业效益,技术的创新发展促发工业经济发展的潜力,给耕地非农化带来了更大的压力和需求。

耕地非农化的压力在各地均有明显的表现。谭荣等(2005)对我国20世纪90年代以来东、中、西部地区经济增长的数据,结合基尼系数、加权变异系数和泰尔指数等分析耕地非农化对其带来的贡献,发现了自西向东逐步递增的耕地非农化压力显著区域差异。各地区间耕地非农化所带来的经济增长差异源于区域内部的省域差异,而非三地的经济发展差异。研究启示,在协调耕地非农化压力的过程中,应将指标在区域内部进行平衡,缩小国家范围内的区域差异,增加耕地非农化的效益,实现总体福利最大化。刘丽军等(2009)从耕地非农化的区域差异及其收敛性角度也发现了我国1986~2005年耕地非农化空间格局在规模和程度上呈东部最高,中西部依次递减的规律。从我国耕地整体来看,局部收敛为主要表现形式,尤其是中东部地区,而不存在全局区域收敛。张基凯等(2010)基于山东省17个地级市1995~2006年的面板数据,验证了省内各地级市耕地非农化对经济增长的贡献,且贡献率由经济较发达的鲁东地区向鲁西逐渐递减,省内各地级市的耕地非农化还受城镇化发展、产业结构及居民消费水平等因素影响。

赵翠薇等(2007)对我国各区域经济发展的不同阶段,分析经济成熟区、经济成长区、经济欠发达区耕地减少及非农化率、耕地建设占用及人均占用量,发现耕地减少与区域经济发展并无明显相关性,而耕地非农化与经济发展间关系密切,尤其是经济发达地区的耕地非农化率最高,耕地建设占用率与经济发展呈现正相关关系。许恒周等(2011)基于物理学的耦合原理分析我国1998~2008年耕地非农化与经济增长的因果关系,结合面板协整方法和媒介协调发展模型,分析探索耕地非农化与经济增长的相互关系。研究发现短期内我国31个省(自治区、直辖市)(除台湾、香港、澳门)耕地非农化和经济增长存在稳定的协整关系:经济增长是耕地非农化的主要动力;但从长期来看,各地的经济、资源差异也会带来各区域的经济增长和耕地非农化;从双方的耦合协调发展方面来看,各区域之间也存在着差距。

　　结合耕地非农化压力的区域差异,进行区域耕地区域布局优化的研究。柯新利等(2010)以武汉城市圈为研究区域,结合城市圈内各县域社会经济发展对土地资源需求的区域差异,利用分区异步元胞自动机模型实现武汉城市圈2020年耕地利用优化布局。

3. 基于生产力总量平衡的耕地区域布局优化方法

　　耕地区域布局优化方法方面,国内早期以线性规划方法和灰色系统理论为主,随后逐渐结合GIS技术。线性规划是运筹学中为管理决策运用的一种定量方法,在线性等式或不等式的约束下,求解目标函数的最大值或最小值的方法,以实现有限资源的最优利用(王月健 等,2010)。针对区域内耕地资源的特点与利用现状,在一定的目标与有限条件的约束下,利用模型找寻最优解,使有限的耕地资源实现耕地利用的经济、社会、生态效益合理配置。灰色线性模型可实现条件不断变化下的最优规划。"灰色–马尔可夫链预测"能较好地反映耕地总量的变化,还能处理时间序列数据,计算简便、精度较高,可兼顾自然环境、生态环境、政策导向等因素,充分考虑不同年份下的状态和数量。

　　随着GIS技术的发展与应用推广,土地资源的规划工作与GIS技术结合越来越紧密。柯新利等(2010)以遥感和GIS技术为依托,综合采用Logistic模型和元胞自动机模型开展了耕地区域布局优化,分析了资源禀赋和社会经济发展的区域差异,既实现了区域粮食安全,又能实现区域耕地资源和耕地非农化指标的优化配置。

　　耕地利用优化配置模型是耕地资源空间优化配置的关键,对科学有效和合理开展耕地资源的空间配置发挥着重要的作用。分区异步元胞自动机模型是一种对传统的元胞自动机模型进行改进的模型,具备表达土地利用变化规律与速率空间异质性的能力。本书提出分区异步元胞自动机模型是为基于生产力总量平衡的耕地区域布局优化提供有效的方法。基于分区异步元胞自动机的耕地利用布局优化模型,从区域土地资源配置的角度出发,综合考虑区域间建设用地与耕地需求的空间差异,在此基础上,采用分区异步元胞自动机模型模拟建设用地扩张及其对耕地占用的时空动态过程,实现建设用地指标和耕地保有量在空间上的布局。

1.5.3　基于布局优化的耕地保护区域补偿理论与框架

　　耕地保护区域补偿机制在确保国家粮食安全的基础上,基于责任和义务对等原则在各区域合理分配耕地保护目标责任,通过区域间财政转移支付等方式实现不同区域间耕地保护利益关系的协调。要实行耕地区域保护补偿机制的目标,需根据各区域耕地非农化压力,开展耕地资源的空间配置,释放耕地非农化压力,协调全区域粮食安全对耕地保护的需求和各子区域社会经济发展对耕地非农化的需求,提高土地资源的利用效率。以耕地发展权价值、耕地粮食安全价值和耕地生态服务价值为基础,确定耕地区域协调保护的价值标准,使耕地保护区域补偿机制引导耕地利用向区域布局优化的方向发展。

1. 耕地价值评估和耕地补偿价值标准

虽然耕地价值评估和耕地补偿价值标准已有大量研究,但是耕地价值通常被低估,导致优质耕地资源随日益突出的人地矛盾大量流失。因此耕地价值评估需从耕地本身农作物收益及预期收益的单一功能逐步转向财产保护、社会保障、生态环境、观光旅游等多重功能的实现。

对耕地价值的理解,从经济产出价值逐步转向社会稳定和保障等综合性收益,继而纳入环境保护价值作为核心评估价值的一部分(唐莹 等,2014)。随着人们物质生活的改善和精神追求的提高,对耕地的需求从单一的生存目标,逐步扩大到粮食持续供给与生态价值并重的多元化发展。不同主体对耕地价值的需求有所差异:国家作为资源协同发展的调配者,关注宏观层面的价值功能,如社会稳定和粮食安全;城市居民生活水平普遍较高,更加关注休闲旅游、生态保护、景观文化等;耕地作为农民最主要的财富资源,农民更加关注提高农耕利润,依靠调整耕地作物的数量、质量及种类以获取耕地的直接报酬(李翠珍 等,2008)。

农地价值包括市场价值和非市场价值,前者指农地所得农产品的计量价格,为传统价值理论中的价值部分,可理解为耕地的使用价值;后者包括农地的选择、馈赠、存在价值,虽然无法通过市场交易直接呈现,但为价值的重要组成部分。选择价值指为了防止发生未来想用但目前没有使用的情况,预先支付的代价。馈赠价值基于可持续发展的理念,是人类确保子孙后代能继续使用农地资源而预先支付的代价,保护资源避免过度的开发和利用。存在价值是人类支付的确保能长期持续使用农地各项功能的价值。对于耕地价值的评估方面,市场价值比较容易获取,而非市场价值难以完全区分量化,因此按照人们对农地价值的整体支付意愿进行评估。传统的经济学理论对于农地价值的理解以经济产出的市场价值为主,忽略了农地与其他环境交互的非市场价值,如粮食安全、物种多样性、开敞空间、社会保障、文化需求等公共资源的提供。蔡银莺等(2007)发现,江汉平原的耕地非市场价值占农地总价值中较大比例,且有较高的社会效益。耕地的价值应包括它所能提供的功能所具有的价值——经济产出、生态服务和社会保障:①耕地的经济产出价值,指耕地所收获的粮食作物和化肥等原料的货币换算价格;②耕地的生态服务价值,源于耕地及所蕴含的生物所构成的生态系统,如气候调节和水土保持;③耕地的社会保障价值,包括保证粮食安全和保证农民生活生产,是维护我国社会稳定的重要基础。上述三方面价值共同构成耕地资源的总价值,在不同耕地等级中的比例有所差异(覃事娅 等,2012)。

耕地价值的确立可作为研究征地补偿标准、测算方式及分配机制的基础。张效军等(2008)认为耕地具有商品经济价值、生态环境价值、社会价值和折补价值。耕地社会价值包括耕地社会保障价值、耕地国家粮食战略安全价值和耕地发展权价值三部分;而耕地的折补价值以我国耕地的水土流失价值进行评估。张飞等(2003)从耕地的经济价值、社会价值、生态价值三方面,指出补偿主体及补偿内容。①耕地的经济价值补偿中,除生产价值外还应包括发展权价值,耕地占用者应根据相应的法律条例,分别将两部分补偿给予失去土地的农民和农村集体经济组织。补偿费用的生产价值部分,不应仅考虑耕地的年收益,还要考虑整个农业生产的平均利润与贴现率之比;耕地发展权部分应结合耕地在征地进程中的增值,按照非农建设用途和农业用途的市场价值差额确定,同时考虑残余耕地与邻近耕地的生产损失。②耕地的社会价值补偿,包括农民社会保障金和耕地开垦费用。农民的社会保障补偿是考虑失去耕地后的失业和养老补偿,可直接换算成失业保险和养老保险。除了直接的经济补偿,也可通过教育培训等技术补偿进行替代,促进失地农民创业和就业。耕地开垦费用由耕地占用者依据相关法律为补充减少的耕地面积而所缴纳的新开垦耕地的费用。③耕地生态价值补偿包括生态环境保护费及生态环境补偿费,指对耕地资源占用后生态价值的流失。农民所获补偿应结合耕地种植粮食的成本收益来确定;生态环境的补偿费根据占用耕地生态资源的价值确定,由政府管理,用于今后的生态环境建设。两方面的补偿费用都应该由耕地占用者来提供。王仕菊等(2008)围绕农户、农村集体经济体、政府三个征地主体与耕地价值之间的联系,提出征地补偿的费用应按照不同的比例分配。裴银宝等(2015)结合虚拟土的概念,分析了甘肃省的耕地价值研究征地价值补偿机制。

2. 中国耕地保护的区域补偿

国内外在生态补偿方面展开了较为深入的研究。李敏等(2014)认为耕地保护需考虑资源外部性和公共性理论。生态补偿机制已在我国土地资源等重要生态资源保护方面取得初步成效,但在资源稀缺、城市扩张造成生态环境破坏严重的地区仍需创新和探索。国内外生态补偿实践说明,国家政策为补偿保护机制运行提供保障,在政府主导情况下结合市场手段保证措施的有效落实,采用多元化与多样的补偿形式,确保相关政策的公开与透明化,对于国内外生态补偿机制的有效运行具有重要的启示作用。陈昱等(2009)认为保障耕地保护补偿机制的顺利实施,需要建立相应的配套措施:①完善土地总体规划,编制相应的规划及实施管理方案,采用试点寻求不同发展区域非农用地的合理需求,在试点基础上不断总结经验与教训;②强化耕地资源核查与监测,形成严格的基本农田保护制度及土地用途管制制度等相应的管理制度;③完善和规范土地价值的评估制度,充分体现出耕地的资源与综合价值;④完善与规范不同耕地保护区域补偿的资金管理制度,确保资金保障、管理及发放等环节的工作有序开展;⑤逐步形成全面的耕地保护区域补偿体系。

耕地保护补偿的区域差异,尤其是西部生态保护补偿问题是关注焦点。杜万平(2001)基于资源角度,认为自然资源是我国经济快速发展的重要基础,大多数分布在西部,东部发达地区的经济发展与西部地区的资源支持是相关联的,应按照受益者补偿的原则给予西部地区生态补偿。曲福田等(2008)指出,经济发展导致我国不同区域对土地资源需求量的增加,无论是发达地区还是欠发达地区,粮食种植面积都出现较大幅度减少,但减少速度存在较大差异。耕地非农化速度从粮食主产区、产销平衡区到主销区依次减缓。同时,可以明显发现经济发展对耕地占用有较大的影响。随着经济总量的增加,经济增长对耕地占用的依赖程度逐步减小。从耕地占用效率和土地产出效率来看,粮食主销区明显高于粮食主产区和产销平衡区,这种差异是客观存在的,同时也为在不影响经济高速增长的情况下实现耕地的有效保护提供了可能的途径,可通过协调区域间的耕地利用和补

偿来实现整体控制。从兼顾耕地保护与实现经济增长的角度出发,政府可采取的措施:
①严控耕地占用,通过严格执行耕地保护制度,有效减缓耕地占用的速度;②研究耕地保
护政策,寻求实现经济发展与耕地保护协调的政策措施,促进耕地保护政策的制定与实
施;③综合社会效益、生态效应、经济效益,比较与分析不同区域耕地保护成本,构建空
间差异化的补偿机制;④基于自然条件与经济发展水平,科学地划分粮食产区,实施耕地
保护政策。尹朝华(2013)从农地发展权的视角指出我国东、西部经济发展的差异使得
维持基本农田数量的成本有所差别。鉴于各地方政府都倾向于通过耕地非农化实现经济
发展,国家需通过对农地发展权的控制实现对农用地的保护,同时采用农用地发展权交
易,最大限度地实现土地价值与不同区域的土地使用收益,兼顾建设用地需求和实现基本
农田利用结构的合理调整与保护。补偿方法可采用资金补偿及技术补偿等方式,补偿标
准可以分为补偿价值标准和补偿面积标准两种。陈思涵等(2013)基于跨区域补偿与生
态效益市场化角度研究了西部地区生态补偿机制的缺失及其重建模式,认为我国西部众
多的生态脆弱区域缺乏相应的生态补偿机制和激励机制的相关配套措施,影响了西部地
区生态保护的积极性。究其原因,一是西部生态补偿机制中利益主体尚不清晰。目前生
态补偿的具体实践主要采用国家财政转移支付和生态专项基金等方式,无法直接体现"受
益者付费"的基本原则。二是缺乏市场参与,直接导致生态补偿运行过程缺少活力。按
照耕地保护外部性理论,西部地区生态保护所产生的效益具有明显的可转让价值,通过
市场参与可以让使用者为取得这种价值付出的代价达到最高,同时为获取这种价值付出
高成本,促使获得价值的人更能意识到生态价值。龚霄侠(2009)从主体功能区形成的
角度分析了对西部地区进行生态补偿的重要意义,认为通过合理的区域补偿政策,将会有
效地促进区域协调发展和主体功能区形成。西部12省(自治区、直辖市)占了我国限制
开发类区域的80%和禁止开发类区域的93%,而限制开发与禁止开发的主体功能定位与
当地发展经济之间存在明显矛盾。只有通过规划主体功能区区域与设计合理的利益补偿
机制,采取区域补偿政策和保障机制才能有效促进西部主体功能区的可持续发展。

如何通过模型构建来评价和设计耕地区域补偿模式,不同的研究者提供了不同的思
路。方斌等(2013)以全国31个省(自治区、直辖市)(除台湾、香港、澳门)2010年单
位面积耕地的完整价值量为基础,从耕地的产出价值、社会保障价值、生态价值、补偿价
值测算等方面,运用价值补偿模型对不同区域的耕地易地补充价值的补偿量进行了测算,
发现经济收益有些许空间差异,而耕地维护社会稳定价值的区域差异较大,发达地区耕地
维护社会稳定价值和耗费的生态价值要远高于欠发达地区。发达地区与欠发达地区可通
过耕地的易地补充实现我国的耕地资源调节,达到促进欠发达地区经济发展和节约发达
地区的土地资源的目的,为区域间的土地与生态经济补偿提供了基础与思路。任平等
(2014)采用耕地保护价值评价模型测算,发现耕地资源经济价值整体呈现出东部高、西
部低的空间分布特征。对2012年不同省(自治区、直辖市)的耕地保护价值区域补偿金
额、非农化价值损失区域补偿金额进行了测算,发现中央政府和地方政府都支付了巨额的
耕地社会稳定和生态服务费用。在不同区域与全国范围,耕地非农化的成本收益是不可
回避的问题,耕地资源保护也应由单一的行政管理向政府主导与市场配置管理相结合的

方式转变。在区域间的耕地保护补偿方法中如何确定补偿标准也是重要的研究课题。当前的研究主要集中于基于耕地资源的综合价值和基于条件价值法（contingent valuation method，CVM）评估耕地资源的非市场价值或耕地保护的外部效益等方面。雍新琴等（2012）从粮食安全目标出发，采用机会成本理论和方法对耕地保护的机会成本损失、补偿标准及额度进行测算，认为区域耕地保护机会成本应等于耕地转为建设用地进行出让时的纯收益，并扣除耕地粮食生产纯收益的余额，为计算和设计区域耕地保护补偿提供了新的分析框架。方斌等（2012）指出，省域尺度依然存在着省内耕地易地补充的问题，但由于对省内耕地易地补充问题实施可能后果及其对区域经济的影响研究不足，且没有合理测算耕地易地补充是否能够体现公平与合理的经济补偿标准，省内耕地易地补充未能实施。

研究者立足于不同区域的耕地保护区域补偿问题，通过分析不同区域耕地保护存在的问题，为区域耕地保护理论与方法提供基础。胡建等（2011）指出河北省保定市耕地资源减少的客观原因是城市化进程导致的占用耕地规模扩大，主观原因在于：①公共利益界定不清晰，大量并非以公共利益为目的占用耕地的行为具备了看似合理的理由；②不合理的地方政府政绩评价标准导致地方政府注重经济建设、轻耕地保护，社会、生态等可持续发展指标未能有效纳入地方政府官员的政绩考核体系中；③建设用地利用效益远高于耕地利用效益，追求经济利益最大化的市场经济基本原则成为耕地非农化的强大驱动力；④耕地保护的社会价值和生态价值难以内在化，使得耕地减少的损失被低估。廖和平等（2011）基于资源与环境经济学理论核算 2007 年重庆市耕地资源价值为 94.45 元/m^2，其中发展权价值和国家粮食安全战略价值达 73%。充分考虑市场交易中已进行的补偿、耕地盈余区域的耕地使用者享有的部分价值，测算耕地保护机会成本损失的综合补偿作为保护区域补偿的标准（3.92 元/m^2）。杨帆等（2016）指出江苏省耕地保护区域补偿应充分考虑土地资源的社会价值和生态价值及区域差异性，运用补偿标准调整耕地需求量倒推分区补偿，以此划分耕地赤字区和盈余区。将资金盈亏平衡原则应用于土地资源补偿金额的确定中，让补偿资金区域内封闭运行。

耕地易地补偿是耕地总量动态平衡实现的新思路，可缓解耕地保护与经济发展的冲突，以及经济技术落后与土地利用集约度低的矛盾。钟兰艳（2007）提出应以易地补偿替代易地开垦，实现区域间的总量动态平衡。发挥资源优势，使耕地资源较丰富的省（自治区、直辖市）吸收经济发达耕地资源稀缺省（自治区、直辖市）的经济置换，进行易地资金注入投资变相承担耕地保护的责任，逐步打造农业核心区域，而易地整理相比于易地复垦和易地开发更容易实现，应作为实施的主要手段。

3. 基于布局优化的耕地保护区域补偿框架

本书提出的基于布局优化的耕地保护区域补偿机制是在保证区域粮食安全条件下，根据经济发展和资源禀赋区域差异进行耕地区际布局优化，以此确定耕地保护目标及区域补（受）偿标准，将耕地优化布局、保护目标责任和区域补偿标准结合，通过耕地资源的合理配置实现全区域粮食安全，利用耕地保护区域补偿实现耕地区际布局优化。

本书的技术路线图如图 1-1 所示。

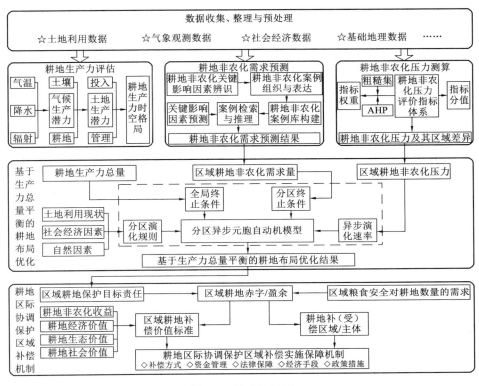

图 1-1　技术路线图

（1）根据研究目标和研究内容，收集整理研究区域的土地利用数据、气象观测数据、社会经济数据、基础地理数据等，并对数据进行预处理，形成指标齐备、结构合理、格式规范的数据资料信息库，支持整个研究的开展。

（2）以气象观测数据为基础，结合土壤数据、耕地资源时空数据、耕地利用数据，研究我国耕地生产力的变化趋势及其区域差异。

（3）构建耕地非农化案例库，采用案例推理的方法预测各区域耕地非农化需求；构建耕地非农化压力评价指标体系，综合采用粗糙集理论和层次分析法（analytic hierarchy process，AHP）评估各区域耕地非农化压力，揭示耕地非农化压力的区域差异。

（4）构建分区异步元胞自动机模型，以耕地生产力总量平衡作为全局约束条件，以满足区域耕地非农化需求为分区终止条件，根据区域耕地非农化压力确定异步演化速率，根据区域土地利用变化规律确定分区演化规则，实现基于生产力总量平衡的耕地区域布局优化。

（5）根据耕地布局优化结果确定耕地保护目标责任，以此确定耕地赤字/盈余，综合考虑区域耕地非农化收益、耕地经济价值、生态价值和社会价值，确定耕地保护区域补偿价值标准和耕地补（受）偿区域/主体，提出耕地区际协调保护区域补偿实施保障机制。

参 考 文 献

艾建国, 2003. 耕地总量动态平衡政策效果分析及对策. 改革(6): 22-23, 45-51.

彼罗·斯拉法, 1962. 政治经济学及赋税原理: 第 1 卷. 郭大力, 等译. 北京: 商务印书馆.

毕宝德, 2006, 土地经济学. 北京: 中国人民大学出版社.

卞正富, 张国良, 1998. 矿区复垦土地生产力的耗散结构模型. 煤炭学报, 23(6): 105-110.

蔡银莺, 张安录, 2007. 武汉市农地非市场价值评估. 生态学报, 27(2): 763-773.

蔡银莺, 宗琪, 张安录, 2007. 江汉平原农地资源价值研究. 中国人口·资源与环境, 17(3): 85-89.

蔡运龙, 霍雅勤, 2006. 中国耕地价值重建方法与案例研究. 地理学报, 61(10): 1084-1092.

陈昱, 陈银蓉, 马文博, 2009. 基于耕地保护外部性分析的区域补偿机制研究. 国土资源科技管理, 26(2): 1-5.

陈利根, 1998. 我国耕地管制的必要性及当前任务. 中国人口·资源与环境, 8(3): 36-39.

陈利根, 卢吉勇, 2001. 略论土地生产力标准与耕地总量动态平衡. 南京农业大学学报(社会科学版), 1(4): 32-36.

陈思涵, 武沐, 刘嘉尧, 2013. 西部地区生态补偿机制的缺失及其重建模式研究: 以跨区域补偿与生态效益市场化为例. 青海民族研究, 24(1): 58-61.

陈治胜, 2011. 关于建立耕地保护补偿机制的思考. 中国土地科学, 25(5): 10-13.

党安荣, 阎守邕, 吴宏歧, 等, 2000. 基于 GIS 的中国土地生产潜力研究. 生态学报, 20(6): 910.

邓祥征, 姜群鸥, 殷芳, 等, 2011. 中国耕地生产力变化及其区际保护策略. 农村金融研究, (12): 5-10.

杜万平, 2001. 构建区域补偿机制促进西部生态建设. 重庆环境科学, 23(5): 1-3.

杜秀双, 2010. 土地适宜性评价为基础的土地优化配置方法. 黑龙江科技信息(1): 96-99.

方斌, 倪绍祥, 邱文娟, 2009. 耕地保护易地补充的经济补偿的思路与模式. 云南师范大学学报(哲学社会科学版), 41(1): 49-54.

方斌, 王波, 王庆日, 2012. 省域耕地易地补充经济补偿的理论框架与价值量化探讨. 中国土地科学, 26(8): 29-35.

方斌, 祁欣欣, 王庆日, 2013. 国家耕地易地补充价值补偿的理论框架与测算. 中国土地科学, 27(12): 12-17.

方斌, 祁欣欣, 王庆日, 2014. 国家耕地易地补充价值补偿的理论框架与测算. 土地经济研究(1): 104-115.

封志明, 李香莲, 2000. 耕地与粮食安全战略: 藏粮于土, 提高中国土地资源的综合生产能力. 地理与地理信息科学, 16(3): 1-5.

傅泽强, 蔡运龙, 杨友孝, 等, 2001. 中国粮食安全与耕地资源变化的相关分析. 自然资源学报, 16(4): 313-319.

龚霄侠, 2009. 推进主体功能区形成的区域补偿政策研究. 兰州大学学报(社会科学版), 37(4): 72-76.

关小克, 张凤荣, 郭力娜, 等, 2010. 北京市耕地多目标适宜性评价及空间布局研究. 资源科学, 32(3): 580-587.

韩龙达, 刘劲松, 2009. 规划管制背景下我国基本农田保护政策低效的症结及对策分析. 国土资源科技管理, 26(4): 112-115.

侯俊国, 邵丽亚, 2012. 基于 DPS 线性规划的土地利用结构优化研究. 安徽农业科学(31): 15441-15444.

胡建, 刘永利, 许月明, 2011. 城市化进程中耕地安全机制构建: 以保定市为例. 安徽农业科学, 39(33): 20706-20708.

胡敏华, 2009. 论中国耕地保护制度创新: 一个基于区域协调发展的视角. 财贸研究, 20(3): 30-37.

黄广宇, 蔡运龙, 2002. 福建省耕地资源态势与粮食安全对策. 资源科学, 24(1): 45-50.

黄季焜, 李宁辉, 2003. 中国农业政策分析和预测模型: CAPSiM. 南京农业大学学报(社会科学版), 3(2): 30-41.

黄锦东, 卢艳霞, 周小平, 2012. 中国基本农田保护 20 年实施评价及创新路径. 亚热带水土保持(1): 27-31.

黄贤金, 濮励杰, 尚贵华, 2001. 耕地总量动态平衡政策存在问题及改革建议. 中国土地科学, 15(4): 2-6.

黄贤金, 濮励杰, 周峰, 等, 2002. 长江三角洲地区耕地总量动态平衡政策目标实现的可能性分析. 自然资源学报, 17(6): 670-676.

姜群鸥, 邓祥征, 林英志, 等, 2010. 中国耕地用途转移对耕地生产力影响的预测与分析. 应用生态学报, 21(12): 3113-3119.

柯新利, 邓祥征, 刘成武, 2010. 基于分区异步元胞自动机模型的耕地利用布局优化: 以武汉城市圈为例. 地理科学进展, 29(11): 1442-1450.

柯新利, 韩冰华, 刘爱, 2013. 武汉城市圈建设用地需求优先度及其区域差异. 华中师范大学学报(自然科学版), 47(2): 271-275.

柯新利, 杨柏寒, 丁璐, 等. 2015. 基于目标责任区际优化的耕地保护补偿. 中国人口·资源与环境, 25(1): 142-151.

孔祥斌, 张凤荣, 徐艳, 2004. 集约化农区 50 年耕地数量变化驱动机制分析: 以河北省曲周县为例. 自然资源学报, 19(1): 2-20.

李劲, 李文飞, 2017. 生产力概念的历史嬗变、现实困境与理论重构. 大连干部学刊, 33(10): 47-52.

李敏, 宁爱凤, 2014. 建立耕地保护区域补偿机制的若干思考. 现代化农业(10): 16-19, 20.

李祥, 王心源, 顾继光, 等, 2006. 灰色系统预测模型的修正研究: 以芜湖市耕地为例. 地理与地理信息科学, 22(5): 107-110.

李翠珍, 孔祥斌, 孙宪海, 2008. 北京市耕地资源价值体系及价值估算方法. 地理学报, 63(3): 321-329.

李锋瑞, 1988. 干旱农业生态系统研究. 西安: 陕西科学技术出版社.

李松龄, 2017. 生产力理论的辩证认识与现实意义. 经济问题(5):1-9.

李晓丹, 2012. 敦煌市土地利用结构优化研究. 甘肃农业大学学报, 47(4): 118-121.

李晓峰, 1992. 论农业综合生产能力的构成及特征. 河南财经学院学报(3): 34-38.

李新旺, 2011. 中小尺度耕地生产力稳定性评价体系研究: 以河北省雄县为例. 保定: 河北农业大学.

李长智, 赵明, 严鹏, 等, 1995. 运用模糊数学理论进行土地生产力分析. 水土保持研究, 2(1): 85-90.

梁烨, 刘学录, 汪丽, 2013. 基于灰色多目标线性规划的庄浪县土地利用结构优化研究. 甘肃农业大学学报, 48(3): 93-98.

廖和平, 王玄德, 沈燕, 等, 2011. 重庆市耕地保护区域补偿标准研究. 中国土地科学, 25(4): 42-48.

林晓雪, 2014. 改革开放后我国耕地保护政策的演变及分析. 广州: 华南理工大学.

刘建栋, 傅抱璞, 林振山, 等, 1998. 冬小麦光合生产潜力数值模拟. 地理研究, 17(1): 56-65.

刘丽军, 宋敏, 屈宝香, 2009. 中国耕地非农化的区域差异及其收敛性. 资源科学, 31(1): 116-122.

刘新卫, 赵崔莉, 2009. 改革开放以来中国耕地保护政策演变. 中国国土资源经济, 22(3): 11-13, 46.

刘绪平, 1998. 实现可持续发展的必然选择: 保持耕地总量动态平衡的思考. 中国土地(7): 15-19.

刘艳秋, 2010. 吉林省土地生产力研究. 长春: 吉林大学.

刘耀林, 刘艳芳, 张玉梅, 2004. 基于灰色-马尔柯夫链预测模型的耕地需求量预测研究. 武汉大学学报(信息科学版), 29(7): 575-579, 596.

刘忠秀, 谢爱良, 2008. 区域多目标土地适宜性评价研究: 以临沂市为例. 水土保持研究, 15(1): 176-178.

陆迁, 2003. 实现耕地总量动态平衡的思路与对策. 西北农林科技大学学报(社会科学版), 3(4): 117-120.

麻志周, 2004. 我国耕地保护与粮食安全. 国土资源(11): 20-22.

马驰, 秦明周, 2009. 构建我国区域间耕地保护补偿机制探讨. 安徽农业科学(27): 11883-11885.

马克思, 2004. 资本论: 第 1 卷. 北京: 人民出版社.

潘明才, 2001. 耕地保护制度和相关政策. 资源·产业, 3(6): 7-10.

裴银宝, 刘小鹏, 李永红, 等, 2015. 甘肃省虚拟耕地价值核算及隐性补偿流失研究. 水土保持通报, 35(4): 122-127.

钱忠好, 2003. 中国农地保护: 理论与政策分析. 管理世界(10): 60-70.

秦明周, 2008. 耕地保护制度、绩效与案例. 北京: 科学出版社.

曲福田, 朱新华, 2008. 不同粮食分区耕地占用动态与区域差异分析. 中国土地科学, 22(3): 34-40.

任平, 吴涛, 周介铭, 2014. 基于耕地保护价值空间特征的非农化区域补偿方法. 农业工程学报(20): 277-287.

任平, 吴涛, 周介铭, 2016. 基于 GIS 和空间自相关模型的耕地空间分布格局及变化特征分析: 以成都市龙泉驿区为例. 中国生态农业学报, 24(3):3 25-334.

萨伊, 福生, 振骅, 2009. 政治经济学概论: 财富的生产, 分配和消费. 北京: 商务印书馆.

宋依芸, 马珍, 齐海燕. 2015. 基于四川渠县耕地适宜性评价结果的全县农业空间布局优化. 旅游纵览月刊(9): 193, 205.

覃事娅, 尹惠斌, 熊鹰, 2012. 基于不同价值构成的耕地资源价值评估: 以湖南省为例. 长江流域资源与环境, 21(4): 466-471.

谭荣, 曲福田, 郭忠兴, 2005. 中国耕地非农化对经济增长贡献的地区差异分析. 长江流域资源与环境, 14(3): 277-281.

唐莹, 穆怀中, 2014. 我国耕地资源价值核算研究综述. 中国农业资源与区划, 35(5): 73-79.

王冉, 吴先华, 2005. 长三角地区耕地非农化研究. 农机化研究(1): 91-93.

王爱萍, 郑新奇, 2001. 基于 SD 的土地利用总体规划: 以无棣县为例. 山东师大学报(自然科学版), 16(3): 437-442.

王世忠, 2012. 基于 LUPO 模型的德清县土地利用空间布局优化. 农业工程学报(20): 230-238.

王仕菊, 黄贤金, 陈志刚, 等, 2008. 基于耕地价值的征地补偿标准. 中国土地科学, 22(11): 44-50.

王新军, 安沙舟. 2010. 基于 GIS 与 CLUE-S 模型的土地利用规划研究. 草业科学, 27(5): 122-129.

王秀芬, 陈百明, 毕继业, 2005. 新形势下中国耕地总量动态平衡分析. 资源科学, 27(6): 28-33.

王月健, 丁武泉, 谢付杰, 2010. 基于线性规划法的轮台县土地利用结构优化. 安徽农业科学, 38(9): 4733-4734.

韦红, 邢世和, 毛艳铃, 2004. 福建省耕地利用结构优化研究. 福建农林大学学报(自然科学版), 33(2): 234-240.

魏丹斌, 尚凯, 2001. 土地整理: 我国耕地保护的重要举措. 河南地质(2): 93-100.

吴群, 2011. 中国耕地保护的体制与政策研究. 北京: 科学出版社.

吴泽斌, 阮维明, 2016. 中国各省份耕地资源社会价值及省际差异研究. 统计与决策(3): 125-128.

徐海红, 2018. 马克思生产力概念的辩证诠释及生态价值. 中国地质大学学报(社会科学版)(1): 68-74.

许恒周, 金晶, 2011. 耕地非农化与区域经济增长的因果关系和耦合协调性分析: 基于中国省际面板数据的实证研究. 公共管理学报, 8(3): 64-72.

亚当·斯密, 1974. 国富论: 上卷. 郭大力, 等译. 北京: 商务印书馆.

严志强, 2002. 广西耕地资源可持续利用与粮食安全问题研究. 热带地理, 22(2): 107-111.

杨帆, 吴群, 房琪, 2016. 基于资金盈亏平衡的江苏省耕地保护区域补偿研究. 水土保持通报, 36(1): 157-163.

杨刚强, 张建清, 江洪, 2012. 差别化土地政策促进区域协调发展的机制与对策研究. 中国软科学(10): 185-192.

尹朝华, 2013. 基本农田保护跨区域补偿分析: 基于农地发展权的视角. 物流工程与管理, 35(2): 115-116.

雍新琴, 张安录, 2012. 基于粮食安全的耕地保护补偿标准探讨. 资源科学, 34(4): 749-757.

余振国, 胡小平, 2003. 我国粮食安全与耕地数量和质量关系研究. 地理与地理信息科学, 19(3): 45-49.

宇振荣, 王建武, 邱建军, 1998. 土地利用系统分析方法及实践. 北京: 中国农业科技出版社.

聿曾, 2018. 国家粮食安全的新时代. 农经, 1(1): 43-45.

袁绪亚. 1995. 土地生产力的结构与形态. 当代财经(12): 21-26.

岳永兵, 刘向敏, 2013. 耕地占补平衡制度存在的问题及完善建议. 中国国土资源经济(6): 13-16.

臧俊梅, 王万茂, 李边疆, 2007. 我国基本农田保护制度的政策评价与完善研究. 中国人口·资源与环境, 17(2): 105-110.

翟文侠, 黄贤金, 2005. 我国基本农田保护制度运行效果分析. 国土资源科技管理, 22(3): 1-6.

张飞, 孔伟基, 2013. 基于耕地资源价值的征地补偿机制创新研究. 江苏农业科学, 41(11): 464-467.

张慧, 王洋, 2017. 中国耕地压力的空间分异及社会经济因素影响: 基于 342 个地级行政区的面板数据. 地理研究, 36(4): 731-742.

张凤荣, 2003. 重在保持耕地生产能力: 对新形势下耕地总量动态平衡的理解. 中国土地(7): 13-15.

张鸿辉, 曾永年, 刘慧敏, 2011. 多目标土地利用空间优化配置模型及其应用. 中南大学学报(自然科学版), 42(4): 1056-1065.

张基凯, 吴群, 黄秀欣, 2010. 耕地非农化对经济增长贡献的区域差异研究: 基于山东省 17 个地级市面板数据的分析. 资源科学, 32(5): 959-969.

张效军, 2006. 耕地保护区域补偿机制研究. 南京: 南京农业大学.

张效军, 欧名豪, 高艳梅. 2008. 耕地保护区域补偿机制之价值标准探讨. 中国人口·资源与环境, 18(5): 154-160.

赵安, 赵小敏, 1998. FAO–AEZ 法计算气候生产潜力的模型及应用分析. 江西农业大学学报, 20(4): 528-533.

赵翠薇, 濮励杰, 2007. 基于省域数据的我国耕地非农化与经济发展研究. 江西农业大学学报, 29(4): 644-649.

赵庚星, 1996. 定量土地评价: 参评因素选取中最佳土地生产力指标确定问题的探讨. 农业系统科学与综合研究, 12(4): 267-268.

郑新奇, 阎弘文, 徐宗波, 2001. 基于 GIS 的无棣县耕地优化配置. 国土资源遥感, 48(2): 53- 56.

钟兰艳, 2007. 中国实现耕地总量动态平衡: 易地补偿的研究. 吉林农业大学学报, 29(5): 538-541.

周进生, 2002. 我国耕地总量动态平衡问题解析. 地质技术经济管理, 24(5): 1-6, 51.

周永, 2000. 略论我国农产品价格政策的演进. 上海大学学报(社科版)(1): 76-81.

周宗丽, 宁大同, 杨志峰, 1999. 三峡库区秭归县土地资源优化配置. 北京大学学报(自然科学版), 35(4): 536-541.

朱磊, 刘雅轩, 2013. 基于 GIS 和元胞自动机的玛纳斯河流域典型绿洲景观格局优化. 干旱区地理, 36(5): 946-954.

朱礼龙, 2004. "耕地总量动态平衡" 的相关问题研究. 华中农业大学学报(社会科学版)(1): 47-50.

朱新华, 曲福田, 2008. 不同粮食分区间的耕地保护外部性补偿机制研究. 中国人口·资源与环境, 5(18): 148-153.

BORCHERS A M, DUKE J M, 2012. Capitalization and proximity to agricultural and natural lands: evidence from delaware. Journal of Environmental Management, 99: 110-117.

CLAASSEN R, CATTANEO A, JOHANSSON R, 2008. Cost-effective design of agri-environmental payment programs: U.S. experience in theory and practice. Ecological Economics, 65(4): 737-752.

CARSJENS G J, VAN DER KNAAP W, 2002. Strategic land-use allocation: dealing with spatial relationships and fragmentation of agriculture. Landscape and Urban Planning, 58: 171-179.

DUNG E J, SUGUMARAN R, 2005. Development of an agricultural land evaluation and site assessment

(LESA) decision support tool using remote sensing and geographic information system. Journal of Soil and Water Conservation, 60(5): 228-235.

FISCHER G, VAN VELTHUIZEN H T, SHAH M M, et al., 2002. Global agro-ecological assessment for agriculture in the 21st century: Methodology and results. IIASA and FAO, Laxenburg, Austria and Rome, Italy.

GARDNER B D, 1997. The economics of agricultural land preservation. American Journal of Agricultural Economics, 59(6): 1027-1036.

GONG J, LIU Y, CHEN W, 2012. Optimal land use allocation of urban fringe in Guangzhou. Journal of Geographical Sciences, 22(1): 179-191.

INES R R, 2000. The economics of takings and compensation when land and its public use value are in private lands. Land Economics, 76(2): 195-212.

INES S R, RAFAEL C M, DAVID M B, 2008. GIS-based planning support system for rural land-use allocation. Computers and Electronics in Agriculture, 63: 257-273

JEFFREY H D, BARRY J B, JOHN C B, et al., 2009. Searching for farmland preservation markets: Evidence from the Southeastern U.S. Land Use Policy, 26(1): 121-129.

JOSE M, GARCIA R, NOEMI L R, 2011. Hydrological and erosive consequences of farmland abandonment in Europe, with special reference to the Mediterranean region: A review. Agriculture Ecosystems and Environment, 140(3): 317-338.

MOUYSSET L, DOYEN L, JIGUET F, et al., 2011. Bio economic modeling for a sustainable management of biodiversity in agricultural lands. Ecological Economics, 70(4): 617-626.

PITA R, MIRA A, MOREIRA F, et al., 2009. Influence of landscape characteristics on carnivore diversity and abundance in Mediterranean farmland. Agriculture Ecosystems and Environment, 132(1): 57-65.

STOATE C, BALDI A, BEJA P, et al., 2009. Ecological impacts of early 21st century agricultural change in Europe: A review. Journal of Environmental Management, 91(1): 22-46.

ZHEN L, CAO S, CHENG S, et al., 2010. Arable land requirements based on food consumption patterns: case study in rural Guyuan District, Western China. Ecological Economics, 69(7): 1443-1453.

第 2 章　耕地生产潜力变化

　　保障粮食安全是实现国家安全的基础。对我国这样的人口大国而言，为 10 多亿人提供足够多的粮食是一个艰巨的任务。保障中国粮食安全对于全球粮食安全问题具有重要且深远的影响（Cordell et al.，2009）。影响我国粮食生产的因素有很多，包括人口因素、气候生态等（Brown et al.，2015）。当前环境下，我国粮食安全的现状可以用"四低"来概括，即总体质量低、人均粮食占有量低、种植比较收益低、粮食总产量和单产增长速度低（张士功，2005）。随着我国工业化、城市化及生态文明建设进程的加快，粮食生产所必需的农业自然资源条件也面临着巨大的压力。当前，耕地质量下降、全球变暖等一系列全球环境变化使我国粮食安全面临多方面的威胁与考验（刘洛，2012）。

　　到 2050 年，世界总人口估计达 96 亿，发展中国家人口的增长占相当大的比重（Gerland et al.，2014），人类对粮食的需求会越来越大，而耕地是粮食生产的基础。耕地通过自然条件、农业设施条件等综合作用，发挥其生产功能，来满足农作物产品的需要。2000 年以来，我国城市化、生态保护的需要，引起建设用地和生态用地对耕地的大量占用（Deng et al.，2015；Liu et al.，2014）。另外，人口数量增加导致粮食需求量上升（Coale et al.，2015）。因此，耕地生产由于耕地的转换产生了不确定性，我国粮食安全在新时期迎来了新的挑战。

　　早在 1950 年，有学者提出"土地生产潜力"的概念（Fermont et al.，2011）。区域农业生产水平由农业气候条件和土地利用条件决定（Fischer et al.，2008）。因此，耕地生产潜力不仅取决于一个地区的自然气候条件，土地的数量、质量也有影响。其中，气候因素是通过光照、气温和蒸散发等影响农作物生产；土地利用变化则是通过调整耕地资源的数量、质量等途径造成不同用地类型的农作物生产适宜性产生变化，从而影响耕地生产力的水平（程传周 等，2010；徐新良 等，2007）。无论是农业气候条件还是土地利用条件都有显著的时空差异性，并且对耕地生产力的影响机理也非常复杂。耕地生产潜力的评估不仅是研究土地承载力的基础，更能够为国家调整粮食生产措施、完善农业管理提供重要的科学依据（高守杰，2014）。随着人口增加，我国粮食需求也不断扩大（Xu et al.，2017）。国内外学者对我国耕地生产潜力与未来我国粮食安全的关系等问题也开展了大范围的研究与讨论（Song et al.，2014；Deininger et al.，2014；Fan et al.，2011）。影响我国土地生产潜力的因素是多方面的，要厘清这一问题，考察耕地生产潜力的变化规律与趋势是重要前提。

2.1 耕地生产潜力研究进展

2.1.1 国外研究进展

国外对耕地生成潜力的研究起源于 18 世纪。1843 年，德国学者 Liebig 在其撰写的 *Chemistry in its Application to Agriculture and Physiology* 中首次提出农作物的最小养分率问题（Odum，2009）。1905 年，英国学者 Black 提出了作物的生理会根据外界光、温度、营养物等影响因素改变而变化。此后，Shelford 提出：每一种环境变量对应每种作物都有一个耐受性最大和最小阈值，作物的生理机能只有在阈值内才能得到发挥，而接近两端阈值时则会逐渐削弱，直到超出阈值范围被抑制。对影响因素与作物生产力之间定性关系的理解不断深入，为农业种植、农业管理提供了更为广泛的思路（Loomis et al.，1963）。然而，耕地生产潜力的评估是一个非常复杂的过程，农作物的产量不仅受到外界气候因素、生态因素等因素的限制，还受到来自于作物本身的内部生产机理的制约。20 世纪 20 年代，作物生长净同化率模型（刘洛，2012）和复利法则模型（Blackinan，1919）就是在以作物光合作用机理为核心的前提下发展出的作物生长分析方法。

在 20 世纪 60～70 年代，国际生物学计划（international biological programme，IBP）在全球尺度上开展了植物的净第一生产力调查和测定，为建立限制因素对农作物产量影响的模型提供了依据。随后，计算机技术的发展使得耕地生产潜力的测算更为精确。自 de Wit 在作物生长过程中碳素平衡的计算机模拟（elementary crop simulation，ELCROS）模型的基础上提出了作物生长模拟（basic crop simulation，BACROS）模型开始，欧美等国家和地区的学者开始运用计算机模型对作物生产力进行测算。随着作物生产力模型理论的不断完善，作物与其影响因素的研究从定性分析逐渐转变为定量分析、从单一因素的影响分析转变为作物生产机理的综合分析。因此作物生产力模型拥有更为广泛的应用范围。作物生长模型从早期由作物空间分配模型（SPAM-China 模型），作物生长过程中 ELCROS 模型等，后逐步发展为 SUCPOS 模型等。然而，由于大多数的作物生长模型主要基于小范围定点模拟，即假定单位耕地面积下，以其周围自然因素在水平方向保持不变为前提，因子变量具有较强的目标性，这些模型更适用于小范围的耕地生产潜力评价，当处于较大的研究尺度和更复杂的环境条件时,在多种要素及其时空变化的影响下,模拟结果则较为粗略。

考虑农业气候和土地利用在耕地生产潜力评估中的重要作用,FAO 于 1978 年开始采用气温影响函数对作物的光合生产潜力模型进行修正,并研发了 AEZ 模型。该模型程序框架简洁规范,所需数据较少,且能够同时测算出作物的潜在产量和实际产量,不过该模型仍存在一定的缺陷。Higgins 等（1981）指出,AEZ 模型是以整个生长发育期的平均日照辐射和温度数据为前提,因此忽略了这些因素因时间尺度对作物产量造成的影响。另外,AEZ 模型旨在模拟全球大尺度的耕地生产潜力,而模型中各影响因素的空间异质性等问题也制约着 AEZ 模拟精度。除了日照辐射和气温,学者同时考虑了作物水分、CO_2 利用对产量的影响,即综合考虑光照、气温、水分等因素来探究耕地生产潜力。近年来,AEZ 模型不断被完善,并成功将其应用于土地利用规划和管理分析,以支持不同国家和地区的农业可持续发展[1,2]。

2.1.2　国内研究进展

相比于国外,我国对耕地生产潜力研究起步较晚。20 世纪 50 年代初,我国学者任美锷以农业生产力为基础估算了土地承载力,被认为是我国对耕地生产潜力研究的开端（任美锷,1950）。黄秉维在国内第一次提出"光合生产潜力",即在降雨量、温度、日照辐射等气候要素适宜时,农作物所能达到的最大产出,并对 Loomis 和 Williams（1963）的光合潜力公式进行修正,提出在理想状态下农作物光能利用率最大值约为 6.13%。但这种估算方法较为粗略,忽略了不同作物对光能利用的区别。因此,国内学者根据地区具体作物的特点,分别得出了适合于各地区各作物的光合有效系数。进入 20 世纪 80 年代,耕地生产潜力的计算逐渐得到完善（李世奎,1987;陈明荣,1984;龙斯玉,1984）。

21 世纪初,AEZ 模型引入我国。由于 AEZ 模型主体框架中并没有考虑气候条件的空间异质性对农作物产量的影响,并且模型的农作物系数并没有结合我国实际的农业气候情况,在运用前需要对模型参数进行校正（党安荣 等,2000;刘建栋 等,1998;赵安 等,1998）。在 AEZ 模型逐渐成熟的基础上,学者在我国及各区域尺度上,研究了如土地利用变化（刘纪远 等,2003）、气候变化（徐新良 等,2007）、土地利用政策（闫慧敏 等,2012）等对耕地生产潜力的影响。目前我国对耕地生产力的研究已经经历了由光合潜力、光—温潜力、光—温—水—土生产潜力,到耕地生产潜力模型的完善过程,并广泛应用到我国各尺度的耕地生产潜力评价中（Ge et al.,2018;Li et al.,2017;Jiang et al.,2017;Xiao et al.,2015;Yan et al.,2009;Deng et al.,2006）,对指导我国农业生产与土地资源的合理管理起到了科学支撑作用。

---

[1] FAO, 1978-1981. Report on the agro-ecological zones project. FAO, Rome, Italy: Worlds Soil Resources Report.

[2] FAO, 1993. Agro-ecological assessments for national Planning: the example of Kenya. FAO, Rome, Italy: FAO Soils Bulletin.

2.2 AEZ 模 型

2.2.1 概 述

保护耕地数量、生产力是实现我国粮食安全的重要前提之一。本书应用 AEZ 模型，在栅格尺度上估算了我国耕地生产潜力空间分布、总量及单位面积平均耕地生产潜力，将栅格尺度上的耕地生产潜力汇总到各省（自治区、直辖市）上，分析不同省耕地生产潜力的变化趋势和空间差异。

过去 30 年内，AEZ 模型在全球范围内得到了广泛的应用。AEZ 模型能够利用土地资源存量来评估农业土地利用，以及在特定的农业生态环境下对农业活动的预测。AEZ 模型目前已经实现了其应用的全球化，世界上任何一个地方的耕地生产潜力都能够通过该模型获取，众多国家和地区采用 AEZ 模型来为农业发展规划提供支撑。

2.2.2 AEZ 模型评估耕地生产潜力的原理

AEZ 模型综合考虑光、温、水、CO_2 浓度等因素估算粮食生产潜力（图 2-1）。AEZ 模型首先根据气候条件估算作物的气候适宜性，然后对适宜种植的作物采用逐级限制法来计算耕地生产潜力，即按照光合生产潜力（仅光照限制）—光温生产潜力（光照和温度限制）—气候生产潜力（光照、温度和水分限制）—土地生产潜力（光照、温度、水分和土壤限制）—农业生产潜力（农业投入水平、经营管理方法等限制）的顺序逐步修正生产潜力（Fischer et al.，2008，2007，2006）。

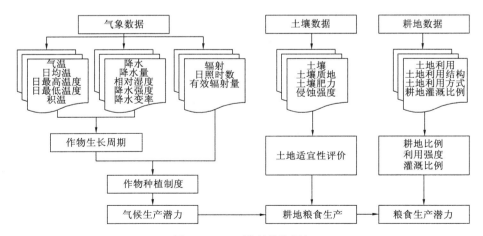

图 2-1 AEZ 模型总体框架

本书采用 AEZ 模型计算了平均气候条件下的耕地生产潜力，主要考虑了小麦（4 个品种）、玉米（4 个品种）、水稻（2 个品种）、大豆和甘薯 5 种作物（刘洛 等，2014）。这

5 种作物是我国主要的粮食作物,约占粮食总产量的 97.7%(陈印军 等,2012)。其中,结合耕地空间分布特征,模型考虑了水稻仅能在水田上种植,其他作物在旱地上种植。此外,我国大部分地区采用多熟制耕作制度,故在估算耕地生产潜力时需考虑作物的种植制度(闫慧敏 等,2005)。本书根据我国实际种植制度,考虑了多种熟制的经验方式组合(包括一年两熟、两年三熟、一年三熟)(刘洛 等,2014),从而获取最大的耕地粮食生产潜力。

1. 农业气候数据分析

首先通过计算有效积温、划定冻土区域、定量温度剖面来划分我国气候温度带,然后通过土壤水分平衡公式计算潜在蒸散量和实际蒸散量,最后通过以上计算结果和作物生长期长度形成雨养条件下和灌溉条件下我国作物熟制图。

1) 风力和风速

风速数据主要用来估算潜在蒸散量。我国气候观测站观测数据为在距离地面 10 m 高度的日平均风速,而标准作物的冠层距离地面的高度不超过 2 m,因此,为了便于农业气候的计算,需要把 10 m 高度的平均风速数据转化成 2 m 高度的平均风速数据[①]:

$$f_{\text{wind}} = \frac{4.868}{\ln(67.75 \times h - 5.42)} \tag{2-1}$$

$$w_2 = (0.01 \times w_{10} \times f_{\text{wind}}) \times 86.4 \tag{2-2}$$

式中:f_{wind} 为风速修正系数;w_2 和 w_{10} 分别为 2 m 高度和 10 m 高度的观测风速(m/s);h 为作物高度(m)。

2) 日照时间

日照时间(n)用于计算入射太阳辐射量、潜在蒸散量及生物量。日照时间来源于实际日照小时与最大可能日照小时之比(n/N)。

3) 昼夜气温

白天气温(T_{day},℃)和夜晚气温(T_{night},℃)的计算公式如下:

$$T_{\text{day}} = T_a + \left(\frac{T_x - T_n}{4\pi}\right) \times \left(\frac{11 - T_0}{11 + T_0}\right) \times \sin\left[\pi \times \left(\frac{11 - T_0}{11 + T_0}\right)\right] \tag{2-3}$$

$$T_{\text{night}} = T_a - \left(\frac{T_x - T_n}{4\pi}\right) \times \left(\frac{11 + T_0}{T_0}\right) \times \sin\left[\pi \times \left(\frac{11 - T_0}{11 + T_0}\right)\right] \tag{2-4}$$

式中:T_x 为极值温度;T_n 为时刻温度;T_a 为 24 h 平均气温;T_0 为标准时长,由式(2-5)计算得

$$T_0 = 12 - 0.5\text{DL} \tag{2-5}$$

式中:DL 为白天的时长,取决于栅格的纬度及每年的天数(考虑闰年的情况)。

---

① FAO, 1992. CROPWAT: A computer program for irrigation planning and management. FAO, Rome, Italy:FAO Irrigation and Drainage Paper 46. Land and Water Development Division.

4) 潜在蒸散量

潜在蒸散量表示一个定义好的参考地表蒸散量，如在供水充分的条件下，一块表面种满了生长高度统一在 12 cm 作物的地表。AEZ 模型根据 Penman-Monteith 公式，利用气候数据库中每个栅格的属性计算潜在蒸散量（ET_O）（FAO，1992；Monteith，1981，1965）：

$$ET_O = \frac{0.408\Delta(R_n - G) + \gamma \frac{900}{T+273} u_2 (e_s - e_a)}{\Delta + \gamma(1 + 0.34u_2)} \tag{2-6}$$

式中：R_n 为作物表面净辐射量，MJ/（$m^2 \cdot d$）；G 为土壤热通量，MJ/（$m^2 \cdot d$）；T 为日平均气温，℃；u_2 为距离地面 2 m 高处日平均风速，m/s；e_s 为饱和水汽压，kPa；e_a 为实际水汽压，kPa；Δ 为饱和水汽压随温度变化的斜率，kPa/℃；γ 为干湿表常数，kPa/℃。

5) 土壤水分平衡

作物的水分平衡决定了该作物的实际蒸散量。作物每日可摄入的水量由每日的土壤水平衡（Wb）计算得到。而每日的土壤水平衡是由流入水和流出水所决定。其中，流入水的来源有降水（P）和雪融（Sm），流出水的来源为植被的实际蒸散发（ET_a），而多余的水量流失则包括径流和深层渗漏（We）。

$$Wb_j = \min(Wb_{j-1} + Sm_j + P_j - ETa_j, Wx) \tag{2-7}$$

式中：j 为一年的天数；Wx 为植被可利用的最大水量。Wx 取决于土壤的理化特性，并且影响着土壤整体的持水能力。式（2-7）表明，植被可利用的最大水量由土壤的持水能力（Sa）和根深（D）来定义，即

$$Wx = Sa \times D \tag{2-8}$$

持水能力这一土壤的属性又与土壤中植被根系区中最大含水量（Sfc）和永久枯萎点（Swp）有所区别。对于一块土壤来说，如果 Swp<Wb<Sfc，那么在这块土壤上的植被就能够存活。但是，当 Wb 小于永久枯萎点的临界值时，植被提取水分将变得十分困难。

6) 冻土评估

冻土条件是否连续是土地适宜性评价中的一个重要因素。冻土区域的特征是温度在连续两年或两年以上的时间低于或等于 0℃。日平均气温和土壤的理化性质是形成冻土的两个主要因素。AEZ 模型采用 Nelson 等（1987）提出的空气霜冻指数（air frost index，FI），将土地分为四大类：连续冻土、非连续冻土、随机冻土及非冻土。通用的 FI 是通过 T_a 来计算的：

$$FI = \frac{DDF^{0.5}}{DDF^{0.5} + DDT^{0.5}} \tag{2-9}$$

式中：DDF 为冰冻指数；DDT 为解冻指数。

$$DDF = \sum T_a, \quad T_a > 0℃ \tag{2-10}$$

$$DDT = -\sum T_a, \quad T_a < 0℃ \tag{2-11}$$

通过 FI 的计算，确定四种冻土类型的划分标准如表 2-1 所示。

表 2-1 AEZ 模型评价中冻土区域的分类

冻土类型	FI 值	冻土可能性[*]/%
连续冻土	≥0.625	>67
非连续冻土	0.570≤FI≤0.625	33~67
随机冻土	0.495≤FI≤0.570	5~33
非冻土	≤0.495	<5

*冻土可能性的计算是基于 Nelson 等（1987）的数据集及 IIASA 的分析得出

7）多熟制作物分区

由于一些地区可供作物在一年之内生长多季，单一作物的产量无法反映每个土地单元的完全生产潜力，为了评估多熟制作物的生产潜力，必须结合作物的生长周期（length of growing period，LGP）、有效积温（effective accumulated temperature，EAT）和生长期积温（accumulated temperature during growing period，AT-G）来进行多熟制作物的分区，包括：一熟区域、二熟区域、三熟区域和无法种植区。在热带和非热带情况下作物的多熟制分区分别见表 2-2 和表 2-3。

表 2-2 热带情境下作物多熟制分区

区域	LGP	$LGP_{T=5}$	$LGP_{T=10}$	$EAT_{T=0}$	$EAT_{T=10}$	$AT\text{-}G_{T=0}$	$AT\text{-}G_{T=10}$
A	—	—	—	—	—	—	—
B	≥45	≥120	≥90	≥1 600	≥1 000		
C	≥220	≥220	≥120	≥5 500	n.a.	≥3 200	≥2 700
	≥200	≥200		≥6 400			
	≥180	≥200		≥7 200			
D	≥270	≥270	≥165	≥5 500	—	≥4 000	≥3 200
	≥240	≥240		≥6 400			
	≥210	≥240		≥7 200			
E	n.a.	n.a.	n.a.	n.a.	n.a.	n.a.	n.a.
F	≥300	≥300	≥240	≥7 200	≥7 000	≥5 100	≥4 800
G	n.a.	n.a.	n.a.	n.a.	n.a.	n.a.	n.a.
H	≥360	≥360	≥360	≥7 200	≥7 000	—	—

注：A 为无法种植作物区域；B 为一年一熟区域；C 为两年三熟区域；D 为一年两熟区域，无法种植两季水稻；E 为一年两熟区域；F 为一年三熟区域，无法种植三季水稻；G 为一年三熟，无法种植两季水稻；H 为一年三熟区域。$LGP_{T=5}$ 为大于 5℃作物生长长度；$LGP_{T=10}$ 为大于 10℃作物生长长度；$EAT_{T=0}$ 为大于 0℃有效积温；$EAT_{T=10}$ 为大于 10℃有效积温；$AT\text{-}G_{T=5}$ 为大于 5℃生长期积温；$AT\text{-}G_{T=10}$ 为大于 10℃生长期积温；n.a.代表不适用；—代表无数据。表 2-3 同此

表 2-3　非热带情境下作物多熟制分区

区域	LGP	$LGP_{T=5}$	$LGP_{T=10}$	$EAT_{T=0}$	$EAT_{T=10}$	$AT\text{-}G_{T=0}$	$AT\text{-}G_{T=10}$
A	—	—	—	—	—	—	—
B	≥45	≥120	≥90	≥1 600	≥1 000	—	—
C	≥180	≥200	≥120	≥3 600	≥3 000	≥3 200	≥2 900
D	≥210	≥240	≥165	≥4 500	≥3 600	≥4 000	≥3 200
E	≥240	≥270	≥180	≥4 800	≥4 500	≥4 300	≥4 000
F	≥300	≥300	≥240	≥5 400	≥5 100	≥5 100	≥4 800
G	≥330	≥330	≥270	≥5 700	≥5 500	—	—
H	≥360	≥360	≥330	≥7 200	≥7 000	—	—

8）净初级生产力

净初级生产力（net primary production，NPP）被用来估算作物根系周围的太阳辐射和土壤水分的吸收。作物实际蒸散发与植被的净初级生产力关系密切，因为它与植物的光合活性相关，而光合活性又取决于太阳辐射和水分的可用性。在 AEZ 模型中，NPP 的测算公式（Zhang et al.，1995）如下：

$$NPP = \sum ETa \times \frac{A_0}{d} \qquad (2\text{-}12)$$

式中：变量 A_0 为一个比例常数，取决于 CO_2 的扩散条件；d 为显热。A_0/d 可由辐射干燥指数（radiation dryness index，RDI）近似获得（Uchijima et al.，1988）：

$$\frac{A_0}{d} \approx f(RDI) = RDI \times \exp(-\sqrt{9.87 + 6.25 \times RDI}) \qquad (2\text{-}13)$$

$$RDI = \frac{\sum\limits_{j=1}^{12} Rn_j}{\sum\limits_{j=1}^{12} P} \qquad (2\text{-}14)$$

式中：$\sum Rn$ 为年累积净辐射；$\sum P$ 为年降雨量。在 AEZ 模型中，NPP 公式的计算分两种情况进行。

（1）在自然条件（如雨养条件）下估算 NPP，RDI 由每个栅格的净辐射量和降雨量获得：

$$NPP_{rf} = \sum ETa \times RDI \times \exp(-\sqrt{9.87 + 6.25 \times RDI}) \qquad (2\text{-}15)$$

（2）在水利设施条件下估算 NPP，假设 ETa=ETm，且 RDI=1.375，如此，A_0/d 将近似逼近最大值：

$$NPP_{ir} = \sum ETa \times 1.375 \times \exp(-\sqrt{9.87 + 6.25 \times 1.375}) \qquad (2\text{-}16)$$

2. 生物量计算

在多种投入和管理水平的雨养和灌溉条件下，计算每一土地利用类型的农业气候生物量和产量，主要包含两个步骤。

（1）只考虑辐射和温度情景下农作物生物量及生产潜力的计算。

（2）估算农作物生长周期中水分胁迫导致的作物减产。这个测算是针对雨养条件下不同农作物的土壤持水能力来确定的。而在灌溉条件下，模型假设农作物在生长周期内没有水分消耗。

1）光温适宜性

光温适宜性是指在水分、土壤、作物种类及其他农业技术条件都适宜时，由自然光温条件决定的农作物适宜性水平。AEZ 模型在测算光温适宜性时，主要包括的光温限制条件有：①温度（纬度）气候带；②冻土情景；③温度生长期时长（日均气温大于 5℃的作物生长时长）；④无霜冻期时长（日均气温大于 10℃的作物生长时长）；⑤积温；⑥温度分布；⑦作物促熟条件；⑧昼夜温差（针对热带多年生作物）；⑨相对湿度条件（针对热带多年生作物）。

由于光温适宜性需要进行定量分析，以便进行下一步生物量的测算，将上述 9 个光温限制因素（fc_{1k}, $k=1, 2, \cdots, 9$）分别进行定量评估。针对各因子对农作物产量的影响，假设因子对农作物生产潜力无影响，设定为适宜作物生长（$fc_{1k}=1$）；把因子影响作物减产超过阈值 25%视为不适宜作物生长（$fc_{1k}=0$）；如果因子对农作物有少量减产影响，则设定为次适宜作物生长。对 fc_{1k} 为适宜与不适宜作物生长之间进行一元线性插值。针对每个空间格元，最后选择 9 个因子中限制性最大的因子作为其对耕地生产潜力减小的影响因素（$fc1=\min\{ fc_{1k}=0, k=1, 2, \cdots, 9\}$）。

2）生物量测算

采用 Kassam[①]拟合的生理生态模型（ecophysiological model）来计算无限制条件下的生物量。在 AEZ 模型中无限制条件下计算农作物的产量，反映了每个栅格与温度和辐射相关的生产潜力。Kassam 的模型需要遵循的农作物特征有：①生长周期长度；②作物萌芽的最低温度条件；③最大光合速率；④豆科和非豆科作物的呼吸速率公式；⑤产量形成周期长度；⑥最大生长率时的叶面积指数；⑦收获指数；⑧作物适应性种群；⑨作物生长周期长度对热量供给的敏感性。此外，生物量计算也包括一些程序以解释不同程度的大气 CO_2 浓度。

3）水分限制下的生物量和产量

在雨养条件下，水分缺失的压力可能会出现在农作物生长的各个时期，从而导致生物量和产量的减少。在 AEZ 模型中，每种土地利用类型的水分需求都需要测算，测算结果用于计算特定土地利用类型水平衡及每个栅格实际蒸散发。AEZ 模型计算了一个水分压力因子（fc_2），并将其应用于净生物量（Bn）及生产潜力（Yp）的计算。

（1）作物水分需求。

在没有任何水分限制条件下，作物对水分总需求就是作物的潜在最大蒸散量（ETm）。

---

① Kassam A H, 1977. Net Biomass Production and Yield of Crops. Rome, Italy: FAO.

ETm 是潜在蒸发量 ETo 与作物生长参数 kc 的乘积。其中，kc 的值在不同作物不同生长时期是不相同的：

$$kc_j = \begin{cases} kc_1, & j \in D_1 \\ kc_1 + (j - d_1) \times \dfrac{kc_2 - kc_1}{d_2}, & j \in D_2 \\ kc_2, & j \in D_3 \\ kc_2 + [j - (d_1 + d_2 + d_3)] \times \dfrac{kc_3 - kc_2}{d_4}, & j \in D_4 \end{cases} \quad (2\text{-}17)$$

式中：D_1、D_2、D_3 和 D_4 分别为作物生长周期的 4 个阶段：萌芽期 D_1、成长期 D_2、稳定期 D_3 和成熟期 D_4。

（2）水分不足导致的减产。

水分对作物生长的限制造成生产潜力变化。水分不足导致产量减少的计算在一定程度上也反映了上述农作物生长的 4 个阶段中作物实际蒸散发（$\sum ETa$，mm/d）与最大蒸散发（$\sum ETm$，mm/d）的关系。由于不同作物对水分的敏感程度不同，水分不足对作物生产潜力的影响程度也不同，通过水分压力系数（ky）表示农作物对水分压力的敏感性。设定农作物 4 个生长阶段的 ky 值分别为 ky_1、ky_2、ky_3 和 ky_4，同时设定农作物整个生长周期的 ky 平均值为 ky_0。AEZ 模型利用农作物各个阶段的水分压力系数及均值来计算水分压力因子（fc_2）：

$$fc_2^T = 1 - ky_0 \times \left(1 - \frac{\sum\limits_1^{TCL} ETa}{\sum\limits_1^{TCL} ETm}\right) \quad (2\text{-}18)$$

$$TETa_j = \sum_{k \in D_j} ETa_k, \quad TETm_j = \sum_{k \in D_j} ETm_k, \quad j = 1, \cdots, 4 \quad (2\text{-}19)$$

$$fc_2^{CS} = \prod_{j=1}^{4} \left[1 - ky_j \times \left(1 - \frac{TETa_j}{TETm_j}\right)\right]^{\lambda_j} \quad (2\text{-}20)$$

$$fc_2 = \min(fc_2^{CS}, fc_2^T) \quad (2\text{-}21)$$

式中：$TETa_j$ 和 $TETm_j$ 分别为作物在阶段 D_j 中的实际蒸散发总量和潜在蒸散发总量；权重系数 λ_j 为每种作物生长阶段所占整个生长期的比例；因此，当 fc_2 作为因子 fc_2^T（水分压力因子调整值）的最小值时，表示总体水分缺失的减产影响；当 fc_2 作为因子 fc_2^{CS}（累计水分压力因子）的最小值时，表示作物特定生长阶段水分压力减产的加权效应。

从而水分限制下农作物产量 Yw 可由生产潜力 Yp 乘以水分压力因子 fc_2 得到，即

$$Yw = Yp \times fc_2 \quad (2\text{-}22)$$

3. 农业气候限制因素

AEZ 模型根据不同类型的作物限制因素、变化的作物生长周期分区和投入水平，实现了农业气候影响因素的量化。农业气候限制因素会直接或间接地导致农作物产量和质

量的损失。AEZ 模型考虑了 5 种农业气候限制因素：①每年降雨不均匀导致农作物产量的长期限制；②病虫害对作物生长的危害；③病虫害对农作物质量的危害；④影响农业经营效率的气候因素；⑤霜冻危害。

将上述 5 个农作物减产因素（fct_a，…，fct_e）整合，可以得到农业气候总体限制因子（fc_3）：

$$fc_3 = \min\left\{(1-fct_a)\times(1-fct_b)\times(1-fct_c)\times(1-fct_d),(1-fct_e)\right\} \tag{2-23}$$

式中：$fct_a \sim fct_e$ 分别为上述五种限制农业生产的因素。

4. 农业土壤-地形限制因素

AEZ 模型评估了由土壤、地形及坡度等限制条件下农作物产量的减少。作物产量的影响分别从最优土壤和地形条件单独进行评估。土壤适宜性通过作物或土地利用类型的 7 种主要土壤特点评估；地形适宜性通过地形、坡度及集中降雨的特征来评估。

1）土壤适宜性

在土壤适宜性评价中，7 种影响作物生长的主要土壤特点包括：养分有效性（SQ1）、养分保持能力（SQ2）、根系条件（SQ3）、氧分可用性（SQ4）、毒性（SQ5）、盐碱度（SQ6）和适耕性（SQ7）。

（1）养分有效性。

自然养分有效性对于中、低投入耕作至关重要。关于养分有效性的诊断是多方面的。对于土壤的耕作层（0～30 cm）来说，土壤剖面属性有：土壤质地/矿物学/结构（TXT）、土壤有机碳（OC）、土壤 pH 和盐基交换总量（TEB）；对于下层土（30～100 cm）而言则有：土壤质地/矿物质/结构、pH 和盐基交换总量，即

$$SQ1_{topsoil} = f_{SQ}(TXT, OC, pH, TEB) \tag{2-24}$$
$$SQ1_{subsoil} = f_{SQ}(TXT, pH, TEB) \tag{2-25}$$

（2）养分保持能力。

养分保持能力对于肥料应用的效用来说尤为重要，同时与中间及高级投入水平密切相关。养分保持能力衡量了土壤对流失养分的保留水平。植物养分的流失随土壤浸出强度的变化而变化，这是由土壤水分通过土壤剖面的排水量所决定的。土壤质地通过对黏土矿物和土壤渗透性的影响，从而影响土壤养分的保留能力。针对养分保持能力，表层土的土壤特征有：土壤质地/矿物质/结构、盐基饱和（BS）、土壤阳离子交换容量（CEC_{soil}）；下层土的土壤特征有：土壤质地/矿物质/结构、盐基饱和、pH、黏土阳离子交换容量（CEC_{clay}），即

$$SQ2_{topsoil} = f_{SQ}(TXT, BS, CEC_{soil}) \tag{2-26}$$
$$SQ2_{subsoil} = f_{SQ}(TXT, pH, BS, CEC_{clay}) \tag{2-27}$$

（3）根系条件。

根系条件包括土壤的有效深度和有效容积。无论是限制根系的有效深度还是减少根渗透的有效容积，根系条件都有可能会对某种土相造成影响。根系条件同样是从表层土

和下层土两方面进行评估：

$$SQ3 = \tau(RSD) \times \min[\tau(SPR), \tau(SPH), \tau(OSD)] \tag{2-28}$$

式中：$\tau(RSD)$ 为土壤深度等级；$\tau(SPR)$ 为土壤性质等级；$\tau(SPH)$ 为土相等级；$\tau(OSD)$ 为其他与土壤深度/容积相关的特征等级。

（4）氧分可用性。

土壤的排水特性很大程度上决定了其氧分可用性。无论是作物的土壤排水还是其土相，氧分可用性被视为最重要的限制条件。人工排水的不同设定，不同的农业投入水平导致了不同的土壤质量。从表层土和下层土分别分析，氧分可用性可用式（2-29）来评估：

$$SQ4 = \min[\tau(DRG), \tau(SPH)] \tag{2-29}$$

式中：$\tau(DRG)$ 和 $\tau(SPH)$ 分别为特定投入水平下土壤的排水等级和土相等级。

（5）毒性。

土壤的低 pH 可能会导致酸性中毒（如铝、铁、锰的毒性）。石灰性土壤一般呈现一些微量元素的毒性，如锰、锌、钼等。在评估这种土壤特性时假定了独立的投入和管理水平，即

$$SQ5_{topsoil/subsoil} = \min[\tau(CCB) \times \tau(GYP), \tau(SPH)] \tag{2-30}$$

式中：$\tau(CCB)$ 和 $\tau(GYP)$ 分别为土壤中碳酸钙和石膏的等级。

（6）盐碱度。

土壤盐碱化，指土壤底层或地下水的盐分随毛管水上升到地表，水分蒸发后，使盐分积累在表层土壤中的过程。作物因为对盐的敏感性而降低作物产量。土壤含盐量有两种测量方式：①电导率（EC）；②复杂钠离子络合物的交换饱和度，也就是指碱性（或碱性钠），以交换性钠的百分比来计量（ESP）。当同时出现盐土和碱土，则会产生联合限制作用继而最大限度抑制盐土和碱土结合，最终形成土壤盐化或碱化。

$$SQ6 = \min[\tau(ESP) \times \tau(EC), \tau(SPH)] \tag{2-31}$$

（7）适耕性。

土壤的适耕性主要与作物生长发育所需的土壤物理特性有关，如土壤的湿度、质地、胀缩性、黏结性、可塑性等。其中，土壤湿度与土壤适耕性关系最为密切，土壤含水量不宜过小或过大。

$$SQ7 = f_{SQ}[\tau(RSD), \tau(GRC), \tau(SPH), \tau(TXT), \tau(VSP)] \tag{2-32}$$

式中：$\tau(GRC)$ 为土壤砾石含量等级；$\tau(VSP)$ 为变性土性质等级。

2）地形适宜性

地形对农业土地利用的影响是多方面的。农业活动必须适应各种地形坡度、坡向，坡度构造等地形因素。通常这是结合特殊作物管理和水土保持措施来实现的。在没有足够的土壤保育措施下，很可能会加速土壤侵蚀的风险。在短期内，表层土壤肥力的流失，会导致坡耕地的减产。

　　土壤流失的危害性很大程度上取决于强降雨。雨养条件下的农业由于其特殊的覆被动态和管理，最有可能引发表层土的侵蚀。AEZ 模型利用改进的 Fournier 指数（Fm）来更加清晰地说明降雨量及其分布的差异性，从而通过该指数来反映地形适宜性，即

$$Fm = \frac{12\sum\limits_{i=1}^{12} P_i^2}{\sum\limits_{i=1}^{12} P_i} \tag{2-33}$$

式中：P_i 为第 i 个月的降雨量。当一年内降雨量分布较为平均，则 Fm 的值近似等于年降水量。另一种极端情况是，当所有降水集中在一个月时，那么 Fm 的值就达到了年降水量的 12 倍。因此，Fm 对降雨的总量和分布是十分敏感的，其值的范围在 1～12 倍年降雨量之间。

5. 耕地生产潜力

　　前述从农业气候及农业土壤等自然因素方面来对耕地生产潜力进行条件限制。此外，农业投入与管理水平也在很大程度上影响着耕地生产潜力。耕地生产潜力的高低与一定的农业投入呈正相关。在农田基本建设投入所创造的良好的耕地生态环境基础上，常规生产性投入（良种、农机、化肥等），才能发挥最大的综合效应。

　　在最后测算耕地生产潜力时，首先，针对特定土地利用类型，将农业气候限制条件及土壤地形限制条件逐步加入模型，其后将农业投入/管理水平（fc_5）系数纳入 AEZ 模型中，形成最为真实的耕地生产潜力评估结果：

$$Y = Yp \times fc_1 \times fc_2 \times fc_3 \times fc_4 \times fc_5 \tag{2-34}$$

2.3　基于 AEZ 模型的中国耕地生产潜力变化

　　本书采用 AEZ 模型计算了 1990～2015 年平均气候条件下的全国耕地生产潜力，主要考虑了小麦、玉米、水稻、大豆和甘薯 5 种作物。本节主要从生产潜力总量和平均生产潜力两个角度，从栅格到省级两个尺度分析我国耕地生产潜力的时空特征。

　　为了保证 AEZ 模型结果的科学性和可靠性，本书对我国耕地生产潜力结果进行了验证。采用 2010 年月气象数据和耕地利用现状数据计算了 2010 年耕地生产潜力。将该结果以全国县（市）为单元进行统计，并与 2010 年相同统计单元的粮食产量统计数据进行对比（刘洛 等，2014），得到 2010 年我国耕地平均潜在产量为 8 316 kg/hm²，为当年全国实际粮食平均产量的 1.55 倍（图 2-2）。

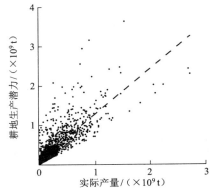

图 2-2　全国县（市）级耕地生产潜力与实际产量对比

其中，各县（市）耕地潜在产量与实际粮食产量的相关系数为 0.82，标准差为 0.74×10^4 t，说明两者相关性较好，耕地潜在产量能够合理地反映实际粮食产量的变化趋势。

2.3.1 耕地生产潜力总量变化

1. 全国尺度下耕地生产潜力总量变化

1990～2015 年我国耕地生产潜力总量（每五年期）依次为 $11\,281.72 \times 10^4$ t、$11\,179.82 \times 10^4$ t、$11\,492.70 \times 10^4$ t、$11\,429.58 \times 10^4$ t、$11\,372.90 \times 10^4$ t、$11\,265.48 \times 10^4$ t，呈现波动趋势，25 年间耕地生产潜力总量下降了 16.24×10^4 t，降幅约为 1990 年水平的 0.14%。我国耕地生产潜力总量的空间格局表现为由东向西逐步降低的趋势。这主要是由于我国耕地资源空间分布不均，东部耕作条件较好，而西南部高原地区地势高，耕地生产潜力低，西藏青海等部分冻土区常年被冰雪覆盖，不适宜耕种。

2. 省级尺度下耕地生产潜力总量变化

1）各省（自治区、直辖市）耕地生产潜力总量

31 个省（自治区、直辖市）五年期各耕地粮食生产潜力总量汇总（图 2-3），从数量上来看，河南、山东、黑龙江、安徽是我国耕地生产潜力总量较高的区域。西藏、青海、上海、北京等地区耕地生产潜力总量较低，六期平均水平不足 $5\,000 \times 10^4$ t。各省（自治区、直辖市）在 1990～2015 年耕地生产潜力总量变化较为稳定，但是黑龙江等地在 25 年间产生了较大的波动。

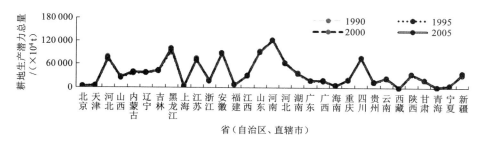

图 2-3　1990～2015 年我国各省（自治区、直辖市）耕地生产潜力总量

不包括台湾、香港、澳门的数据

如表 2-4 所示，我国耕地生产潜力总量较高的区域分布于农业资源条件优越的东部的平原地区及西部地区的四川盆地。青藏高原、东南沿海一带及耕地资源较少的"京津沪"等地区是我国耕地生产潜力总量较少的区域。青藏高原区域人烟稀少，水分和热量条件均不利于作物的生长发育，导致粮食生产潜力极低；而东南沿海区域虽然自然条件优越，但该区域在农业投入与管理水平方面较弱，故而粮食生产潜力不高。

表 2-4　1990～2015 年我国 31 省（自治区、直辖市）耕地粮食生产潜力（单位：×10⁴ t）

省（自治区、直辖市）	1990 年	1995 年	2000 年	2005 年	2010 年	2015 年
北京	4 265.08	3 402.37	3 642.21	3 402.34	3 309.45	3 240.55
天津	5 614.45	5442.13	5 602.72	5 493.26	5 466.58	5 357.17
河北	79 312.40	71 295.20	75 471.80	75 076.00	74 812.20	74 457.30
山西	27 616.80	25 191.70	27 265.80	27 063.30	26 896.90	26 786.50
内蒙古	35 789.90	36 602.00	40 326.70	40 302.20	40 305.20	39 994.70
辽宁	37 478.30	37 165.50	37 937.60	37 856.90	37 783.50	37 637.30
吉林	40 689.60	42 069.30	44 165.40	44 244.80	44 175.30	44 005.30
黑龙江	89 256.10	94 561.90	100 316.00	100 605.00	100 598.00	100 792.00
上海	3 971.27	3 840.43	3 737.84	3 484.40	3 273.62	3 105.85
江苏	75 588.50	72 508.20	71 887.90	70 998.10	69 689.60	68 579.50
浙江	18 913.50	19 060.10	19 030.10	17 744.10	17 449.00	16 777.60
安徽	87 533.10	89 351.80	88 709.40	88 475.00	87 797.60	86 824.20
福建	7 481.18	7 936.06	7 883.64	7 608.83	7 485.38	7 396.75
江西	29 719.90	30 806.50	31 345.90	31 200.80	31 084.50	30 739.80
山东	94 822.00	91 974.90	92 322.40	91 356.80	90 588.50	89 935.30
河南	121 340.00	121 977.00	123 313.00	122 633.00	122 318.00	121 520.00
湖北	62 238.80	62 920.00	63 338.30	62 700.60	62 357.50	61 192.50
湖南	37 733.50	35 438.50	36 224.30	36 028.40	35 903.60	35 374.90
广东	17 873.50	17 523.20	18 647.30	18 033.40	17 843.50	17 663.70
广西	17 485.40	16 935.10	18 680.80	18 642.00	18 571.80	18 320.30
海南	6 167.03	6 083.09	6 401.73	6 365.12	6 342.37	6 231.58
四川	75 737.70	76 193.80	76 061.10	75 571.00	75 434.90	74 616.70
重庆	21 095.50	19 748.00	20 780.40	20 684.80	20 467.80	19 993.40
贵州	13 825.90	14 114.50	14 470.80	14 558.60	14 522.60	14 221.80
云南	23 067.70	23 088.80	24 706.40	24 625.60	24 521.00	24 256.90
西藏	354.41	159.14	440.23	438.28	438.28	434.58
陕西	34 398.00	33 780.20	34 955.60	34 489.60	34 366.60	33 774.50
甘肃	19 799.20	18 808.80	19 538.70	19 580.20	19 536.00	19 368.40
青海	1 498.57	1 314.85	1 361.82	1 347.83	1 342.61	1 326.92
宁夏	5 473.29	5 790.84	6 163.81	6 033.77	5 997.96	5 943.30
新疆	32 032.20	32 899.00	34 540.50	36 314.30	36 611.30	36 679.30

注：不包括台湾、香港、澳门的数据，后面表格同此

2）各省（自治区、直辖市）耕地生产潜力总量变化分析

在 1990～2015 年，虽然我国省级的空间格局较为稳定，但是各省（自治区、直辖市）的耕地生产潜力总量在五个时期的变化趋势不尽相同。为了进一步探究各省（自治区、直辖市）耕地生产潜力总量的变化趋势，可根据每个省（自治区、直辖市）在相邻两个年份中耕地生产潜力总量的增减变化，将所有省（自治区、直辖市）分为持续减产区、波动减产区、波动增产区及持续增产区 4 个类别。从 1990 年开始，若相邻年份耕地生产潜力总量均为净减少，则定义为持续减产区；若有增有减，并且 1990～2015 年总变化量为减产，则这类区域可定义为波动减产区；若有增有减，而总变化量表现为增产，则定义为波动增产区；若各年份均为产量净增加，则定义为持续增产区。

我国大部分省（自治区、直辖市）耕地生产潜力总量属于波动增产或波动减产。1990～2010 年增产区多数集中于我国北方，其中持续增长区只有位于北方干旱半干旱区域的新疆，波动增产区为东北平原及黄淮海平原一带，以及西南的"渝黔湘"地区。对应地，减产区主要位于东南沿海一带，以及长江沿线省份。从各省（自治区、直辖市）来看，黑龙江及两个持续增产省内蒙古和新疆是 25 年间增产最多的省份，增产分别达到了 11 535.9 × 10^4 t、4 204.8 × 10^4 t 和 4 647.1 × 10^4 t，远超其他省（自治区、直辖市）。减产区中，山东和江苏分别减产 4 886.7 × 10^4 t 和 7 009.0 × 10^4 t，特别是进入 21 世纪以来，耕地生产潜力总量逐年递减。此外，湖北、陕西、江西和云南的减产量也都超过 300 × 10^4 t。从变化率来看，以北京和上海等经济发展较快、水平较高的省市为代表，25 年间耕地生产潜力总量的下降值占 1990 年总量的百分比分别为 24.02% 和 21.79%，为我国降幅最大的区域。另外，内蒙古和新疆为耕地生产潜力总量增幅最大的地区，增幅分别达到了 14.51% 和 11.75%。

2.3.2 耕地平均生产潜力变化

区域耕地平均生产潜力可以反映一个地区耕地质量的优劣状况，同时也可以代表一个区域的耕地生产潜力可持续发展水平。本书中耕地平均生产潜力是由耕地生产潜力总量除以耕地数量获得。从全国整体水平来看，1990～2015 年的全国耕地平均生产潜力依次为 6 405.76 kg/hm^2、6 404.85 kg/hm^2、6 418.27 kg/hm^2、6 408.94 kg/hm^2、6 396.32 kg/hm^2、6 342.32 kg/hm^2。从各省（自治区、直辖市）的数量情况来看（图 2-4、表 2-5），河南、安徽、江苏是各年份耕地平均生产潜力最高的省份。

与耕地生产潜力总量类似，1990～2015 年我国耕地平均生产潜力空间格局较为稳定。总体来说，我国耕地平均生产潜力水平形成了以中东部为高点、向外逐步递减的空间格局。耕地平均生产潜力较高的省份集中在长江中下游平原和黄淮海平原，较低的省份位于青藏高原、北方干旱半干旱区及南部沿海一带。

从耕地平均生产潜力的年份变化情况来看，由于 20 世纪 90 年代末实行"一退二还"（退耕还林、退耕还草）政策，政策执行区域的耕地数量有一定减少。但政策的执行并没

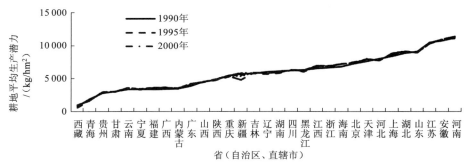

图 2-4　1990～2015 年我国各省（自治区、直辖市）耕地平均生产潜力

不包括台湾、香港、澳门的数据，后面图形同此

表 2-5　1990～2015 年我国 31 省（自治区、直辖市）耕地粮食平均生产潜力（单位：kg/hm²）

省（自治区、直辖市）	1990 年	1995 年	2000 年	2005 年	2010 年	2015 年
北京	7 258.48	7 497.51	7 319.55	7 373.95	7 364.15	7 351.52
天津	7 621.08	7 911.22	7 924.64	7 957.79	7 985.07	7 955.41
河北	8 007.88	7 898.61	7 728.33	7 724.90	7 721.20	7 716.66
山西	4 504.89	4 445.72	4 456.73	4 464.86	4 472.01	4 469.48
内蒙古	3 474.41	3 420.94	3 539.88	3 537.30	3 526.42	3 503.70
辽宁	5 967.03	5 684.62	5 829.74	5 834.91	5 835.38	5 834.61
吉林	5 746.23	5 758.66	5 879.39	5 861.40	5 859.49	5 837.18
黑龙江	6 295.13	6 033.81	6 256.69	6 233.89	6 212.86	6 147.09
上海	8 360.57	8 675.02	8 658.42	8 772.41	8 847.62	8 815.92
江苏	10 452.70	10 264.20	10 293.20	10 337.40	10 380.70	10 379.80
浙江	6 632.83	6 863.31	6 867.34	6 891.45	6 878.08	6 839.90
安徽	10 733.80	10 975.70	10 940.60	10 954.10	10 966.30	10 966.00
福建	3 362.18	3 567.73	3 620.00	3 630.69	3 628.40	3 616.82
江西	6 536.01	6 753.59	6 913.06	6 906.04	6 902.91	6 892.18
山东	9 061.65	8 942.10	8 932.73	8 916.77	8 926.47	8 924.99
河南	11 190.40	11 099.50	11 343.20	11 383.30	11 391.10	11 393.10
湖北	8 860.63	9 085.00	9 085.32	9 100.76	9 100.36	9 090.33
湖南	6 089.58	5 798.28	5 905.59	5 905.42	5 904.23	5 896.31
广东	3 831.40	4 098.80	4 144.03	4 181.37	4 192.16	4 188.49
广西	3 389.30	3 650.12	3 606.82	3 609.78	3 608.35	3 592.50
海南	6 796.37	7 170.07	7 212.40	7 209.33	7 213.80	7 208.31
四川	6 211.27	6 264.60	6 274.53	6 282.98	6 287.55	6 272.00
重庆	5 452.44	5 256.74	5 389.95	5 405.67	5 417.20	5 375.87

省（自治区、直辖市）	1990 年	1995 年	2000 年	2005 年	2010 年	2015 年
贵州	2 779.97	2 928.81	2 931.74	2 948.28	2 949.65	2 922.33
云南	3 336.23	3 592.25	3 577.63	3 579.67	3 583.84	3 569.45
西藏	763.16	548.02	950.81	948.05	948.25	946.17
陕西	4 789.74	4 728.27	4 859.26	4 906.55	4 901.25	4 840.70
甘肃	3 046.73	2 937.54	2 983.78	2 988.66	2 985.01	2 965.79
青海	1 874.85	1 623.27	1 648.49	1 634.53	1 618.19	1 608.97
宁夏	3 350.86	3 345.76	3 321.91	3 412.19	3 379.32	3 319.17
新疆	5 673.43	5 799.74	5 817.05	5 476.94	5 327.84	4 758.60

有导致耕地生产潜力总量的大幅下降，主要原因是政策执行区域的优质耕地得到了保护，耕地平均生产潜力得到了一定程度的提高。

2.4　土地利用变化对中国耕地生产潜力的影响

近年来，随着城市化和工业化发展，土地的需求日益膨胀，耕地迅速减少，人地矛盾日益尖锐。针对我国特殊的国情，为了保护耕地，确保粮食安全和社会、经济的可持续发展，我国在 1996 年正式提出了实现耕地总量动态平衡。耕地总量动态平衡政策的实施对耕地数量保护起到了重要的作用，但对耕地生产潜力的影响并没有得到充分的认识。本书针对这个问题，通过对我国 1990～2015 年（每五年期）五个阶段土地利用及耕地生产潜力变化的梳理和分析，探究在耕地占补平衡政策实施前后土地利用变化对耕地生产潜力的影响。

2.4.1　建设用地占用耕地数量

我国在 1990～1995 年、1995～2000 年、2000～2005 年、2005～2010 年、2010～2015 年五个阶段中建设用地占用耕地的总量分别达到了 7 490 km²、9 036 km²、11 656 km²、13 087 km²、14 945 km²。

在 20 世纪 90 年代，河北、河南两省是我国建设用地占用耕地情况最为激烈的地区。在 1990～1995 年，建设用地占用耕地面积在 1 500 km² 以上的省（自治区、直辖市）集中在黄淮海平原区。在 1995～2000 年，全国仍然仅有河北和河南两省建设用地占用耕地面积达到 1 500 km² 以上。2000～2005 年是五个阶段中建设用地占用耕地情况最弱的一个时期，只有浙江（1 918.3 km²）达到了 1 500 km² 以上。然而，在 2005～2010 年，建设用地占用耕地的程度也普遍加深，黄淮海平原和东北平原为典型区。与其他阶段类似，青藏高原区和海南是占用情况最为缓和的区域。在 2010～2015 年,长江中下游平原成为我国建设用地占用耕地的集中区域。

从整体上来看,我国从 1990～2015 年各省(自治区、直辖市)建设用地占用耕地资源的总量,占用较高的区域为黄淮海平原区、长江中下游区及东北平原区,建设用地占用耕地最少的省(自治区、直辖市)为西藏、青海及海南,其占用量均在 500 km² 以下。

2.4.2　耕地补充数量

在我国快速城镇化进程中,一方面,城市扩张与生态退耕导致了大量耕地流失;另一方面,耕地总量动态平衡使得大量其他地类被开垦成耕地。我国在 1990～2015 年五个阶段的耕地补充总量分别为 136 203.2 km²、163 126.9 km²、84 696.4 km²、162 265.1 km²、174 580.2 km²。

20 年代初期,我国北方大多地区是耕地补充水平较好的区域。20 世纪 90 年代中后期延续了之前的态势,除黑龙江和内蒙古依然保持着较好的情况外,河北、新疆、广东和山西的耕地补充总量同样在 10 000 km² 以上。而上海的耕地补充量依然不超过 100 km²,位于全国其他各省(自治区、直辖市)之后。2000～2005 年,受我国"一退二还"(退耕还林、退耕还草)政策影响,耕地补充量下降,耕地数量大幅减少。2005～2010 年,耕地补充量有所上升,西藏、甘肃、四川、云南等地耕地补充量都上升到 4 000 km² 以上。2010～2015 年,新疆、内蒙古、黑龙江仍然是耕地补充量最多的省(自治区、直辖市)。

1990～2015 年,我国各省(自治区、直辖市)耕地补充总量大于 24 000 km² 的多集中在北方地区,而耕地补充较少的区域集中在长江中下游,如上海、江苏、安徽、浙江。

2.4.3　建设用地占用对耕地生产潜力总量流失的影响

耕地生产潜力可反映耕地质量优劣,在城镇扩张大量占用耕地情况下,本书进一步探究被建设用地占用的耕地生产潜力的空间分布状况。从 1990～2015 年的五个阶段,我国建设用地占用耕地的生产潜力总量分别为 1 784.2×10⁴ t、1 533.4×10⁴ t、996.8×10⁴ t、4 788.2×10⁴ t、1 129.0×10⁴ t。

20 世纪 90 年代的两个阶段,我国各省(自治区、直辖市)建设用地占用耕地生产潜力程度大致相当,河南、河北两省是该时期耕地生产潜力被占最多的地区,两个阶段分别都达到了 300×10⁴ t 以上。由于建设用地占用耕地数量少,在 2000～2005 年,我国所有省(自治区、直辖市)建设占用耕地生产力均不到 200×10⁴ t。然而,在 2005～2010 年,我国耕地生产潜力被侵占的程度全面提升,黄淮海平原、长江下游区及辽宁,成为这个阶段占用耕地生产潜力最集中的区域,尤其是山东的侵占量达到了 893.3×10⁴ t。在 2010 年之后,我国建设用地占用耕地生产潜力总量较高的区域主要分布于黄河、长江之间的省(自治区、直辖市)。

1990～2015 年,各省(自治区、直辖市)城镇扩张导致耕地生产潜力总量被侵占程度的空间部分与 2005~2010 年时段基本一致。在 25 年间,被占用耕地生产潜力总量最多的省是河南,达到了 1 475.0×10^4 t。相应地,生产潜力总量被建设用地占用最少的区域为青藏高原区,西藏和青海的被侵占总量分别为 2.1×10^4 t 和 10.0×10^4 t。

2.4.4　补充耕地生产潜力总量

本小节从耕地补充的角度对我国各省(自治区、直辖市)耕地生产潜力总量的补充进行空间划分。首先,我国在五个阶段其耕地生产潜力补充总量分别为 3 472.8×10^4 t、2 136.1×10^4 t、1 332.0×10^4 t、360.7×10^4 t、1 679.1×10^4 t,与耕地补充数量变化趋势一致的是,1990~1995 年全国耕地生产潜力补充量最多,而 2005~2010 年依然是最低的时段。

1990~1995 年,耕地生产潜力补充量集中在我国东北地区。1995~2000 年,耕地生产潜力补充量较高的区域有所扩大,在上一阶段的基础上,新疆、山西、广西、陕西等省(自治区、直辖市)补充量超过 200×10^4 t。21 世纪以来,各省(自治区、直辖市)耕地生产潜力补充量经历了前五年的急剧下降后,在 2005~2010 年又恢复了与 20 世纪 90 年代相当的水平。2010 年之后,新疆和黑龙江成为补充耕地生产潜力最多的两个省(自治区、直辖市)。

1990~2015 年,我国各省(自治区、直辖市)补充耕地生产潜力的总量分布大致与其 2005~2010 年的相似。补充生产潜力较高的区域多分布于黄淮海平原区、东北平原区及新疆、内蒙古等。黑龙江、河南和内蒙古是补充生产潜力最多的三个省(自治区、直辖市),分别为 3 095.4×10^4 t、2 249.7×10^4 t 和 2 125.3×10^4 t,其他省(自治区、直辖市)均没有超过 2 000×10^4 t。

2.4.5　建设用地占用对耕地平均生产潜力的影响

耕地平均生产潜力是反映耕地质量的又一重要指标。在 1990~2015 年五个阶段中,我国建设用地占用耕地平均生产潜力分别为 5 445.1 kg/hm^2、5 528.5 kg/hm^2、6 635.2 kg/hm^2、6 606.6 kg/hm^2、7 543.2 kg/hm^2,整体呈逐年上升的趋势。

综上所述,在五个不同时段,安徽和河南是我国建设用地占用耕地平均生产潜力最高的两个省份,其被占用的耕地平均生产潜力均超过了 9 000 kg/hm^2。2000 年后,被侵占耕地平均生产潜力大于 9 000 kg/hm^2 的省(自治区、直辖市)逐渐增多,2000~2005 年增加了山东,2005~2010 年新增江苏和湖北,2010~2015 年新增陕西。

2.4.6　补充耕地平均生产潜力

在 1990~2015 年五个阶段内,我国补充耕地平均生产潜力分别为 7 680 kg/hm^2、6 830 kg/hm^2、6 428 kg/hm^2、6 512 kg/hm^2、7 345 kg/hm^2。从整体水平上来看,补充的耕地平均生产潜力普遍要比建设用地占用的平均生产潜力低。

1990～1995 年，补充耕地平均生产潜力较高的地区集中在长江中下游区及黄淮海平原区，平均生产潜力较低的区域主要分布在青藏高原区、云贵高原区等区域。1995～2000年是补充平均生产潜力较高的阶段。到了 2000～2005 年，我国补充耕地质量较差，各省（自治区、直辖市）平均生产潜力均不超过 7000 kg/hm²。2005～2010 年，我国补充耕地平均生产潜力分布有了明显的空间分布规律，补充平均生产潜力水平由东向西逐级递减，较好的区域仍然集中在长江中下游平原及黄淮海平原，较差的区域分布于西部、北部及两广地区。2010 年之后，河南、安徽、湖北中部三省成为补充耕地平均生产潜力最高的区域。

2.4.7　耕地利用变化对耕地生产潜力的影响

近年来，我国耕地数量及质量的下降对粮食安全造成威胁（图 2-5）。我国自 20 世纪 90 年代后期实施了一系列的耕地保护政策，目的为保证我国耕地数量、质量平衡。引起耕地数量变化的原因有很多，如城市扩张、生态退耕、农业结构调整，土地开发、土地整理、土地复垦、农业结构调整等措施则会一定程度上对耕地数量进行补充（Song and Bryan，2014）。另外，耕地数量及其空间格局的变化引发了耕地生产力的变化。因此，1990～2015 年，我国耕地的空间布局是如何演变的，与此同时，耕地变化对生产潜力总量及平均生产潜力的影响又如何，是本节需要回答的核心问题。

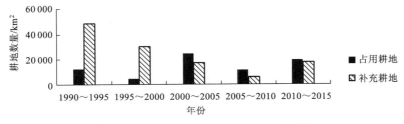

图 2-5　1990～2015 年我国耕地面积增减情况

1. 耕地数量的增减与净变化分析

1990～2015 年，六个年份我国耕地总量分别为 1 771 796 km²、1 755 131 km²、1 800 549 km²、1 793 220 km²、1 787 813 km²、1 786 003 km²。从各省（自治区、直辖市）情况来看（图 2-6），青海和重庆补充的耕地数量最多，分别为 5.50×10^4 km² 和 4.35×10^4 km²。同时，内蒙古也是占用耕地面积最多的省（自治区、直辖市），达到了 4.42×10^4 km²。上海、天津、北京三个直辖市同为耕地补充和占用数量最少的地区。净变化量方面，黑龙江、新疆、内蒙古是耕地面积净增加最多的省（自治区、直辖市），而净减少最多的省（自治区、直辖市）集中在东部沿海省（自治区、直辖市）。

2. 占用与补充耕地生产潜力总量

1990～2015 年，我国被占用的耕地的生产潜力总量为 $24\ 231.57\times10^4$ t，补充的耕地生产潜力总量为 $23\ 097.05\times10^4$ t（图 2-7）。从各省（自治区、直辖市）的情况来看，占

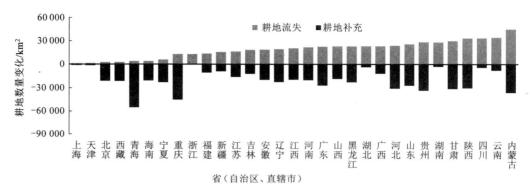

图 2-6　1990～2015 年我国 31 省（自治区、直辖市）耕地数量变化

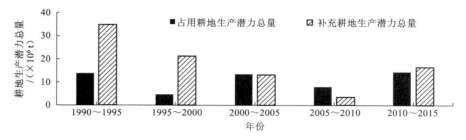

图 2-7　1990～2015 年我国占用和补充耕地生产潜力总量

用耕地生产潜力总量最多的为山东和河南（表 2-6）；占用耕地生产潜力最少的为西藏和青海。另外，补充耕地生产潜力总量最多的是河南、山东和黑龙江；最少的是西藏和上海（表 2-6）。

表 2-6　1990～2015 年我国 31 省（自治区、直辖市）占用和补充耕地生产潜力　（单位：t）

省（自治区、直辖市）	占用	补充	省（自治区、直辖市）	占用	补充
北京	1 289 790	890 886	安徽	15 976 900	13 511 500
天津	1 127 650	792 967	福建	3 348 400	2 721 690
河北	10 814 900	13 197 100	江西	10 562 100	8 434 780
山西	6 946 470	6 377 440	山东	18 067 000	17 937 400
内蒙古	9 991 290	12 525 600	河南	20 138 700	18 063 800
辽宁	8 215 570	9 824 660	湖北	14 218 400	9 916 000
吉林	8 282 960	8 674 610	湖南	12 706 700	12 669 100
黑龙江	11 356 200	17 220 900	广东	6 278 580	4 818 980
上海	1 056 570	287 535	广西	5 397 040	4 777 580
江苏	12838200	10259900	海南	2 075 590	1 945 220
浙江	6 123 780	3 568 930	四川	11 681 100	9 360 360

续表

省（自治区、直辖市）	占用	补充	省（自治区、直辖市）	占用	补充
重庆	4 033 070	3 295 280	甘肃	7 292 380	7 692 190
贵州	6 205 410	5 651 670	青海	427 063	800 434
云南	7 592 860	6 139 770	宁夏	1 636 640	1 671 120
西藏	167 468	108 242	新疆	5 688 730	9 361 420
陕西	10 778 200	8 473 450			

3. 占用和补充耕地平均生产潜力

1990～2015 年，我国被占用的耕地的平均生产潜力为 11 758 kg/hm^2，补充的耕地的生产潜力总量为 6 946 kg/hm^2（图 2-8），存在较为明显的"占优补劣"。从各省（自治区、直辖市）的情况来看，占用耕地平均生产潜力最高的为河南；占用耕地平均生产潜力最低的为西藏和青海（表 2-7）。另外，补充耕地平均生产潜力最高的是江苏和河南；最低的是西藏和云南（表 2-7）。

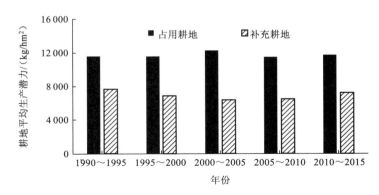

图 2-8　1990～2015 年我国占用和补充耕地平均生产潜力

表 2-7　1990～2015 年我国 31 省（自治区、直辖市）占用和补充耕地平均生产潜力（单位: kg/hm^2）

省（自治区、直辖市）	占用	补充	省（自治区、直辖市）	占用	补充
北京	4 714.16	6 800.65	黑龙江	4 859.09	3 797.17
天津	6 128.55	6 229.12	上海	7 251.69	7 834.75
河北	4 504.90	6 171.76	江苏	7 736.20	9 691.98
山西	3 002.58	2 916.34	浙江	4 712.78	3 966.80
内蒙古	2 231.64	2 261.72	安徽	8 501.95	8 307.09
辽宁	4 294.15	4 730.90	福建	2 437.32	2 253.62
吉林	4 474.85	3 754.75	江西	5 106.91	4 262.79

省（自治区、直辖市）	占用	补充	省（自治区、直辖市）	占用	补充
山东	6 930.19	7 998.15	贵州	2 184.00	2 069.23
河南	9 269.40	9 213.42	云南	2 192.25	1 838.31
湖北	6 076.76	4 849.85	西藏	610.53	404.04
湖南	4 448.18	4 782.22	陕西	3 238.75	2 733.02
广东	2 770.29	2 639.81	甘肃	2 419.98	2 536.00
广西	2 298.76	2 087.37	青海	1 093.35	1 950.37
海南	5 114.82	5 329.37	宁夏	2 600.73	2 111.34
四川	3 469.39	3 051.16	新疆	3 561.69	2 566.53
重庆	3 108.34	2 857.51			

4. 耕地变化对耕地生产潜力的影响分析

1990～2015 年，我国耕地数量实现动态平衡。然而耕地生产潜力总量及耕地平均生产潜力下降较为严重，全国范围内存在明显的耕地"占优补劣"。国家粮食安全取决于稳定的粮食生产。本书的研究表明，我国在实施耕地总量动态平衡时，耕地与其他地类的转换导致耕地生产潜力的下降。从空间格局来看，我国耕地流失集中于自然资源丰富、农业条件优越的中东部地区。反之，耕地补充主要分布于东北平原和北方干旱半干旱区域的内蒙古、新疆。虽然补充大量的耕地，但是由于这些地区本身较低的耕地生产力，仍然难以完全填补来自于中东部耕地生产潜力流失的"赤字"。因此，有必要在生产潜力高的地区严格控制占用优质耕地，将异地开垦新耕地作为补充，以保障我国粮食安全。

参 考 文 献

A A 尼奇波罗维奇, 1960. 作物产量变异的生理基础. 奚元龄, 等译. 北京: 科学出版社.

LIETH H, WHITTAKER R H, 1985. 生物圈的第一性生产力. 王业蘧, 等译. 北京: 科学出版杜.

ODUM E P, BARRETT G W, 2009. 生态学基础. 5 版. 陆健健, 王伟, 王天慧, 等译. 北京: 高等教育出版社.

И.Ю. ЛОКШИНА, 刘树泽, 1987. 大气中 CO_2 浓度倍增时植被生产力的变化.气象科技(3): 66-69.

陈明荣, 龙斯玉, 1984. 中国气候生产潜力区划的探讨. 自然资源(3): 72-79.

陈印军, 易小燕, 方琳娜, 等, 2012. 中国耕地资源及其粮食生产能力分析. 中国农业资源与区划, 33(6): 4-10.

程传周, 杨小唤, 李月娇, 等, 2010. 2005~2008 年中国耕地变化对区域生产潜力的影响. 地球信息科学学报, 12(5): 620-627.

党安荣, 阎守邕, 吴宏歧, 等, 2000. 基于 GIS 的中国土地生产潜力研究.生态学报, 20(6): 910-915.

高守杰, 2014. LUCC 和气候变化对我国北方生态交错带粮食生产潜力的影响. 武汉: 湖北大学.

李世奎, 1987. 中国农业气候区划. 自然资源学报(1): 71-83.

梁荣欣, 张瑞雪, 1984. 水稻的气候土壤生产潜力估算. 自然资源(2): 68-73.

刘洛, 2012. 中国土地利用变化对农田生产潜力影响. 长沙: 湖南农业大学.

刘洛, 徐新良, 刘纪远, 等, 2014. 1990~2010 年中国耕地变化对粮食生产潜力的影响. 地理学报, 69(12): 1767-1778.

刘纪远, 张增祥, 庄大方, 等, 2003. 20 世纪 90 年代中国土地利用变化时空特征及其成因分析. 地理研究, 22(1): 1-12.

刘建栋, 傅抱璞, 1998. 冬小麦光合生产潜力值模拟. 地理研究, 17(1): 56-65.

刘建栋, 周秀骥, 于强, 2001. FAO 生产潜力模型中基本参数的修正. 自然资源学报, 16(3): 240-247.

龙斯玉, 1983. 江苏省农业气候生产潜力的探讨. 农业气象科学(1): 1-13.

任美愕, 1950. 四川省作物生产力的地理分布. 地理学报, 17(1): 1-22.

石淑芹, 陈佑启, 姚艳敏, 等, 2008. 东北地区耕地变化对粮食生产能力的影响评价. 地理学报, 63(6): 574-586.

徐新良, 刘纪远, 曹明奎, 等, 2007. 近期气候波动与 LUCC 过程对东北农田生产潜力的影响. 地理科学(3): 318-324.

闫慧敏, 刘纪远, 曹明奎, 2005. 近 20 年中国耕地复种指数的时空变化. 地理学报, 60(4): 559-566.

闫慧敏, 刘纪远, 黄河清, 等, 2012. 城市化和退耕还林草对中国耕地生产力的影响. 地理学报, 67(5): 579-588.

张士功, 2005. 耕地资源与粮食安全. 北京: 中国农业科学院.

赵安, 赵小敏. 1998. FAO-AEZ 法计算气候生产潜力的模型及应用分析. 江西农业大学学报, 20(4): 528-533.

ANDERSON K, PENG C Y, 1998. Feeding and fueling China in the 21st century. World Development, 26(8): 1413-1429.

BROWN M E, KSHIRSAGAR V, 2015. Weather and international price shocks on food prices in the developing world. Global Environmental Change, 35: 31-40.

COALE A J, HOOVER E M, 2015. Population Growth and Economic Development. New Jersey: Princeton University Press.

CORDELL D, DRANGERT J O, WHITE S, 2009. The story of phosphorus: Global food security and food for thought. Global Environmental Change, 19(2): 292-305.

DEININGER K, JIN S, XIA F, et al., 2014. Moving off the farm: Land institutions to facilitate structural transformation and agricultural productivity growth in China. World Development, 59: 505-520.

DENG X, HUANG J, ROZELLE S, et al., 2006. Cultivated land conversion and potential agricultural productivity in China. Land Use Policy, 23(4): 372-384.

DENG X, HUANG J, ROZELLE S, et al., 2015. Impact of urbanization on cultivated land changes in China. Land Use Policy, 45: 1-7.

FAN M, SHEN J, YUAN L, et al., 2011. Improving crop productivity and resource use efficiency to ensure food security and environmental quality in China. Journal of Experimental Botany, 63(1): 13-24.

FERMONT A, BENSON T, 2011. Estimating Yield of Food Crops Grown by Smallholder Farmers. Washington, DC:International Food Policy Research Institute.

FISCHER G, SHAH M, VAN VELTHUIZEN H, et al., 2006. Agro-ecological zones assessments: Land use and land cover//Cock I E. Encyclopedia of Life Support Systems (EOLSS), Developed under the Auspices of the UNESCO. Oxford, UK: Eolss Publishers.

FISCHER G, TEIXEIRA E, HIZSNYIK E T, et al., 2008. Land use dynamics and sugarcane production// Zuurbier P, van der V J. Sugarcane Ethanol: Contribution to Climate Change Mitigation and the Environment. Wageningen:Wageningen Academic.

FISCHER G, TUBIELLO F N, VELTHUIZEN H V, et al., 2007. Climate change impacts on irrigation water requirements: effects of mitigation, 1990—2080. Technological Forecasting and Social Change, 74(7): 1083-1107.

GE D, LONG H, ZHANG Y, et al., 2018. Farmland transition and its influences on grain production in China. Land Use Policy, 70: 94-105.

GERLAND P, RAFTERY A E, ŠEVČÍKOVÁ H, et al., 2014. World population stabilization unlikely this century. Science, 346(6206): 234-237.

GODFRAY H C J, BEDDINGTON J R, CRUTE I R, et al., 2010. Food security: The challenge of feeding 9 billion people. Science, 327(5967): 812-818.

HIGGINS G, KASSAM A, 1981. Regional assessment of land potential: A follow up to the FAO./UNESCO soil map of the world. Nature and Resources, 17(4): 223-236.

HUTCHINSON M F, 1998. Interpolation of rainfall data with thin plate smoothing splines. Part I: Two dimensional smoothing of data with short range correlation. Journal of Geographic Information and Decision Analysis, 2(2): 139-151.

JIANG G, ZHANG R, MA W, et al., 2017. Cultivated land productivity potential improvement in land consolidation schemes in Shenyang, China: Assessment and policy implications. Land Use Policy, 68: 80-88.

LI T, LONG H, ZHANG Y, et al., 2017. Analysis of the spatial mismatch of grain production and farmland resources in China based on the potential crop rotation system. Land Use Policy, 60: 26-36.

LIU J, HOSHINO B, 2000. Study on spatial-temporal feature of modern land-use change in China: Using remote sensing techniques. Quaternary Sciences, 20(3): 229-239.

LIU J, KUANG W, ZHANG Z, et al., 2014. Spatiao temporal characteristics, patterns and causes of land use changes in China since the late 1980s. Journal of Geographical Sciences, 24(2): 195-210.

LIU J, LIU M, TIAN H, 2005. Spatial and temporal patterns of China's cropland during 1990—2000: An analysis based on Landsat TM data. Remote Sensing of Environment, 98(4): 442-456.

LIU Y, FANG F, LI Y, 2014. Key issues of land use in China and implications for policy making. Land Use Policy, 40: 6-12.

LOOMIS R S, WILLIAMS W A, 1963. Maximum crop productivity: An extimate. Crop Science(1): 67-72.

MONTEITH J L, 1965. Evapotranspiration and the environment//Fogg B G E. The State and Movement of Water in Living Organisms. Cambridge: Cambridge Univevsity Press.

MONTEITH J L, 1981. Evapotranspiration and surface temperature. Quarterly Journal Royal Meteorological Society, 107: 1-27.

NELSON F E, OUTCALT S I, 1987. A computational method for prediction and regionalization of permafrost. Arctic and Alpine Research, 19(3): 279-288.

SONG W, PIJANOWSKI B C, 2014. The effects of China's cultivated land balance program on potential land productivity at a national scale. Applied Geography, 46: 158-170.

TONG C, HALL CAS, WANG H, 2003. Land use change in rice, wheat and maize production in China (1961—1998). Agriculture Ecosystems & Environment, 95(2/3): 523-536.

UCHIJIMA Z, SEINO H, 1988. An agro-climatic method of estimating net primary productivity of natural vegetation. Japan Agricultural Research Quarterly, 21: 244-250.

XIAO L, YANG X, CAI H, et al., 2015. Cultivated land changes and agricultural potential productivity in Mainland China. Sustainability, 7(9): 11893-11908.

XU X, WANG L, CAI H, et al., 2017. The influences of spatiotemporal change of cultivated land on food crop production potential in China. Food Security, 9(3): 485-495.

YAN H, LIU J, HUANG H Q, et al., 2009. Assessing the consequence of land use change on agricultural productivity in China. Global and Planetary Change, 67(1/2): 13-19.

YANG H, LI X, 2000. Cultivated land and food supply in China. Land Use Policy, 17(2): 73-88.

第 3 章 中国耕地利用变化与建设用地需求及其区域差异

3.1 数据与土地利用变化的区域差异

土地利用变化过程与生命过程和陆地表层物质循环密切相关，能够表征人类活动对地球陆地自然生态系统影响。土地利用/土地覆被变化（land-use and land-cover change，LUCC）成为全球环境变化和全球气候变化研究重点关注的核心内容（Mooney et al.，2013；Sterling et al.，2012）。土地利用/土地覆被变化研究主要包括全球气候变化效应、不同空间尺度下所发生的土地利用变化过程、变化模式及土地利用变化所受驱动力等，土地利用空间格局是研究 LUCC 的基础。1980 年以来，国内学者从中小尺度选取不同的案例区进行土地利用变化研究，研究内容主要集中在基于 GIS 与遥感等技术研究不同区域土地利用变化在时间、空间上的分布格局及其变化、土地利用变化带来的各种效应、土地利用变化驱动力与驱动机制等方面（李石华 等，2017；樊高源 等，2017；柯新利 等，2011）。

人口基数大、土地资源短缺是我国当前发展不得不面对的难题。改革开放至今，我国经济水平持续高速发展，工业化程度持续加深、城镇化水平日益提升及国家为保证区域发展、保护生态环境所实施的各种战略与政策，均使得我国土地利用的空间格局随时间的推移发生了较为显著的变化，开展国家尺度长时间序列的土地/覆被变化遥感监测，快速获取土地/覆被的相关信息，对我国制定国土空间开发及与气候变化相适应的宏观策略意义重大，能够为实现国家的资源环境可持续发展等重大战略提供科学的支撑。20 世纪 90 年代初，中国科学院地理科学与资源研究所以卫星遥感数据为主要数据源,建立起我国国家尺度的土地利用变化数据库,该数据库每五年采集一次同类型的遥感卫星影像数据,采取相同的分析方法对所获取的新数据进行分析、处理,以完成对全国范围内土地利用信息的更新。本书基于以上数据库,分析我国 1990~2015 年的土地利用变化的基本时空特征和区域差异。

3.1.1 数据来源与处理

1990 年、2000 年、2010 年与 2015 年四期土地利用数据均来自中国科学院资源环境科学数据中心的全国土地利用数据库。该数据库包含了覆盖全国陆地区域 1:10 万比例尺的多时相土地利用现状数据(刘纪远 等,2016,2003;Liu et al.,2005,2000),以 Landsat TM/ETM+遥感影像为主要数据源,通过遥感、历史资料、基于 GIS 模型及实地观测等多种方法融合所形成。该数据集将土地资源划分为 6 个一级类型(耕地、林地、草地、水域、居民地和未利用土地)及 25 个二级类型。其耕地提取精度达到 92.86%以上,满足 1:10 万比例尺用户制图精度(Liu et al.,2014)。

本书为了反映我国土地利用变化的时空特征,获取土地利用变化信息,需要将两期土地利用数据进行叠加分析,根据所用数据与实际使用情况下地类分类的差异,依据地类的分类标准将初始数据的地类变更为八大地类,分别是:耕地、林地、草地、河流、水体、城市建设用地、农村居民点用地和未利用地。如果采用常用的土地利用编码方式,即 1 为耕地,2 为林地,3 为草地,4 为河流,5 为水体,6 为城市建设用地,7 为农村居民点用地,8 为未利用地,两期数据进行相减只能通过判断结果是否为 0 来判断这一时间段内土地利用类型是否发生变化,但是不能依据结果准确地判断出土地利用变化前后的土地利用类型。

因此,需要对传统的土地利用编码方式进行改进,使相减得到的结果能够反映土地利用变化前后的土地利用类型。本书中分别用 1(2^0)、2(2^1)、4(2^2)、8(2^3)、16(2^4)、32(2^5)、64(2^6)、128(2^7)表示耕地、林地、草地、河流、水体、城市建设用地、农村居民点用地、未利用地。采用改进后的编码方式对土地利用数据进行编码后相减,可以得到如表 3-1 所示的结果。由表 3-1 可以看出,两期数据相减后所得到的结果具有可分辨性,其中 0 值代表前后两期土地利用类型没有发生变化,其他值标识了一种土地利用类型向另一种土地利用类型转变的情况,例如,−1 代表土地利用类型由林地转变为耕地,而 15 代表土地利用类型由耕地转变为水体。

表 3-1 采用改进土地利用编码方式的地类转变代码值

土地利用 类型	1 耕地	2 林地	4 草地	8 河流	16 水体	32 城市建 设用地	64 农村居 民点用地	128 未利 用地
1 耕地	0	1	3	7	15	31	63	127
2 林地	−1	0	2	6	14	30	62	126
4 草地	−3	−2	0	4	12	28	60	124
8 河流	−7	−6	−4	0	8	24	56	120

续表

土地利用 类型	1 耕地	2 林地	4 草地	8 河流	16 水体	32 城市建 设用地	64 农村居 民点用地	128 未利 用地
16 水体	−15	−14	−12	−8	0	16	48	112
32 城市建 设用地	−31	−30	−28	−24	−16	0	32	96
64 农村居 民点用地	−63	−62	−60	−56	−48	−32	0	64
128 未利 用地	−127	−126	−124	−120	−112	−96	−64	0

3.1.2　土地利用变化的区域差异

1. 1990～2015 年土地利用变化基本特征

1990 年以来，随着我国改革开放的推进，经济社会持续稳定发展，土地利用变化较为剧烈，特别是近年来我国城镇化的迅速发展，占用了大量耕地及其他生态用地。通过对现有的数据进行分析，得出 1990～2015 年，我国土地利用变化的特征主要表现为 4 个方面。①未利用地面积增加了 229 968 km²，其增加的面积主要来自于西部地区的青海、新疆、西藏等地。1999 年，我国开始启动西部大开发政策，近年来随着政策的落实，我国西部地区经济有了一定程度的发展，但是与东部、中部发达地区仍有很大差异。②城市建设用地和农村居民点用地分别增加了 79 870 km² 和 41 063 km²，这与我国改革开放以来经济社会持续稳定的推进，城镇化、工业化的迅速发展不无关系。③河流、水体共增加了 15 835 km²，这主要来自青藏高原地区。近年来全球气候变暖造成的冰川融化，使河流、水体的面积有了一定程度增加。④草地有大幅度的减少，1990～2015 年减少了 392 471 km²。

为了更加清楚地了解 1990～2015 年土地利用类型变化的方向，采用改进后的土地利用编码方式对土地利用数据进行编码，以 ArcGIS10.2 为平台对我国 1990～2015 年土地利用数据进行空间分析，得到我国 1990～2015 年的土地利用转移矩阵（表 3-2）。

从表 3-2 可以看出，1990～2015 年草地的转出总量最多，在各个土地利用类型转出面积中处于首位，其中草地主要转出为未利用地，转出面积为 531 817 km²，占转出总量的 51.58%，同时，也有大量的草地转出为林地，转出量为 250 199 km²，这种现象与城镇化发展及国家生态保护政策落实有关。除草地的转出量比较多外，林地的转出量也高达 477 816 km²，其中林地转出为草地、耕地的比重比较大，分别占林地转出总量的 40.13%、43.18%，这主要是林地具有容易转换为草地、耕地的自然条件及滥砍滥伐现象所造成的。耕地的转出量也比较多，1990～2015 年转出面积为 497 598 km²，其中 38.55% 转出为林地，可见我国实施"退耕还林"政策取得了一定的成效。未利用地的转出面积为 387 665 km²，其中有 74.26% 转出为草地，6.15% 的未利用地转出为林地，体现了 1990～

2015 年我国在推动经济社会发展的同时,注重改善生态环境以实现可持续发展。此外,农村居民点用地的转出量为 75 739 km^2,77.91%的农村居民点用地转换成耕地。我国农村居民点用地具有零散不规律的特征,合理规划整理农村居民点用地保证耕地数量成为一种有效途径。

表 3-2　我国 1990～2015 年土地利用转移矩阵　　（单位：km^2）

土地利用类型		2015 年							
		耕地	林地	草地	河流	水体	城市建设用地	农村居民点用地	未利用地	转出总量
1990 年	耕地	—	191 826	128 910	9 179	22 303	53 621	80 692	11 067	497 598
	林地	206 309	—	191 735	5 084	8 465	10 634	25 021	30 563	477 811
	草地	185 392	250 199	—	7 164	40 344	9 461	6 604	531 817	10 30 981
	河流	7 831	2 740	2 246	—	3 673	1 037	795	1 431	19 753
	水体	19 829	7 143	23 664	5 444	—	3 533	1 362	41 666	102 641
	城市建设用地	3 626	1 171	614	398	2 339	—	1 078	390	9 616
	农村居民点用地	59 009	4 265	3 446	744	1 034	6 541	—	700	75 739
	未利用地	37 957	23 848	287 894	1 741	30 317	4 657	1 251	—	387 665
	转入总量	519 953	481 192	638 509	29 754	108 475	89 484	116 803	617 634	—

从转入总量来看,1990～2015 年我国各种土地利用类型转入最多的是草地,由其他土地利用类型转换成草地的有 638 509 km^2,其中由未利用地转换成草地的面积有 287 894 km^2,占草地转入总量的 45.09%。未利用地的转入量仅次于草地,达到 617 634 km^2,其中由草地转换成未利用地的面积占未利用地转入量的 86.11%。1990～2015 年耕地的转入量也有 519 953 km^2,其中 39.68%的转入量是由林地转换而来。

总体来看,1990～2015 年我国土地利用变化的基本特征主要表现为耕地—林地—草地之间的相互转换,农村居民点用地大量转换为耕地,耕地面积有一定程度的增加,城市建设用地急剧增加。

2. 1990～2015 年土地利用动态度区域差异

土地利用动态度是一种可以反映出某个时段内目标土地利用类型的数量变化等情况的指标,可用于研究土地资源数量变动、土地利用空间变化及土地利用类型组合方式变化等,根据研究对象的不同又可以分为综合土地利用动态度与单一土地利用动态度（韩会然 等,2015）。综合土地利用动态度指某一地区某一时段内整体的土地利用类型的数量变化情况,可以刻画区域内经济活动对于土地利用变化综合影响（李晓岚 等,2014）。其具体表达式为

$$S = \sum_{i=1}^{m} \frac{\Delta S_{i-j}}{S_i} \times \frac{1}{t} \times 100\% \qquad (3-1)$$

式中：S_i 为期初第 i 类土地的面积；ΔS_{i-j} 为研究期间第 i 类土地发生地类转变的总面积；t 为该土地利用发生变化的时间段。

单一土地利用动态度能够表征研究区某一时段内某一地类的变化情况，可以用来表示不同的土地利用类型在某一时段内的变化速度与变化幅度（韩会然 等，2015）。其具体表达式为

$$S = \frac{U_b - U_a}{U_a} \times \frac{1}{T} \times 100\% \qquad (3-2)$$

式中：U_a、U_b 分别为某一土地利用类型研究期初与期末的面积；T 为研究时段。

为了分析 1990～2015 年我国土地利用变化的空间差异，利用土地利用动态度模型分别计算了我国各省（自治区、直辖市）的土地利用动态度，结果如表 3-3 所示。1990～2015 年，我国西部地区的西藏、东部地区的江苏土地利用动态度较大，其次是西部地区的重庆、中部地区的安徽和东部地区的浙江。西部地区的新疆、宁夏及中部地区的河南等地的综合土地利用动态度均处在 0.3～0.4 的区间内。而西部地区的甘肃、青海，中部地区的黑龙江、吉林、广西以及东部沿海的辽宁、福建等地的土地利用动态度最小。

表 3-3　1990～2015 年我国 31 省（自治区、直辖市）土地利用动态度

省（自治区、直辖市）	土地利用动态度	省（自治区、直辖市）	土地利用动态度
北京	0.32	湖北	0.23
天津	0.21	湖南	0.25
河北	0.25	广东	0.21
山西	0.25	广西	0.19
内蒙古	0.25	海南	0.15
辽宁	0.15	四川	0.29
吉林	0.19	重庆	0.51
黑龙江	0.18	贵州	0.39
上海	0.37	云南	0.36
江苏	0.54	西藏	1.07
浙江	0.40	陕西	0.30
安徽	0.42	甘肃	0.15
福建	0.19	青海	0.18
江西	0.28	宁夏	0.37
山东	0.27	新疆	0.33
河南	0.30		

3. 1990~2015 年土地利用变化量区域差异

为了更好地反映我国 1990~2015 年土地利用变化量的区域差异,采用土地利用变化量来标识并以 ArcGIS10.2 为平台,通过 GIS 可视化技术进行我国各省(自治区、直辖市)不同土地利用类型变化量分析(表 3-4)。

表 3-4 1990~2015 年我国 31 省(自治区、直辖市)各类用地变化量 (单位:km²)

省(自治区、直辖市)	耕地	林地	草地	河流	水体	城市建设用地	农村居民点用地	未利用地
北京	−1 815	21	−225	−246	−108	1 378	666	−1
天津	−618	−103	−146	−63	38	709	265	−94
河北	−7 021	464	−1 740	315	−599	5 312	3 882	−721
山西	−3 260	371	−1 187	−103	−242	2 809	1 571	−47
内蒙古	17 251	7 863	−69 163	841	−992	4 201	238	39 131
辽宁	−2 020	2 336	−4 805	290	95	1 946	1 656	262
吉林	5 400	−360	−5 042	356	−1 633	1 356	144	−324
黑龙江	31 288	−23 727	−16 077	245	−3 779	1 877	−19	9 533
上海	−1 403	−12	14	−5	2	761	628	7
江苏	−9 300	−349	−389	−106	1 208	6 189	2 402	91
浙江	−5 390	2 398	−2 355	30	220	3 937	1 028	−24
安徽	−3 658	−466	47	13	145	2 145	1 574	22
福建	−1 537	1 230	−2 358	6	188	1 985	282	14
江西	−1 052	−929	−380	256	147	1 928	222	−391
山东	−3 102	−872	−4 903	86	1 932	7 454	1 339	−2 055
河南	−3 894	75	−1 340	691	−650	4 195	878	−150
湖北	−4 772	−729	−169	383	1 534	3 415	215	13
湖南	−3 012	353	−724	481	−183	2 753	38	236
广东	−3 012	353	−724	481	−183	2 753	38	236
广西	−621	−694	−557	64	224	1 488	83	−63
海南	−328	−201	−103	31	166	408	33	−33
四川	−3 418	2 615	−3 554	361	462	2 653	624	−12
重庆	−1 299	2 057	−2 840	254	13	1 491	157	1
贵州	−439	341	−1 709	36	267	1 292	64	−4
云南	−1 354	598	−1 594	−3	573	1 893	311	−612
西藏	2 960	39 514	−285 271	4 763	18 688	486	28	218 794
陕西	−4 908	1 510	1 927	−72	74	1 895	714	−1 474

续表

省（自治区、 直辖市）	耕地	林地	草地	河流	水体	城市建设 用地	农村居民点 用地	未利用地
甘肃	−855	524	428	28	338	1 039	734	−2 540
青海	530	−348	19 092	219	3 128	660	174	−23 581
宁夏	1 295	411	−2411	11	62	705	175	−348
新疆	32 876	−10 688	−4 438	935	−16 496	3 391	867	−6 657

1990～2015 年耕地减少量较大区域主要集中在东、中部地区。近年来随着改革开放的深入推进，东部沿海地区城市迅速发展，经济社会发展稳步推进，建设用地需求量较大，占用了大量耕地，例如，东部地区江苏、浙江、广东等地耕地数量减少均在 3 000 km² 以上。中部地区充分利用后发优势，稳定快速地推动城市化建设，耕地数量也有很大幅度的减少，如中部地区的山西、湖北、湖南等地。耕地数量增加的区域主要集中吉林、黑龙江等地，其自身优越地理条件和种植环境使这些地区成为我国主要的粮食生产基地。此外，内蒙古、新疆等地，后发优势明显，耕地数量增加均在 6 000 km² 以上，中部地区耕地变化量较大的区域还有四川、云南等地。

林地变化量较大区域集中在黑龙江、新疆等地，林地均有大幅度的减少，其次是山东、江苏、湖北、青海等地。值得注意的是中部地区林地变化量不大，这与我国的自然条件及自身的资源储备有关，我国的林地资源主要集中在东部地区的大兴安岭林区，中部的内蒙古地区及西部的西藏。此外，近年来随着我国退耕还林政策的实施，使中部地区的林地变化量不是非常明显。

草地变化量最大的在内蒙古、黑龙江、吉林、辽宁和西藏等地。西藏地处青藏高原，雅鲁藏布江为草地生长提供了较好自然条件，近年来西藏地区的草地变化量很大，主要是气候的变化及人类活动等因素造成的。内蒙古地区草地变化量也很大。其次是四川、新疆、宁夏等地。黄土高原土地贫瘠，自然环境恶劣，植被覆盖少，水土流失严重。近年来，我国的植树造林工程取得了一定成效，然而，1990～2015 年宁夏地区的草地变化量依然很大，水土流失严重依然是较为严重的问题。另外，云南、重庆、贵州草地变化量也比较大。

新疆、西藏、内蒙古、河南河流变化量较大。新疆、西藏地区依靠山地降水、冰雪融化等汇集了多条河流，新疆的塔里木河、伊犁河，西藏地区的雅鲁藏布江，河流资源丰富，人类活动的影响及全球气候变暖是造成河流增加的主要原因。山东、安徽、上海、浙江、福建、宁夏、甘肃、贵州、广西等地的河流变化量较小。

水体增加量较大的区域以山东、江苏、湖北、西藏、青海等地为主，减少量较大的区域以新疆、内蒙古、黑龙江、吉林等地为主。此外北京、河北、四川、云南等地也有较大的水体变化量。山西、湖南、福建、辽宁、浙江、广东等地的水体变化量较小。

城市建设用地变化量主要分布在山东、浙江、江苏、广东、北京、河北、河南、湖北，这些地区的城市建设用地变化量较大。其次是四川、湖南、山西。西藏、青海、宁夏、甘肃、海南等城市建设用地变化量较小。

北京、河北、辽宁、上海、山东、江苏、浙江、山西、安徽、河南等地农村居民点用地的变化量较大，这主要是我国的新农村建设和地区的土地利用规划所造成的。贵州、湖南、西藏、青海、广西、广东、海南等地的农村居民点用地变化量较小。

未利用地的变化量较大的是新疆、青海、甘肃、陕西、云南、山东、河北，这些地区未利用地减少的幅度较大。西藏、内蒙古、黑龙江等未利用地增加的幅度较大。湖北、安徽、福建、江苏的未利用地增加的幅度较小。中部地区的山西、河南、四川、贵州、广西、广东、浙江、海南等地的未利用地减少的幅度较小。

本书从土地类型转移方向、土地利用变化量和程度等方面分析了我国 1990～2015 年土地利用变化的基本特征和区域差异。采用土地利用动态度指标反映了土地利用的变化程度，土地利用转移矩阵反映了土地利用类型的变化方向，土地利用变化量反映了土地利用类型变化的大小。本书借助 GIS 和遥感提供的空间信息，清晰地反映了 1990～2015 年我国土地利用变化的基本特征和区域差异，对我国土地利用变化规律的认识具有重要现实意义。

（1）总体来看，1990～2015 年我国土地利用变化的基本特征主要表现为耕地—林地—草地之间的相互转换，农村居民点用地大量转换为耕地，耕地面积有一定程度的增加，城市建设用地急剧增加。

（2）从区域差异来看，1990～2015 年我国的土地利用变化存在着明显的区域差异，土地利用动态度较大的区域主要集中在我国西藏、江苏、重庆。甘肃、青海、黑龙江、吉林、广西等地的土地利用动态度较小。就具体的土地利用类型而言，土地利用变化量同样存在着明显的区域差异，我国耕地变化量较大的区域主要集中在东、中部地区，黑龙江、内蒙古、新疆、江苏、河北、浙江、海南、贵州的耕地利用变化量较小；我国林地变化量较大的区域主要集中在新疆、西藏、黑龙江等地，其次是内蒙古、辽宁、四川等地，吉林及内蒙古以南的中部地区林地变化量较小；我国草地的变化量较大的在西藏、内蒙古、黑龙江、吉林等地区，东、中部地区的大部分省（自治区、直辖市）草地变化量较小；新疆、西藏、内蒙古、河南等地河流变化量较大，吉林、广西、贵州、山东、上海、浙江、福建、宁夏、甘肃等地的河流变化量较小；在农村居民点用地的变化量上，上海、山东、江苏、浙江、河北等地的变化量较大，贵州、广西、广东、海南、西藏等地的农村居民点用地变化量较小；我国的未利用地的变化量最大的区域主要集中在西部及中部部分地区，变化量较小的区域分布在湖北、湖南、广西、贵州、四川、广东、浙江、福建等地；城市建设用地变化量较大的区域集中在河南、河北、浙江、内蒙古、广东、山东、江苏等地，西藏、青海、宁夏、天津等地的城市建设用地变化量较小；西藏、青海、湖北、山东、江苏、新疆、内蒙古的水体变化量较大，陕西、江西、重庆、上海、广东、宁夏等地的水体变化量较小。

3.2　耕地利用变化对粮食生产的影响与区域差异

耕地是粮食生产最为基本的物质条件,我国人口众多,粮食安全问题对中国而言具有重要意义。保障粮食生产稳步发展,形成稳定的粮食生产能力,是实现国家粮食安全的关键。我国正处于工业化、城市化快速发展时期,一方面,耕地资源非农化、耕地质量下降的趋势在短时间内难以改变,珍贵的耕地资源特别是优质耕地资源不可逆转地流向建设用地,尤其是城市建设用地,耕地数量面临严峻的挑战。另一方面,在未来一段时间内人口将持续增长,而人均粮食消费水平伴随经济发展将有所提高,粮食需求压力日益增大。那么随着经济发展与人口增长,耕地数量减少与粮食需求增大之间的矛盾不可避免。耕地数量是保障粮食生产的必要条件,粮食产量对其具有较高依赖性。而在工业化、城市化不断加快的进程中,耕地数量变化往往呈现出一定的阶段性。我国幅员辽阔,各地经济社会发展水平不均衡,随着工业化、城镇化发展和农业结构调整,耕地资源对粮食产量的影响也表现出明显的区域差异(王佳月 等,2017)。因此,了解耕地数量变化对粮食产量的影响能够为指导实践生产提供巨大的帮助,具有很强的现实指导意义。

本节以省级行政区为评价单元,以 1990～2015 年为时间序列,研究范围包括全国 31 个省(自治区、直辖市)(不包括香港、澳门和台湾),因 1997 年重庆才被立为直辖市,故考虑数据的前后一致性,将四川与重庆 1995～2015 年的数据合并分析。通过研究分析耕地数量变化对粮食产量的影响,构建"粮耕敏感度"指标反映耕地数量对粮食产量的影响,揭示我国 31 省(自治区、直辖市)耕地利用变化与粮食产量的时空特征和区域差异,为区域耕地保护和粮食安全提供理论支撑。

3.2.1　耕地利用变化

目前,我国快速的城镇化发展对土地的需求急剧增加,建设用地急剧扩张,耕地非农化利用现象屡见不鲜,耕地数量不断下降、质量不断降低,严重威胁着粮食安全。2012 年我国耕地面积的统计数据采用了第二次土地资源大调查的数据,致使 2012 年我国耕地面积在统计数据上发生了大幅度的提升。为了保证各个年份数据的可比性,2012～2015 年的耕地数量的计算数据根据与 2011 年耕地数量的统计数据差值进行计算。据此,得到我国 1990～2015 年的耕地数量变化趋势,如图 3-1 所示。第一阶段(1990～1995 年):耕地数量呈现缓慢上升再下降的趋势。第二阶段(1996～2000 年):耕地数量呈现下降趋势,相比第一阶段耕地数量减少幅度加大,下降速度加快。第三阶段(2001～2005 年):耕地数量迅速减少,并且减少幅度较大,主要是因为城市建设用地占用大量耕地、灾毁及生态退耕政策的实施。第四阶段(2006～2010 年):耕地数量逐渐缓慢增加,主要由于实行严格的耕地保护政策,以及土地开发、整治复垦项目的大范围实施。第五阶段(2011～2015 年):耕地数量减少变缓,表明近几年国家保护耕地的成果较为明显,耕地数量保持稳定。

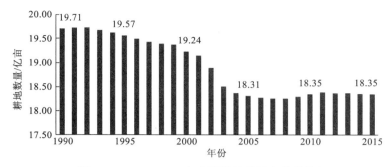

图 3-1　1990～2015 年我国耕地数量变化趋势

3.2.2　粮食生产变化

1. 粮食产量变化

1990～2015 年粮食产量出现波动上升，年际间的变化较大，但总体增长趋势明显。全国粮食总产量从 1990 年的 4.46×10^8 t 增加到 2015 年的 6.21×10^8 t，粮食总产量共增长了 1.75×10^8 t。1990～2015 年我国粮食总产量如图 3-2 所示。

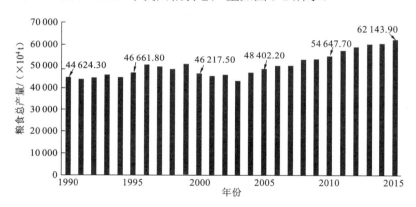

图 3-2　1990～2015 年我国粮食总产量变化趋势

从图 3-2 可以看出，1990～2015 年我国粮食总产量总体上呈波浪式上升趋势：第一阶段（1990～1995 年），粮食产量总体保持增长趋势，这一阶段农业生产技术提高，耕地投入不断增加，粮食产量稳步增长；第二阶段（1996～2000 年），粮食产量呈现波浪状，有升有降，但此期间粮食产量有所减少；第三阶段（2001～2005 年），粮食产量呈现出先下降再上升的"抛物线"状，主要是农业结构调整、城市扩张侵占耕地及退耕还林政策等造成耕地数量下降，粮食产量减少，之后耕地得到保护及合理的利用、耕种技术的提高等因素使得粮食产量增加；第四阶段（2006～2010 年），粮食产量呈现波浪状，有升有降，总体呈上升趋势；第五阶段（2011～2015 年），粮食产量总体保持增长趋势，在建设高标准农田、创新农田技术及调整农业税等农业利好政策实施下，加之较少出现重大自然灾害，粮食连年丰收。

2. 粮食单产变化

粮食生产取决于耕地数量及耕地单位面积产出。在当前我国城市化和工业化快速发展的背景下，耕地非农化压力不断增大，耕地面临数量减少和质量降低的压力。随着社会经济发展，人们对耕地产品和服务的需求不断增加的局面下，提高耕地单位面积产量成为增加粮食生产的重要途径。如图 3-3 所示，1990～2015 年我国粮食单产总体上呈波浪式上升趋势。

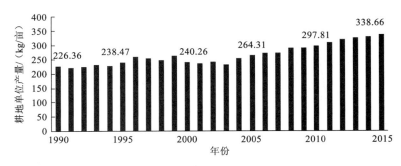

图 3-3　1990～2015 年我国耕地单产变化趋势

3.2.3　耕地利用变化与粮食生产的关系

1. 研究方法

耕地数量直接影响播种面积，而播种面积与粮食产量关系密切。本书采用敏感度分析模型定量研究耕地数量变化对粮食生产的影响，以及度量粮食产量变化对耕地面积变化的响应：

$$S_i = \frac{(P_{i+1} - P_i)/P_i}{(Q_{i+1} - Q_i)/Q_i} \qquad (3\text{-}3)$$

式中：S_i 为各省（自治区、直辖市）粮食产量对耕地面积变化的敏感度（粮耕敏感度）；P_i 和 P_{i+1} 分别为基期和末期的粮食产量；Q_i 和 Q_{i+1} 分别为基期和末期的耕地数量。

当 $S_i > 0$ 时，表示某一区域耕地数量与粮食产量两者之间同向变化，粮食的产量受耕地资源数量变化的正向影响，分两种情况：$0 < S_i \leqslant 1$ 表明受到耕地数量变化的影响较小，两者同向，但比例不同，耕地变化率高于粮食产量变化率；$S_i > 1$ 且越来越大表明耕地数量变化对粮食产量的正向影响越大，耕地变化率低于粮食产量变化率，即较小的耕地数量变化引发较大的粮食产量同向变动。当 $S_i < 0$ 时，表示耕地数量与粮食产量两者之间存在逆向变化，耕地数量变化对粮食产量有负向影响。即 S_i 的绝对值越大，粮耕敏感性越高，耕地数量变化对粮食产量的负向影响越大；相反，S_i 的绝对值越小，粮耕敏感性越低，耕地数量变化对粮食产量的负向影响越小。当 $S_i = 0$ 时，耕地数量变化对粮食产量没有影响，粮食产量主要受到国家政策、农业技术等因素影响。

2. 耕地数量变化对粮食产量影响的阶段性差异

采用敏感度分析模型,得到 1991～2015 年我国粮食产量与耕地数量的粮耕敏感度变化趋势,因 2008 年及 2013 年耕地数量与其前一年相比没有变化,故不能进行敏感度分析,在图 3-4 中用黑色虚线表示。

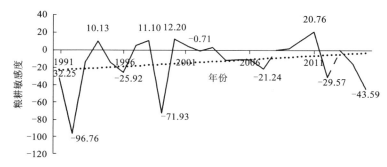

图 3-4　1991～2015 年我国粮耕敏感度的变化趋势

由图 3-4 可得,我国耕地数量变化对粮食产量影响程度的变化呈现出波动大—小—较大的三个趋势。第一阶段:1991～2000 年,耕地数量变化对粮食产量变化的影响很大,变化幅度也很大,波动剧烈。究其原因是虽然耕地数量呈现下降趋势,但农业技术的提高保证了粮食产量的增长,因此耕地数量与粮食产量的变化呈现出负向关系,故粮耕敏感性为负数;但部分年份出现自然灾害导致了粮食产量下降,此时耕地数量与粮食产量呈现出正向关系,粮耕敏感度为正数。第二阶段:2000～2010 年,耕地数量变化对粮食产量影响程度先减小再增大,粮耕敏感度除 2001 年、2010 年外均为负数,变化幅度变小。这是城市扩张侵占了大量耕地,导致耕地数量减少,然而粮食产量由于受种粮补贴和取消农业税等农业利好政策、技术等因素的影响得到提高,两者发生负向变化。第三阶段:2011～2015年,耕地数量对粮食产量的影响较大,粮耕敏感度的变化幅度也较大。其原因是耕地数量因耕地保护政策得到了较好的保障,粮食产量因种植结构合理化、政策制度的完善及农业技术的提高而持续升高。与此同时,根据图 3-4 中的趋势线(虚线)可得,粮耕敏感度从 −20 逐渐靠近到 0,表明在我国,粮食产量受除耕地数量外其他因素的影响越来越大,影响粮食产量的因素也越来越多元化,发挥着重要的作用。

3.2.4　耕地利用变化对粮食生产影响的区域差异

在过去的三十多年里,我国耕地资源总体上表现出面积减少、耕地质量下降的态势。由于粮食生产活动易受到多种不同因素的影响,在不同时期,不同省(自治区、直辖市),不同耕地集约利用水平变动的情况下,耕地数量减少,对粮食生产的影响也会呈现出不同的效应。利用敏感度分析模型,考虑到粮食产量和耕地变化年际变化较小,将 1990～2015 年分为 1990～1995 年、1996～2000 年、2001～2005 年、2006～2010 年、2011～2015 年五个时间区段,计算各个时间区段内各省(自治区、直辖市)的粮耕敏感度,如表 3-5 所示。

表 3-5　1990～2015 年我国 31 省（自治区、直辖市）的粮耕敏感度

省（自治区、直辖市）	1990～1995 年	1996～2000 年	2001～2005 年	2006～2010 年	2011～2015 年
北京	0.57	2.64	1.15	−5.32	26.37
天津	−7.92	95.20	−4.69	−4.26	−4.07
河北	−34.32	8.71	−3.11	7.52	−61.93
山西	4.17	−0.36	−1.16	1.53	−219.11
内蒙古	0.80	0.53	65.16	−10.71	0.98
辽宁	2.13	−2.91	10.75	0.11	0.27
吉林	−7.47	7.32	0.86	2.31	5.95
黑龙江	5.57	−0.01	109.59	1.78	486.15
上海	1.18	12.24	2.32	−0.81	0.91
江苏	−0.71	−0.43	1.92	−3.65	3.47
浙江	1.60	23.54	37.97	8.74	−0.10
安徽	−2.95	2.93	−1.66	8.40	0.27
福建	−1.74	5.05	3.68	−0.41	−0.27
江西	2.29	−0.28	−2.57	1.56	−1.12
山东	−11.63	7.28	0.50	0.95	−18.73
河南	−2.68	17.94	2.47	1.38	−13.44
湖北	0.13	4.46	0.40	1.03	3.99
湖南	−0.80	0.21	−0.90	0.75	14.23
广东	1.02	−0.52	3.12	−0.25	1.42
广西	15.13	0.02	0.86	−1.21	−1.70
海南	−0.55	−1.16	5.95	25.35	2.50
四川和重庆	−1.23	−0.56	0.22	0.00	0.06
贵州	18.99	0.75	−0.03	0.93	−0.04
云南	14.07	9.62	2.10	0.56	0.21
西藏	4.70	9.52	1.29	−2.62	−0.20
陕西	3.72	−2.34	0.40	4.52	0.07
甘肃	−38.37	107.01	0.53	−61.66	−0.90
青海	0.08	−2.61	−0.91	1.97	51.74
宁夏	4.84	0.40	−1.35	10.03	0.44
新疆	5.84	1.10	1.18	0.90	−1.07

（1）第一阶段（1990～1995 年）：我国各区域间的粮耕敏感度差异不大，其中 18 个省（自治区、直辖市）的粮耕敏感度为正，主要分布在我国西部地区；而我国东部和中部

省（自治区、直辖市）粮耕敏感度大多为负。这主要是由于农业生产技术的进步及耕地利用集约度持续提高，全国范围内粮食产量普遍得到提高，而东中西部地区的耕地数量却呈现不同的变化趋势，东部、中部地区相对西部地区而言城市化发展较快，导致耕地流失严重，粮食产量变化状况与耕地数量的变化状况之间呈现出较为明显的负相关关系。而西部地区所具有的后备耕地资源被逐渐开发，耕地数量不断增加，粮食产量的变化与耕地数量的变化呈正相关关系。

（2）第二阶段（1996～2000 年、2001～2005 年）：此阶段，我国各省（自治区、直辖市）的粮耕敏感度的绝对值增加，不同区域之间的差异变大。因为随着城市化发展的不断推进，我国东部地区的耕地尤其是部分优质的耕地被城市建设用地严重侵占，而且东部地区原本的耕地利用集约度就已经较高，粮食增产空间十分有限。中部地区呈现出粮食增产疲软甚至减产的趋势。而西部地区在进行了后备耕地资源的开发后，我国正实施生态退耕政策，加之此阶段内出现的自然灾害，耕地增长速度放缓甚至面积减少。粮食生产安全的保障已经不仅仅是提高耕地集约利用水平，同时还要加强对耕地数量的保护。

（3）第三阶段（2006～2010 年）：我国各省（自治区、直辖市）在这一阶段的粮耕敏感度的绝对值变小，不同区域之间的差异出现缩小的情况。此阶段我国粮耕敏感度较高的省份主要是中部和东部地区。主要因为此阶段我国严格执行耕地保护制度，耕地不断得到复垦与整治，中部和东部地区耕地减少速度有所放缓，甚至在部分地区出现了耕地数量的增加，而粮食产量也呈现增加的态势。而西部绝大多数地区的粮食产量受耕地数量变化的影响不大，粮耕敏感度为小于 1 的正数，所以在保护耕地数量的同时还需要增强保护耕地的质量等相关措施的实施力度，以此促进我国粮食单产的持续增长。

（4）第四阶段（2011～2015 年）：我国各省（自治区、直辖市）的粮耕敏感度在区域之间出现明显的分化特征，区域差异变大。我国粮耕敏感度较高的省份较少，零散地分布在东中西部地区。反映出随着农业产业结构调整和优化，粮食播种面积、农业技术发展和复种指数等因素对我国粮食产量的影响不断扩大，同时，我国粮食产量的影响因素更加复杂，更加多元化，但是加强保护耕地的数量与质量仍然是保障粮食安全的基础。

3.2.5　耕地利用变化对粮食生产的影响

（1）耕地面积是影响耕地粮食产量的重要因素，在不同社会经济发展阶段，耕地面积对我国耕地粮食产量的影响程度存在差异，耕地面积对粮食产量的影响程度的变化在1990～1995 年、1996～2005 年、2006～2010 年、2011～2015 年四个阶段经历了波动性小→大→较小→较大的过程。

（2）耕地数量对粮食产量的影响在不同省（自治区、直辖市）之间呈现区域差异性。在不同时间阶段，我国各区域的粮耕敏感度呈现不同的差异状况，总体而言，随时间的推移，我国粮耕敏感度的区域差异性表现出区域差异小—区域差异大—区域差异较小—区域差异较大的特征。具体而言，1990～1995 年，我国东、中、西部的粮耕敏感度区域差异较小。主要是因为，西部地区通过开垦后备耕地的方式来实现粮食增产，其粮食产量的增长与耕地面积关系密切，所以西部地区的粮耕敏感度较高；而中、东部地区由于城市化发展过程中耕地流失严重，粮食产量变化与耕地数量变化呈负向关系，粮耕敏感度较低；1996～2005 年，我国各省（市、区）的粮耕敏感度在区域之间的差异增大；2006～2010年，东部地区粮耕敏感度普遍提高，缩小了与西部地区的差距，各省（自治区、直辖市）之间的粮耕敏感度差异变小；2011～2015 年，由于粮食生产受土地利用方式的变化、政策更改和物质投入等因素的综合影响，各省（自治区、直辖市）之间的粮耕敏感度差异增大。

（3）耕地区际配置应充分考虑粮耕敏感度的区域差异。由于我国各地区在耕地资源禀赋方面存在差异，加之各个地区的经济发展水平、农业技术等社会经济因素存在差异，耕地数量对粮食产量的影响必然也存在区域差异，在进行耕地配置时应当考虑粮耕敏感度，并且做到因地制宜。对于粮耕敏感度较高的区域，不仅要防止其耕地面积的减少，还要加强对耕地质量的保护；而粮耕敏感度相对较低的区域，在保护一定数量耕地的同时，需要解决的是耕地投入、种植结构等方面的问题。

3.3　省域建设用地需求测算

3.3.1　建设用地需求测算方法概述

建设用地需求预测是确定城市规模、划定城市边界的基础工作。处于不同经济发展阶段的各区域对建设用地需求各有差异，不同城市化发展阶段，建设用地规模也呈现不同的变化特征（管卫华 等，2016；姚奕 等，2010；姜海 等，2009）。现今建设用地需求预测方法多遵循趋势外推的基本思路，假定未来建设用地变化仍遵循历史变化规律，忽略未来与过去可能处于不同城市化发展阶段，从而制约建设用地需求预测精度。

目前建设用地需求预测常见方法有指数平滑模型、灰色系统模型、神经网络模型等（荣联伟 等，2014；王希营 等，2009），其根据历史数据及历史发展规律预测未来的建设用地需求量，方式虽然简单，需要的数据量小，但忽略经济人口等因素的影响，预测精度较低。之后发展的模型考虑影响建设用地需求的众多因素，如单因素、双因素和多因素模型。单因素模型一般考虑人口或经济发展水平（钟国辉，2014；邱道持，1996）；双因素模型多采用人口与经济增长（刘胜华 等，2005）或人口与固定资产投资（邱道持 等，2004）等两种因素；多因素模型考虑多种影响建设用地需求的因素，利用多元回归模型（王博等，2014）、神经网络模型（郝思雨 等，2014；王良健 等，2008）、灰色–马尔可夫链模型（吴桂平 等，2007）和元胞自动机（cellular automata，CA）模型（Sun et al.，2012）等，通过对各影响因素的测定得到建设用地需求。

由于建设用地规模受到众多驱动因素的影响和制约，同时要遵循经济增长规律及土地资源在各部门配置的内在要求，采用单一方法预测会产生较大误差，需要寻找一种能综合运用现有多种模型的新思路。本书提出基于案例推理（case-based reasoning，CBR）的建设用地需求预测方法。案例推理方法最早是由 Schank 教授提出，通过筛检出相似案例进行更精准的定量分析,是一种面向问题的综合分析方法,具有简化知识获取、提高问题求解效率、改善求解质量、进行知识积累等优点(钱政 等,2001)。目前案例推理主要应用于一些具有丰富经验知识却缺乏很强理论模型的领域,如故障诊断[①]、企业管理(梁莱歆 等,2010)、医疗领域(李峰刚 等,2010)、突发事件应急管理(王晓 等,2011),预测土地利用变化(杜云艳 等,2012)等。案例推理是一种域内类比推理,避免了趋势外推法假定事物未来发展规律与过去发展规律相同的情况,直接通过筛检出的相似案例开展预测,减少复杂问题预测中的不确定性,同时增量式学习逐渐扩充案例库保证预测结果的精确收敛。因此,基于案例推理的建设用地需求预测的方法,以克服传统趋势外推法忽略不同城市化发展阶段对建设用地需求规律不同的不足,为准确预测区域建设用地需求提供新思路。

3.3.2　城市化的诺瑟姆曲线对建设用地需求预测的启示

城市化发展水平同发展阶段的对应关系符合诺瑟姆曲线,它描述了城市化水平随时间的变化情况,呈现由 0 到 1 的"S"型曲线(陈明星 等,2011)。根据诺瑟姆曲线,城市化进程分为初级阶段、快速阶段及成熟阶段三部分,这是城市化自身演变的动态过程。而且城市建设用地规模与城市化之间存在协整关系(赵可 等,2014)。因此,建设用地需求受城市化发展阶段的影响也会呈现非线性。

根据城市化发展规律,在较短时间内对建设用地需求预测,可以把城市发展近似看作线性(如图 3-5 中 DE 段),采用趋势外推或是回归分析等数理统计方法,将需求预测分解成一个或几个变量的数学模型。但在长期预测时,训练样本与预测目标可能处于不同的发展阶段,其内部的资源利用程度、技术演变进程与制度变迁均呈现不确定性,因此建立在确定性思维基础上的预测方法难以满足不确定性规划的需求(赵可 等,2013)。而案例推理不需要进行线性变化的假设,它依据历史数据对现实现象进行定量分析和预测,模拟事物发展规律,避免复杂问题预测中的不确定性,使预测结果更符合实际发展情况。如图 3-5 所示,已知 a 年到 b 年的

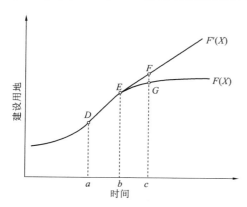

图 3-5　案例推理与趋势外推预测结果对比

建设用地量预测 c 年的需求量,简单的趋势外推预测值为点 F,案例推理预测值为点 G,更符合建设用地阶段性变化,因此即使是短期预测,建设用地规模处于"S"型曲线的转折阶段(即从第二阶段变化到第三阶段),也会出现较大误差,案例推理方法可以克服上述不足,实现建设用地需求的精确预测。

---

① WATSON I, ABDULLAH S, 1994. Developing case-based reasoning systems: a case study in diagnosing building defects// IEEE Colloquium on Case Based Reasoning: Prospects for Applications. IET, 1/1-1/3.

3.3.3　建设用地需求测算——以重庆市为例

1. 数据来源与研究方法

本节采用我国（除港澳台地区）1990～2015 年国民经济和社会发展统计数据，预测 2030 年重庆市建设用地需求量。地区生产总值、总人口、二三产业就业人数、全社会固定资产投资、第二、三产业产值等社会经济数据以及建设用地面积均来自《中国统计年鉴》（1991～2016 年）；非农业人口数数据来源于国家统计局人口和就业统计司全国户籍统计人口数据（1991～2016 年）；城市化水平为城镇人口除以年末常住人口。

基于案例推理是利用过去的案例来解决新问题的一种方法，把当前所面临的新问题称为目标案例（target case），而把记忆的问题称为源案例（base case），即根据目标案例的信息与提示从而得到记忆中的源案例，然后根据源案例来引导目标案例求解的一种策略（朱余启，2008）。基于案例推理的推理过程依次包括：问题描述、案例检索、方案调整、方案评价、案例学习（李丹，2006）。案例方法在知识获取、知识积累等方面具有较为明显的优势，因而在领域知识不完备、理论模型缺乏、故障诊断机制不齐备等情况下可以得到较好的应用（刘健，2004）。

本书利用案例推理的核心思想进行建设用地需求量预测。首先利用我国 31 个省（自治区、直辖市）1990～2015 年建设用地需求量（近似将各年末建设用地面积当作年建设用地需求量）及社会经济统计数据组建案例库，各省（自治区、直辖市）每年数据作为一个案例，选择影响建设用地面积的多个因素作为案例的特征信息；通过 BP 神经网络得到各特征属性权重；计算待预测的目标案例与各个源案例的相似度；筛检出相似度在一定范围内的部分源案例，利用其建设用地需求量预测目标案例的建设用地需求量。

2. 建设用地需求预测的 CBR 模型

1）案例库构建与案例表示

根据建设用地变化及其影响因素的已有研究结果，得出影响我国城市建设用地变化的因素主要分为自然环境因素、经济发展因素和人文社会因素（孔伟 等，2016；叶青青 等，2014；赵可 等，2013；关伟，2010）。自然环境因素是城市发展的基础，对城市建设用地变化发挥着重要作用，但在较短时间内，自然因素相对稳定，对城市化进程的影响不大。而经济快速发展、人口数量增长、工业化水平提高及科学技术进步等经济及人文社会因素在城市建设用地发展中起着决定性作用。已有研究表明，人口和 GDP、固定资产投资（吴大放 等，2010）是主要影响建设用地需求的最常见因素，除此之外二三产业比重（姜海 等，2013）、城市化率（王静，2013；苑韶峰 等，2013）、消费品零售额（从沛桐 等，2008）等也会影响建设用地需求。本书考虑指标选取的系统性、可量化性和数据可获取性等原则，从经济发展和社会发展两大方面（李昶，2013），选择如表 3-6 所示 10 个指标作为案例特征属性。

表 3-6 案例特征属性

编号	案例特征属性	特征属性说明	权重
X_1	地区生产总值/亿元	反映地区社会经济产出水平	0.127 2
X_2	非农人口/万人	反映城市人口的潜在数量	0.131 1
X_3	二三产业从业人数/万人	反映劳动力投入水平	0.141 8
X_4	全社会固定资产投资/亿元	反映资金投入水平	0.077 2
X_5	二三产业占 GDP 比重/%	反映地区产业结构	0.099 9
X_6	城市化率/%	反映城市发展水平	0.079 2
X_7	城镇居民人均可支配收入/元	反映地区人民生活水平	0.067 9
X_8	人均 GDP/（元/人）	反映地区人民收入水平	0.102 8
X_9	社会消费品零售总额/亿元	反映地区人民消费水平	0.098 8
X_{10}	地方财政预算收入/亿元	反映地区经济增长能力	0.074 1

假设案例库中有 n 个案例，源案例集为 $C=\{C_1,C_2,\cdots,C_n\}$；

每个案例有 m 个特征属性，特征属性集为 $F=\{f_{i1},f_{i2},\cdots,f_{im}\}$，$i=1,2,\cdots,n$；

特征属性的影响权重 $\omega=\{\omega_1,\omega_2,\cdots,\omega_m\}$，且满足 $\sum\limits_{j=1}^{m}\omega_j=1$，$j=1,2,\cdots,m$；

目标案例集为 $T=\{T_1,T_2,\cdots,T_q\}$；

特征属性集为 $A=\{a_{p1},a_{p2},\cdots,a_{pm}\}$，$p=1,2,\cdots,q$。

利用我国 31 个省（自治区、直辖市）1990～2015 年各个指标的统计数据，剔除部分缺失值，构成包含 762 个案例的源案例集，特征属性矩阵为

$$F=\begin{vmatrix} f_{1,1} & f_{1,2} & \cdots & f_{1,10} \\ f_{2,1} & f_{2,2} & \cdots & f_{2,10} \\ \vdots & \vdots & & \vdots \\ f_{762,1} & f_{762,2} & \cdots & f_{762,10} \end{vmatrix}$$

预测 2030 年重庆市建设用地需求量，目标案例集的特征属性集为 $A=\{a_{1,1},a_{1,2},\cdots,a_{1,10}\}$。

2）特征属性的权重确定

基于误差反向传播（error back prorogation，BP）算法的多层感知器是目前运用最广的神经网络，即 BP 神经网络（谢金亮，2013）。本书运用 BP 神经网络模型确定 10 个案例特征属性的权重。通过建立以案例特征属性指标为输入层节点、以建设用地需求量为输出层节点的三层 BP 神经网络，输入 762 个案例数据对该网络进行训练，直到满足误差要求，得到输入层到隐含层的权值矩阵 W 和隐含层到输出层的权值矩阵 V，再利用 W、V 计算输入层各节点间的权重值，即 10 个特征属性的权重，如表 3-6 所示。

3）案例相似度计算

本书基于灰色关联度的方法计算案例相似度，检索到合适的相似案例从而得到解决问题的最佳方案是关系整个案例推理成功的关键。本书设定待分析目标案例为 a_p，源案

例集为 $C=\{C_1,C_2,\cdots,C_n\}$ ，则案例 a_p 和源案例集中各个案例 C_i 在 n 维空间上的灰色相似度为

$$G(a_p,C_i)=\sum_{j=1}^{m}\omega_j\times\rho\big[a_p(j),C_i(j)\big] \tag{3-4}$$

$$\rho\big[a_p(j),C_i(j)\big]=\frac{\min_i\min_j\big|a_p(j)-C_i(j)\big|+\lambda\max_i\max_j\big|a_p(j)-C_i(j)\big|}{\big|a_p(j)-C_i(j)\big|+\lambda\max_i\max_j\big|a_p(j)-C_i(j)\big|} \tag{3-5}$$

式中：$\lambda\in[0,1]$ 为分辨系数，一般取 $\lambda=0.5$ 。

4）相似案例选定

计算出目标案例与源案例集中所有案例相似度之后，通过目标案例与源案例相似度与相似阈值的比较来判断目标案例与源案例是否相似。

当 $G=(a_p,C_i)\geqslant e$ 时，目标案例与该源案例相似，其社会经济发展水平相近，对建设用地的需求大致相同，可以通过对源案例建设用地需求量的分析来预测目标案例的建设用地需求量。当 $G=(a_p,C_i)<e$ 时，目标案例与该源案例不相似，其社会经济发展水平差异大，对建设用地的需求不相同。

5）建设用地需求预测

基于案例搜索的结果是一个根据相似度进行降序排列的案例集，在选择出适当的相似案例后，可以利用相似案例的特征属性数据和建设用地需求量数据，采用逐步回归分析、相似度加权和选取最优案例等方法进行目标案例建设用地需求量预测，在符合实际意义条件下，选择误差较小的一种方法，本书选用相似度加权的方法进行预测，即

$$\hat{y}=\frac{\sum\big[G(a_p,C_i)\times D_i\big]}{\sum G(a_p,C_i)},\quad G(a_p,C_i)\geqslant e\quad p=1,2,\cdots,q;\quad i=1,2,\cdots,n \tag{3-6}$$

式中：$\hat{y}$ 为目标案例建设用地需求量预测值；$G(a_p,C_i)$ 为目标案例与源案例之间的相似度；e 为相似度阈值；D_i 为源案例的建设用地量。

3. 基于案例推理的建设用地需求预测的精度检验

为了检验应用基于案例推理预测建设用地需求规模的效果，利用 1990～2015 年 762 个案例的源案例集，预测 2010～2015 年重庆市建设用地需求面积。本书采用相对误差检验模型的拟合精度，相对误差越小，模型精度越高（表 3-7）。

表 3-7　预测结果与实际建设用地面积对比

年份	真实值/km²	预测值/km²	相对误差
2010	945	976.2	0.033 0
2011	859	974.8	0.134 8
2012	921	994.6	0.079 9

续表

年份	真实值/km²	预测值/km²	相对误差
2013	1 029	1 020.4	−0.008 4
2014	1 116	1 012.4	−0.092 8
2015	1 180	1 039.4	−0.119 2
平均相对误差			0.004 6

根据案例推理进行建设用地需求预测，得到重庆市 2010～2015 年建设用地预测值，与建设用地真实值相比，5 年的平均相对误差只有 0.46%，误差在预测合理范围内，表明建设用地需求预测结果符合实际建设用地情况，案例推理方法适用于建设用地需求预测。

4. 重庆市 2030 年建设用地需求预测结果

经过上述检验分析，案例推理方法可以用于建设用地需求预测。因此，本节采用我国 31 个省（自治区、直辖市）1990～2015 年案例库预测重庆市 2030 年建设用地需求量。

采用差分整合移动平均自回归模型（autoregressive integrated moving average model，ARIMA）(p, d, q) 时间序列模型预测重庆市案例特征属性数据。在 SAS 软件中根据重庆市 1990～2015 年案例特征属性时间序列数据的散点图、自相关图和偏自相关图对数据平稳性进行检验，对非平稳案例特征属性数据进行差分处理使其平稳化。根据平稳序列自相关函数、偏自相关函数是否是截尾和拖尾，建立相应的模型，对模型进行参数估计和假设检验，利用通过检验的模型预测重庆市案例特征属性数据（表 3-8）。

表 3-8 2030 年案例特征属性数据预测值

编号	案例特征属性	2030 年预测值
X_1	地区生产总值/亿元	21 317
X_2	非农人口/万人	2 885
X_3	二三产业从业人数/万人	1 093
X_4	全社会固定资产投资/亿元	36 976
X_5	二三产业占 GDP 比重/%	95
X_6	城市化率/%	77
X_7	城镇居民人均可支配收入/元	43 644
X_8	人均 GDP/（元/人）	101 806
X_9	社会消费品零售总额/亿元	3 182
X_{10}	地方财政预算收入/亿元	17 677

基于灰色关联度方法计算重庆市 2030 年目标案例与源案例相似度,并采用相似度加权预测出重庆市 2030 年建设用地需求量为 2 334 km²。

5. 建设用地预测模型分析

本节基于案例推理方法,选择影响建设用地需求的因素作为案例属性特征,采用 BP 神经网络测算各特征属性权重,并利用灰色关联度方法测算案例相似度,进行建设用地需求预测。包含大量案例的源案例库经过案例择优筛检获得相似案例集,为预测提供充足、可靠的数据,极大提高了预测准确度;计算方法简单灵活、切实可行,预测精度能够满足应用需求,为建设用地需求预测提供了一种新思路。

在影响建设用地需求因素选取方面,案例推理不需像多元回归考虑多重共线性问题,对指标要求简单,预测结果直观可靠;采用 BP 神经网络确定权重可以避免主观因素、偶然因素的影响,网络根据各个特征属性对建设用地规模扩张中的作用大小自动调整其权重,提高权重的合理性;基于灰色关联度的相似度计算模型简单,复杂程度低,有良好适用性,能较准确地确定序列之间相关程度;利用检索出的相似案例集对建设用地需求进行预测,保证用于预测的样本与待预测样本经济增长模式、城市化阶段及建设用地扩张方式较为一致,所得到的结果也更具科学性、合理性和准确性。

3.4　中国建设用地需求的区域差异

3.4.1　建设用地现状

改革开放以来,我国建设用地面积大幅度增长,城镇化率从 2000 年的 36.2%增长到 2010 年的 47.5%(郑新奇等,2013)。1993~2010 年,我国城市建成区面积以年均 1 332 km² 速度增长。城市对建设用地的需求为实现经济社会发展目标提供了必要条件。而省(自治区、直辖市)建设用地过少将影响区域社会经济的发展,难以满足经济发展对建设用地的需求;省(自治区、直辖市)建设用地过多将导致生态用地被大量侵占而造成不必要的浪费,不利于我国耕地保护和生态保育协调发展(祝明霞 等,2015)。因此,对我国建设用地需求进行精准预测是土地利用总体规划的必要环节(姜海 等,2005)。

3.4.2　建设用地需求预测

为检验我国各省(自治区、直辖市)应用基于案例推理预测建设用地需求规模的效果,采用相对误差来检验模型拟合精度,计算平均相对误差,误差越小,精度越高,计算公式为

$$S = \frac{1}{n}\left|(\hat{y}_i - y_i)/y_i\right| \tag{3-7}$$

式中：S 为平均相对误差；n 为待预测样本个数；$\hat{y}_i$、y_i 分别为拟合值和实际值。

如表 3-9 所示，2014 年和 2015 年建设用地需求预测值的平均相对误差分别为 6.99%和 2.10%，除个别省（自治区、直辖市）在案例库中没有找到合适的源案例导致预测误差偏大外，大部分省（自治区、直辖市）的预测结果精度较高，表明案例推理方法适用于我国建设用地需求预测。

表 3-9　2014 年和 2015 年预测结果与实际建设用地面积对比

省（自治区、直辖市）	2014 年			2015 年		
	真实值/km²	预测值/km²	相对误差	真实值/km²	预测值/km²	相对误差
北京	1 455	1 445	−0.006 9	1 464	1 445	−0.013 0
天津	870	722	−0.170 1	962	722	−0.249 5
河北	1 816	2 083	0.147 0	1 945	1 609	−0.172 8
山西	1 079	944	−0.125 1	1 129	944	−0.163 9
内蒙古	1 165	1 199	0.029 2	1 147	1 126	−0.018 3
辽宁	2 405	2 261	−0.059 9	2 718	2 263	−0.167 4
吉林	1 330	1 210	−0.090 2	1 379	1 210	−0.122 6
黑龙江	1 789	1 748	−0.022 9	1 822	1 748	−0.040 6
上海	2 916	2 904	−0.004 1	1 913	2 904	0.518 0
江苏	4 208	3 702	−0.120 2	4 367	3 702	−0.152 3
浙江	2 470	2 247	−0.090 3	2 573	2 247	−0.126 7
安徽	1 920	1 682	−0.124 0	1 960	2 127	0.085 2
福建	1 347	1 126	−0.164 1	1 366	1 126	−0.175 7
江西	1 231	1 034	−0.160 0	1 279	1 682	0.315 1
山东	4 408	3 854	−0.125 7	4 540	3 553	−0.217 4
河南	2 363	2 083	−0.118 5	2 425	3 526	0.454 0
湖北	2 046	2 127	0.039 6	2 112	2 246	0.063 4
湖南	1 483	1 430	−0.035 7	1 511	2 083	0.378 6
广东	4 959	4 083	−0.176 6	5 267	4 083	−0.224 8
广西	1 230	1 030	−0.162 6	1 293	1 034	−0.200 3
海南	399	253	−0.365 9	302	253	−0.162 3
重庆	1 116	859	−0.230 3	1 180	1 077	−0.087 3
四川	2 227	2 083	−0.064 7	2 468	2 083	−0.156 0
贵州	702	556	−0.208 0	777	847	0.090 1
云南	975	847	−0.131 3	1 027	1 030	0.002 9

省（自治区、直辖市）	2014 年			2015 年		
	真实值/km²	预测值/km²	相对误差	真实值/km²	预测值/km²	相对误差
西藏	143	111	−0.223 8	187	111	−0.406 4
陕西	1 038	1 199	0.155 1	1 096	1 077	−0.017 3
甘肃	771	643	−0.166 0	806	556	−0.310 2
青海	173	333	0.924 9	176	333	0.892 0
宁夏	384	333	−0.132 8	384	333	−0.132 8
新疆	1 167	954	−0.182 5	1 187	1 030	−0.132 3
平均相对误差			−0.069 9			−0.021 0

3.4.3　2030 年建设用地需求预测

我国 31 个省（自治区、直辖市）2030 年案例特征属性数据预测值如表 3-10 所示。

表 3-10　2030 年案例特征属性数据预测值

省（自治区、直辖市）	X_1 /亿元	X_2 /万人	X_3 /万人	X_4 /亿元	X_5	X_6	X_7/元	X_8 /（元/人）	X_9 /亿元	X_{10} /亿元
北京	35 392	2 631	869	11 618	0.99	0.87	125 009	191 389	7 994	23 344
天津	22 117	1 758	611	26 657	1.00	0.85	52 487	185 399	5 226	7 378
河北	49 096	5 653	1 743	73 543	0.96	0.67	48 671	66 651	4 172	29 569
山西	22 636	2 981	1 643	38 741	0.94	0.75	47 306	57 127	2 726	13 876
内蒙古	29 364	2 183	1 034	59 095	0.91	0.69	63 204	120 746	2 707	13 440
辽宁	47 990	3 788	2 061	42 759	0.96	0.85	69 324	120 595	4 633	28 442
吉林	22 730	1 936	972	20 933	0.90	0.61	43 204	93 943	1 717	14 147
黑龙江	25 122	2 849	2 876	15 570	0.79	0.65	57 193	65 958	2 157	16 244
上海	36 565	2 937	1 335	9 804	1.00	0.91	107 025	168 525	9 488	23 098
江苏	96 620	7 734	5 377	128 599	0.97	0.96	65 498	172 197	16 382	59 811
浙江	73 054	5 481	4 929	55 336	0.97	0.84	80 201	133 117	8 315	50 346
安徽	40 186	4 612	4 443	54 797	0.96	0.74	44 446	69 916	4 993	23 275
福建	33 924	3 652	3 117	56 954	0.93	0.86	54 200	135 484	5 097	20 378
江西	24 380	3 507	2 839	35 552	0.99	0.74	54 173	69 377	3 030	14 590
山东	92 890	8 064	6 936	122 776	0.94	0.74	53 488	122 774	8 913	57 171
河南	52 803	6 598	5 936	87 259	0.91	0.90	44 688	71 977	6 811	29 720
湖北	37 627	4 796	3 154	73 940	0.97	0.68	51 106	103 494	7 313	31 646

省（自治区、直辖市）	X_1 /亿元	X_2 /万人	X_3 /万人	X_4 /亿元	X_5	X_6	X_7/元	X_8 /（元/人）	X_9 /亿元	X_{10} /亿元
湖南	37 494	5 067	3 738	76 011	0.92	0.71	62 175	83 975	5 106	30 945
广东	111 590	11 182	6 805	77 055	0.96	0.84	54 535	119 952	20 425	58 027
广西	22 920	3 453	2 227	42 663	0.98	0.69	46 037	63 460	3 077	12 600
海南	5 201	781	447	6 428	0.92	0.69	41 902	79 506	1 568	3 818
重庆	21 317	2 885	1 093	36 976	0.95	0.77	43 644	101 806	3 182	17 677
四川	41 609	5 490	4 125	57 026	0.96	0.70	49 588	69 899	7 023	32 920
贵州	23 881	2 222	975	18 581	0.82	0.68	47 588	72 834	3 604	8 373
云南	23 297	3 148	2 120	37 029	0.91	0.62	44 605	59 314	3 698	12 452
西藏	2 424	132	291	3 910	0.99	0.29	42 145	66 316	329	1 448
陕西	26 094	3 001	1 718	55 213	0.93	0.78	47 469	99 840	3 339	18 376
甘肃	11 676	1 629	893	23 822	0.88	0.66	55 025	53 297	1 597	10 462
青海	3 707	436	322	7 397	0.90	0.70	55 666	78 145	474	1 657
宁夏	5 015	541	280	9 314	0.95	0.77	45 100	75 923	788	3 083
新疆	19 558	1 600	818	20 817	0.89	0.62	58 396	78 760	3 748	6 041

　　筛选出适当相似案例后，根据相似案例的特征属性与建设用地需求数据，使用相似度加权法预测出我国 31 个省（自治区、直辖市）2030 年的建设用地需求量，结果如表 3-11 所示。

表 3-11　2030 年我国 31 个省（自治区、直辖市）建设用地预测面积　　（单位：km²）

省（自治区、直辖市）	建设用地预测面积	省（自治区、直辖市）	建设用地预测面积	省（自治区、直辖市）	建设用地预测面积
北京	2 212	安徽	2 532	四川	3 874
天津	1 191	福建	1 730	贵州	1 175
河北	2 532	江西	1 481	云南	1 208
山西	1 208	山东	4 540	西藏	353
内蒙古	2 408	河南	3 149	陕西	1 249
辽宁	3 874	湖北	2 423	甘肃	1 126
吉林	1 208	湖南	2 288	青海	492
黑龙江	2 445	广东	5 267	宁夏	686
上海	2 221	广西	2 263	新疆	1 266
江苏	4 416	海南	645		
浙江	3 291	重庆	2 334		

　　基于案例推理预测建设用地需求量,方法灵活简单,构建的案例库可以实时更新,具有自学习能力,便于预测处于快速城市化阶段区域的建设用地需求量,但同时建设用地规模的扩张具有不确定性、周期性及波动性。虽然本书提出的基于案例推理的建设用地需求预测方法具有较高精度,但是由于构建案例库时,仅考虑了影响建设用地扩张的社会、经济因素,缺乏对自然特性和地理环境等因素的考量,案例特征属性设定不够全面,制约了精度的进一步提高;同时案例推理是在过去案例中找到与目标案例相似的案例集,而在案例库中处于发展前沿的北京等地区没有类似的发展阶段,因此案例推理方法在建设用地需求预测中更适用于中低发展阶段地区,且在过去案例中会存在建设用地不合理规划的情况,应在目标案例的学习过程中进行改进,在下一步研究中加入城市集约化程度和政策因素对建设用地需求的影响,提高预测精度。此外,本书以省级尺度作为研究对象,对各省(自治区、直辖市)内部发展差异性考虑不足,案例库数据量不够丰富,预测结果的准确性受到一定影响,因此可以考虑以地级市为研究单元建立案例库,有待进一步研究探讨。

参 考 文 献

陈明星, 叶超, 周义, 2011. 城市化速度曲线及其政策启示: 对诺瑟姆曲线的讨论与发展. 地理研究, 30(8): 1499-1507.

陈秋分, 李先德, 2013. 中国粮食产量变化的时空格局与影响因素. 农业工程学报, 29(20): 1-10

丛沛桐, 贾艳杰, 王启, 2008. 基于非线性正交回归模型预测城市建设用地量. 地理与地理信息科学, 24(1): 75-79.

丁广威, 周伟, 程瑞, 等, 2014. 基于案例推理方法的相似航材需求预测. 计算机与现代化(7): 28-30, 35.

樊高源, 杨俊孝, 2017. 土地利用结构、经济发展与土地碳排放影响效应研究: 以乌鲁木齐市为例. 中国农业资源与区划, 38(10): 177-184.

关伟, 2010. 大连市可建设用地的等级结构与分布. 地理研究, 29(12): 2243-2250.

管卫华, 姚云霞, 彭鑫, 等, 2016. 1978~2014 年中国城市化与经济增长关系研究: 基于省域面板数据. 地理科学, 36(6): 813-819.

韩会然, 杨成凤, 宋金平, 2015. 北京市土地利用变化特征及驱动机制. 经济地理, 35(5): 148-154, 197.

郝思雨, 谢汀, 伍文, 等, 2014. 基于 RBF 神经网络的成都市城镇建设用地需求预测. 资源科学, 36(6): 1220-1228.

姜海, 曲福田, 2005. 建设用地需求量预测的理论与方法. 中国土地科学, 19(2): 44-51.

姜海, 曲福田, 2009. 不同发展阶段建设用地扩张对经济增长的贡献与响应. 中国人口·资源与环境, 19(1): 70-75.

姜海, 王博, 李成瑞, 等, 2013. 近十年中国建设用地扩张空间特征: 基于与固定资本和二三产业就业人数的比较分析. 中国土地科学(5): 63-70.

柯新利, 韩冰华, 刘蓉霞, 等, 2012. 1990 年以来武汉城市圈土地利用变化时空特征研究. 水土保持研究(1): 76-81.

孔伟, 郭杰, 欧名豪, 等, 2016. 中国建设用地集约利用变化及分区管控研究. 中国土地科学, 30(4): 13-20.

李昶, 2013. 我国特大城市建设用地变化特征及其影响因素研究. 重庆: 重庆大学.

李丹, 2006. 基于案例推理的工程造价估算研究. 武汉: 武汉理工大学.

李锋刚, 倪志伟, 郜峦, 2010. 基于案例推理和多策略相似性检索的中医处方自动生成. 计算机应用研究, 27(2): 544-547.

李石华, 周峻松, 王金亮, 2017. 1974~2014 年抚仙湖流域土地利用/覆盖时空变化与驱动力分析. 国土资源遥感, 29(4): 132-139.

李晓岚, 程昌秀, 陈驰, 2014. 土地利用动态度的跨行政区空间融合方法: 以北京市房山区土地利用为例. 地理与地理信息科学, 30(4): 56-58, 72, 127.

梁莱歆, 冯延超, 2010. 基于案例推理的 R&D 预算管理研究. 科技进步与对策, 27 (23): 12-15.

刘健, 2004. 基于案例推理的知识系统的设计与实现. 南京: 南京航空航天大学.

刘纪远, 刘文超, 匡文慧, 等, 2016. 基于主体功能区规划的中国城乡建设用地扩张时空特征遥感分析. 地理学报, 71(3): 355-369.

刘纪远, 张增祥, 庄大方, 等, 2003. 20 世纪 90 年代中国土地利用变化时空特征及其成因分析. 地理研究, 22(1): 1-12.

刘胜华, 詹长根, 2005. 基于国民经济和人口发展目标的建设用地需求规模预测研究. 中国人口·资源与环境, 15(5): 48-51.

钱政, 严璋, 罗承沐, 2001. 范例推理与模糊数学的变压器故障诊断方法. 高电压技术, 27(6): 1-2.

邱道持, 1996. 重庆市建设用地预测模型探讨. 经济地理(3): 10-15.

邱道持, 刘力, 粟辉, 等, 2004. 城镇建设用地预测方法新探: 以重庆市渝北区为例. 西南师范大学学报(自然科学版), 29(1): 146-150.

荣联伟, 师学义, 杨静, 2014. 土地利用规划中建设用地预测方法比较. 中国人口·资源与环境, 24(S3): 199-203.

王博, 姜海, 冯淑怡, 等, 2014. 基于多情景分析的中国建设用地总量控制目标选择. 中国人口·资源与环境, 24(3): 69-76.

王静, 2013. 中国建设用地与区域经济发展的空间面板计量分析. 中国土地科学, 27(8): 52-58.

王晓, 庄亚明, 2011. 基于案例推理的非常规突发事件资源需求预测. 华东经济管理, 25(1): 115-117.

王佳月, 辛良杰, 2017. 基于 GlobeLand30 数据的中国耕地与粮食生产的时空变化分析. 农业工程学报, 33(22): 1-8.

王良健, 师迎春, 林目轩, 2008. BP 神经网络结合小波处理在城市扩张预测中的应用: 以长沙市区为例. 中国土地科学, 22(1): 39-47.

王希营, 付梅臣, 刘宗强, 2009. 土地利用规划中建设用地需求量预测的两种模型比较: 以东方市为例. 资源与产业, 11(5): 87-91.

吴大放, 刘艳艳, 董玉祥, 等, 2010. 珠海市建设用地变化时空特征及其驱动力分析. 经济地理, 30(2): 226-232.

吴桂平, 曾永年, 杨松, 等, 2007. 县(市)级土地利用总体规划中耕地需求量预测方法及其应用. 经济地理, 27(6): 995-998.

谢金亮, 2013. 基于 BP 神经网络的公立医院运行监管指标权重测算研究. 武汉: 华中科技大学.

杨俊, 2011. 不同类型农户耕地投入行为及其效率研究. 武汉: 华中农业大学.

姚奕, 郭军华, 2010. 我国城市化与经济增长的因果关系研究: 基于 1978~2007 年东、中、西部、东北地区面板数据. 人文地理, 25(6): 42-46.

叶青青, 刘艳芳, 刘耀林, 等, 2014. 基于多层线性模型的湖北省县域建设用地集约利用影响因素研究. 中国土地科学, 28(8): 33-39.

苑韶峰, 杨丽霞, 2013. 建设用地与社会经济关系的局域空间计量分析: 基于浙江省69县市的实证研究. 中国土地科学, 27(6): 79-85.

赵可, 张安录, 2013. 城市建设用地扩张驱动力实证研究: 基于辽宁省 14 市市辖区数据. 资源科学, 35(5): 928-934.

赵可, 张雄, 张炳信, 2014. 城市化与城市建设用地关系实证: 基于中国大陆地区1982~2011年时序数据. 华中农业大学学报(社会科学版), 33(2): 107-113.

郑新奇, 薛春璐, 王伟, 等, 2013. 中国城市用地增长极限规模测算. 中国人口·资源与环境, 23(08): 55-61.

钟国辉, 2014. 基于边际生产率的城市建设用地区域配置研究. 南京: 南京农业大学.

周晶, 丁士军, 2013. 1991~2011 年湖北农业机械化发展时空分异研究. 经济地理, 33(8): 109-115.

周一星, 田帅, 2006. 以"五普"数据为基础对我国分省城市化水平数据修补. 统计研究(1): 62-65.

朱余启, 2008. 基于案例推理的大型电力变压器故障诊断系统的研究. 北京: 华北电力大学.

祝明霞, 王文彩, 2015. 城市建设用地需求预测: 以九江市为例. 西南师范大学学报(自然科学版)(6): 74-79.

邹金浪, 杨子生, 2013. 中国耕地利用投入的时空差异. 自然资源学报, 7: 1083-1093.

BROOKFIELD H C, 1972. Intensification and disintensification in Pacific agriculture. Pacific Viewpoint, 13(1): 30-48.

CINDYFAN C, 1999. The vertial and horizonial expansion of China's city system. Urban Geography, 20(6): 493-515.

CONCEIÇÃO P, GALBRAITH J K, BRADFORD P, 2001. The theil index in sequences of nested and hierarchic grouping structures: implications for the measurement of inequality through time with data aggregated at different levels of industrial classification. Eastern Economic Journal, 27(4): 491-514.

DU Y Y, GE Y, LAKHAN V C, et al., 2012. Comparis on between CBR CA methods for estimating land use change in Dongguan, China. Journal of Geographical Sciences(4): 142-162.

Fotheringham S, Rogerson P, 2013. Spatial Analysis and GIS. Florida: CRC Press.

LAMBIN E F, ROUNSEVELL M D A, GEIST H J, 2000. Are agricultural land-use models able to predict changes in land-use intensity? Agricultural Ecosystems and Environment, 82(1): 321-331.

LIU J, BUHEAOSIER, 2000. Study on spatial-temporal feature or modern land-use change in China: Using remote sensing techniques. Quaternary Sciences, 20(3): 229-239.

LIU J, KUANG W, ZHANG Z, 2014. Spatiao temporal characteristics, patterns and causes of land-use changes in China since the late 1980s. Journal of Geographical Sciences, 24(2): 195-210.

LIU J, LIU M, TIAN H, 2005. Spatial and temporal patterns of China's cropland during 1990—2000: An analysis based on Landsat TM data. Remote Sensing of Environment, 98(4): 442-456.

MOONEY H A, DURAIAPPAH A, LARIGAUDERIE A, 2013. Evolution of natural and social science interactions in global change research programs. Proceedings of the National Academy of Sciences of the United States America, 110: 3665-3672.

NAVES L A, PORTO L B, ROSA J W, et al., 2015. Geographical information system (GIS) as a new tool to evaluate epidemiology based on spatial analysis and clinical outcomes in acromegaly. Pituitary, 18(1): 8-15.

Netting R M, 1993. Smallholders, Householders: Farm Families and the Ecology of Intensive, Sustainable Agriculture. Stanford: Stanford University Press.

SHRIAR A J, 2000. Agricultural intensity and its measurement in frontier regions. Agroforestry Systems, 49: 301-318.

STERLING S M, DUCHARNE A, POLCHER J, 2012. The impact of global land-cover change on the terrestrial water cycle. Nature Climate Change, 3(4): 385-390.

SUN J, ZHANG L H, PENG C L, et al., 2012. CA-based urban land use prediction model: A case study on orange county, Florida, U. S. Journal of Transportation Systems Engineering and Information Technology, 12(6): 85-92.

TURNER B, DOOLITTLE W E, 1978. The concept and measure of agricultural intensity. The Professional Geographer, 30(3): 297-301.

第 4 章　中国耕地非农化优先度评估及其区域差异

4.1　耕地非农化优先度及其测算方法

4.1.1　概　　述

我国正处于城市化的快速发展阶段,城市建设用地扩张对耕地的占用是这一阶段土地利用与管理面临的关键问题之一。2015 年,我国城市化率已达到 56.1%,处于城市化"S"型曲线的快速发展阶段,然而离快速城市化阶段的最大城市化率 70%还有一定的距离。在这一背景下,虽然我国目前实施的是世界上最严格的耕地保护政策,但是耕地资源在快速城镇化的压力之下,快速流失的势头仍难以遏止。

自改革开放以来,我国耕地资源迅速流失。尤其在 1996~2008 年,我国耕地资源累计减少 8 323.3×10^3 hm^2(程传兴 等,2014)。这种趋势在快速城市化地区表现得尤为明显。耕地非农化的快速推进对我国的粮食安全造成了严重的威胁。城市建设用地扩张导致耕地资源的迅速流失,成为威胁我国粮食安全的重要影响因素。刘洛等(2014)的研究表明,虽然我国实施了严格的耕地保护政策,但 1990~2010 年我国耕地粮食生产潜力仍净减少了 297×10^4 t。何英彬等(2009)在东北的研究也表明,耕地非农化对东北三省的粮食产量具有显著的影响。尤其值得关注的是,耕地非农化对耕地质量的影响存在着显著的区域差异:吉林的耕地非农化以中低质量的耕地被占用为主要特征,而辽宁和黑龙江的耕地非农化则以高质量耕地被占用为主要特征。洪舒蔓等(2014)分析了黄淮海平原耕地变化对粮食生产格局变化的影响,发现黄淮海平原在 2000~2008 年，耕地总量减少了 38.49×10^4 hm²，从而造成该区域的粮食产量净损失达到了 270.37×10^4 t。潘佩佩等（2013）在太湖流域的研究也表明，该区域的耕地数量从 1985 年以来显著减少，从而使得区域粮食供需形势日益严峻。虽然通过增加耕地的投入和提升耕地质量等措施，使得我国耕地资源快速流失对耕地粮食生产产生的不利影响有所缓解，但是耕地集约利用对粮食生产的促进作用具有边际效用递减特性（邹健 等，2009）。耕地资源的有效保护仍然是实现我国粮食安全的根本出路。

受社会经济条件和自然资源禀赋区域差异的影响，耕地非农化规律呈现典型的区域差异。刘彦随等（2009）的研究表明：1990~2005 年，我国耕地重心呈现出"西北—西南—东北"的移动趋势，而粮食生产重心的变化方向则是"东北—西南—东北"，表明我国耕地非农化和粮食生产存在着明显的区域差异。刘丽军等（2009）的研究则指出，我国耕地非农化存在着显著的区域差异，并且现阶段我国耕地非农化不存在全局收敛性。因此，不同社会经济发展水平和自然资源禀赋条件的城市应该具有不同的耕地非农化优先度，从而达到耕地非农化整体效率的最大化。本书正是从这一角度入手，试图从影响耕地非农化的因素出发，厘清耕地非农化优先度的评估指标体系。在此基础上，形成耕地非农化优先度评估的方法体系，为耕地资源在区域间的合理布局提供依据。

4.1.2　耕地非农化的影响因素

一般认为，经济增长是耕地非农化的主要影响因素。曲福田等（2004）提出了耕地非农化的库兹涅茨曲线假说，认为耕地面积和经济增长之间的关系可以用类似库兹涅茨曲线来表示，并且用上海、天津、江苏、山东、广东和福建的数据对该假说进行了验证。李永乐等（2008）以 1999~2003 年我国省级面板数据为基础，剖析了耕地非农化水平与经济增长之间的关系，认为可以用库兹涅茨曲线来解释经济增长对耕地非农化的影响：在经济发展初期，耕地非农化随经济水平增长而快速增长；增长到一定程度之后，耕地非农化水平会随着经济水平的增长而减小，呈现倒"U"型曲线。此外，学者从不同的角度讨论了经济增长之外的其他社会经济因素对耕地非农化的影响。张光宏等（2015）利用固定效应面板数据模型证实了固定资产投资和耕地资源禀赋对耕地非农化产生显著效应。周翔等（2014）在江苏省苏锡常地区的研究表明，城镇人口的增加和区域经济的增长是区域耕地数量锐减的关键影响因素。此外，在周翔等（2014）的研究中还指出，高程、区位和邻域因子等微观因素对耕地流失也有显著的影响。温利华等（2013）通过对邯郸市的分析发现，人口数量、农民人均纯收入、第三产业产值和科技发展水平是耕地非农化的主要驱动因素。李海鹏等（2006）则分析了收入差距与耕地非农化的关系，认为收入差距的增加会使得耕地非农化加速。

可见，经济增长、人口增加、城市化水平的提高、收入水平及收入差距的变化等都是耕地非农化的重要影响因素。此外，从微观尺度上看，高程、微观区位因素、邻域影响等因素对区域耕地非农化也会产生重要的影响。因此，需要从经济、人口、城市化水平、区域自然资源禀赋等方面出发，构建指标体系，开展耕地非农化压力与优先度评价。

4.1.3　耕地非农化优先度测算的方法体系

耕地非农化过程实质上是建设用地扩张占用耕地的过程。耕地非农化优先度是陈凤等（2010）在研究建设用地指标在各子区域之间进行分配时提出的，用于评价各子区域建设用地需求满足的优先程度，从而实现建设用地指标的合理分配，促进土地资源的可持续利用。柯新利等（2013）从区域建设用地投入、产出和利用效率三个方面构建指标体系，采用层次分析法测算了武汉城市圈各县域建设用地优先度，认为武汉城市圈各县域建设用地优先度存在着显著的区域差异。此外，柯新利等（2010）还根据建设用地需求优先度构建了分区异步元胞自动机模型开展耕地资源的空间优化布局，使得在满足全区域粮食安全的基础之上，实现耕地非农化指标在区域间的合理布局，为区域土地资源的可持续利用提供了科学依据。马才学等（2016）则通过对比人均建设用地指标的理论值与实际值评估耕地非农化压力，在此基础上剖析了湖北省耕地非农化压力的时空演变格局，结果表明：湖北省东部区域的城市耕地非农化压力显著高于西部区域。

从上述耕地非农化优先度的相关研究中可以看出，目前的主要研究思路是从社会、经济、资源禀赋和已有建设用地之间的关系来衡量耕地非农化需求被满足的优先程度。

实际上，在开展耕地非农化指标或建设用地指标在区域之间分配的过程中，应重点考虑如下几个方面的问题。

（1）社会经济发展对耕地非农化需求紧迫程度的区域差异。耕地非农化优先度首先应该考虑社会经济发展对耕地非农化需求的紧迫程度。当区域社会经济发展速度较快，已有的建设用地数量和空间分布已经无法满足社会经济发展的需求时，则迫切需要增加建设用地的供应量，即需要更多耕地非农化指标。因此，社会经济发展对建设用地需求的紧迫程度及其区域差异是耕地非农化指标分配的基本依据。

（2）耕地非农化效率的区域差异。耕地非农化效率是指新增耕地非农化指标产生的经济效益。耕地非农化指标在区域之间的配置不仅要尽可能满足不同区域社会经济发展对耕地非农化的需求，而且要力求经济效益的最大化。因此，在测算耕地非农化优先度时，应将耕地非农化效率作为重要的方面，使得耕地非农化效率高的区域的耕地非农化需求尽可能地得到满足。

（3）耕地非农化对人口的承载能力。人口增加是耕地非农化的重要影响因素。耕地非农化本质上是伴随着人口增加和经济发展水平的增加而推进。因此，在评价耕地非农化优先度时，应将耕地非农化对人口的承载能力作为一个重要的方面考虑，从而使得单位建设用地面积人口承载能力较高的区域具有较高的耕地非农化优先度。反之，单位建设用地面积人口承载力较低的区域其耕地非农化优先度较低。

因此，本书从耕地非农化效率、耕地非农化需求紧迫程度和建设用地人口承载力三个方面开展耕地非农化优先度评价（图4-1）。具体而言，采用 C-D 生产函数评估耕地非农化效率，采用耕地非农化压力指数表达耕地非农化需求的紧迫程度，采用人口密度表达建设用地人口承载力。在分别求取耕地非农化效率、耕地非农化压力指数和耕地非农化需求紧迫程度的基础上，采用加权平均的方法测算得到中国各省域耕地非农化优先度。

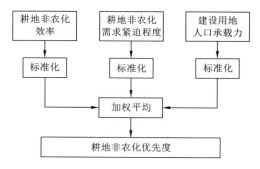

图 4-1　耕地非农化优先度测算基本思路

4.2　耕地非农化效率及其区域差异

4.2.1　概　　述

随着全球经济的发展，城市化进程的加快，全球范围内城市土地面积不断扩张（Denison，1967），由城市土地扩张引起的耕地非农化问题引起了国内外学者的兴趣（Barras，2001），非农化土地数量及产出水平是关注的重点（Seto et al.，2003；Scholz et al.，1999）。针对耕地非农化，西方国家采用了法律手段和行政手段，甚至将城市规模限制在"绿带"范围以内（Slee，2007）。我国人口众多，可用的耕地资源十分有限，现阶段我国耕地除了要提供粮食外还要促进经济的发展（谈明洪 等，2005；刘正山，2006），在人口快速增长、城市化快速推进的过程中大量的耕地被非农建设用地侵占。研究显示由于城市扩张，大量的耕地转变为城市土地（刘琼 等，2014），我国耕地数量大量减少及生态破坏（谭荣 等，2006）。由于大量的优质耕地被转变为城市建设用地，加上新增的耕地质量不高，我国耕地质量大幅下降（蒋冬梅 等，2015）。因此，国内学者的研究重心转向已投入的耕地非农化土地是否已经很好地完成了促进经济发展的作用，即投入的非农化耕地产出效率问题（牛海鹏 等，2010）。耕地非农化的效率高说明很好地完成了经济发展的目标，未来在不危害粮食安全的前提下，必要的耕地非农化行为应该得到保障（张雄 等，2013）。耕地非农化效率的高低可以作为耕地非农化指标分配的依据。

我国人口多、底子薄，东中西部发展不均衡，地区之间经济水平存在差距，耕地非农化效率在不同的地区也必然存在着差距。耕地非农化效率区域之间的比较不仅关系耕地非农化行为的合理性，也是进行耕地非农化区域配置的依据。这对我国这个耕地数量极其有限的人口大国来说具有非常重要的现实意义。

学者以我国耕地非农化为主要内容进行了多方面的研究，结果显示当前我国经济增长正处于"马尔萨斯增长"向"索洛增长"转变的阶段（Ngai，2004），耕地非农化作为城市土地的重要来源是非农经济增长的重要要素之一，而且耕地非农化现象在将来仍然会继续存在（蔡运龙 等，2009）。耕地非农化大多是城市化加快、非农固定资本投入增加及政策方面的原因造成的（吴先华，2006），同时耕地非农化导致耕地大量减少及耕地质量退化现象（贾绍凤 等，1997）。但无论是从全国还是从区域的角度看，耕地非农化也确实促进了非农经济的增长（梁红梅 等，2008）。然而，由于生产力分布的不均，各地区之间的耕地非农化效率存在着差异，在此基础上有研究显示耕地非农化与经济增长之间的关系符合库兹涅茨曲线（李永乐 等，2008），据此可知一定经济水平下的耕地非农化有其最优规模数量。鉴于我国在耕地非农化配置时以部门为单位的局限性，国内有学者提出应以效率为标准进行空间区域分配（陈江龙 等，2004），达到耕地非农化产出水平的总体提升。

国内学者研究耕地非农化效率时采用的思路及方法包括三种。①平均单位面积的非农产出方法（李秀彬 等，2008），即以平均单位面积的非农产出代表各区域的耕地非农化效率。该方法的优点是简单易懂，缺点在于不能反映单独由耕地非农化所带来的纯收入，并且将每单位的耕地非农化投入所带来的产出平均化使得研究过于粗糙，缺乏动态性。②以随机前沿方法（stochastic frontier approach，SFA）计算区域产出的效率方法（李鑫 等，2012），是将实际产出与最大化似然估计产出的比较值作为耕地非农化效率，优点在于衡量实际产出与最大产出之间的差距，缺点是每个区域的最大似然估计各不相同，导致效率只能反映本地区的效率水平，无法反映区域效率在整体中的地位，同时最大似然产出在实际中很难达到，所以效率难以提高。③以贡献率衡量土地效率的方法（张基凯 等，2010），即通过增加的耕地非农化在增加的产出中所做的贡献来反映耕地非农化的效率。除单纯地采用计量的方式外，随着 GIS 技术及遥感技术的成熟，也有学者尝试将计量方法与遥感、地理信息技术相结合研究土地利用区域差异（柯新利 等，2014）。该类方法的优点是精确，缺点是所需空间数据难以获取。除此之外，人工神经网络、系统动力学、压力响应机制模型、改进的灰色模型也可被用来衡量耕地非农化效率的区域差异（赵小风 等，2010）。这类方法的优点是从其他学科角度分析耕地非农化效率，但是缺乏理论基础。

当前研究耕地非农化效率在研究对象上存在一定的问题，国内学者有的以全国作为一个整体进行若干年限的研究（钟太洋 等，2010；梁流涛 等，2013），有的以某区域若干年限内的耕地非农化效率作为研究对象（张雄 等，2013），有的以某城市若干年内耕地非农化利用作为研究对象（张淑敏 等，2013）。本节开展全国各省份 1990～2015 年耕地非农化效率及其区域差异的研究，不仅做到整体与局部相结合，而且时间年限较长，能够反映相当长时期内的区域效率差异。

在耕地非农化效率的指标选取上，主要包括：平均单位面积非农产出、生产前沿视角下的土地单要素效率、非农耕地的贡献率、全要素效率下的土地效率。以上指标所采用的方法存在着局限性，导致这些指标在耕地非农化效率的区域差异分析中存在着不足之处，所以本书的研究将采用边际生产力作为衡量耕地非农化效率区域差异的指标。首先，边际生产力是单独由耕地非农化投入所带来的产出，与其他要素无关，相对于其他指标更具有说服力；其次，边际生产力可以衡量增加单位非农化耕地对非农总产量的影响，更加接近实际，并且以单位产出的形式反映耕地非农化带来的总产量变化也便于区域之间单位非农化耕地效率的差异比较。

4.2.2　基于边际效率递减的耕地非农化效率分析

1. 边际效率递减规律

边际效率递减规律是指在保持技术水平不变和其他生产要素投入不变的情况下,增加某一种可变要素的投入对系统产出的影响呈现先增加后减少的趋势,即每增加一单位某要素的投入所带来的整体产出呈现先多后少的趋势。

2. 基于边际效率递减规律的耕地非农化效率评价的理论

本节所指的边际生产率是在其他要素不变的情况下增加一单位的非农化耕地所带来的总产量的变化量。从边际生产效益递减规律可知,边际生产率对总产量有直接影响。耕地非农化边际生产率与非农经济产出的关系可以用图 4-2 表示。

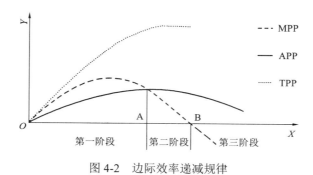

图 4-2　边际效率递减规律

设 X 轴为耕地非农化数量,Y 轴为耕地非农化所带来的产出,设总产出为 TPP,耕地非农化边际生产率为 MPP,单位耕地非农化的平均产出为 APP。通过图 4-2 可知,当 MPP 为正时,TPP 才会增加;当 MPP 为零时,TPP 停止增长;当 MPP 小于零时,TPP 开始下降。所以只有当耕地非农化的 MPP 大于零时,耕地非农化的投入才是有效率的,尤其是当耕地非农化的 MPP 大于零时,效率最高。

3. 基于边际效率递减规律的耕地非农化效率阶段性分析

基于图 4-2 的分析可知,耕地非农化边际产出有三个阶段:第一阶段耕地非农化边际效益大于平均单位面积产出;第二阶段耕地非农化边际效益大于零但小于平均单位面积产出;第三阶段耕地非农化边际效益小于零。在不同阶段的耕地非农化对非农总产出的影响是不一样的。首先可以通过分析区域耕地非农化边际生产力是大于零还是小于零,通过计算大于零的耕地非农化边际效率与平均单位面积产出的比值是大于 1 还是小于 1 就可以判断耕地非农化效率是处于第一阶段还是第二阶段。按照耕地非农化指标应该从效率低的区域向效率高的区域流动的理论,对于耕地非农化效率较高且所处阶段为第一阶段的区域,通过配置更多的耕地非农化指标可以更好地让全国非农经济总量快速增长。

综上所述，将耕地非农化效率区域比较与耕地非农化边际效益递减规律的阶段划分相结合，可以让耕地非农化指标的分配决策更具有科学意义和依据。

4.2.3　基于 C-D 生产函数的耕地非农化效率测算

1. C-D 生产函数

计算要素边际生产力的模型可以采用 CES 生产函数、超越对数生产函数、随机前沿生产函数及 C-D 生产函数。C-D 生产函数的一般形式可以表示为

$$Y = AK^{\alpha}L^{\beta}U \tag{4-1}$$

式中：Y 为非农产业总产值；A 为综合技术水平，在该研究中，A 保持不变；L 为从事非农生产的劳动力总人数；K 为非农产业中资本的投入量；α 为资本所得在总产量中所占的份额；β 为劳动所得在总产量中所占的份额；U 为随机干扰的影响。

2. 数据来源与处理

本书采用 1990~2015 年我国各省份建成区面积代表城市土地投入数量，设为 CL，单位为 hm^2，数据来源于《中国城市统计年鉴》。

本书采用 1990~2015 年非农产出及全社会固定资本投资数据，其中全社会固定资产投资数据来自于各地区统计年鉴，设为 I，单位为亿元；非农产出数据来自于各地区统计年鉴的二三产业国内生产总值之和，设为 Y，单位为亿元；所有涉及价格的数据，均以 1990 年不变价格为基准，GDP 指数、固定资产投资价格指数都来源于《中国统计年鉴》。

非农产业劳动力数据采用各地区统计年鉴中的历年二三产业的劳动力之和表示，设为 L，单位为万人，时间期限为 1990~2015 年。由于黑龙江省统计年鉴自 2011 年起没有对三产业人数进行划分，所以本书采用了从业人员总数减去农业从业人员的数量代表黑龙江省的非农产业劳动力数据。

全社会固定资本投资是以每年固定折旧率的方式消耗的，所以每年的资本投入除了当年的全社会固定资本投资 I 外还应包括之前的全社会固定资本投资的剩余，二者之和即为固定资本存量，设为 K。国内外对于固定资本存量的计算方法大多采用永续盘存法，本书也采用此方法计算固定资本存量。基期年固定资本存量的计算公式为

$$K_{1990} = \frac{I_{1990}}{1+g+\delta} \tag{4-2}$$

式中：g 为全社会固定资本投资平均几何增长率；δ 为折旧率。

依照式（4-2）可以计算出各地区的 1990 年基期年的固定资本存量，然后在基期年的基础上计算出各地区历年的固定资本存量，计算公式为

$$K_t = K_{t-1}(1-\delta) + I_t \tag{4-3}$$

式中：K_t 为某区域第 t 年的固定资本存量；K_{t-1} 为上一年的固定资本存量；I_t 为该区域第 t 年的全社会固定资产投资。根据式（4-3），可以计算得到我国各省份 1990~2015 年的固定资本存量。

3. 基于 C-D 生产函数的耕地非农化效率评价

1) 耕地非农化区域差异比较

在对以上数据进行收集和整理后,可以参照 C-D 生产函数建立包括固定资本存量、城市土地要素及非农产业劳动力在内的三要素 C-D 生产函数,公式如下:

$$Y_{it} = A_i K_{it}^{\alpha_i} L_{it}^{\beta_i} \mathrm{CL}_{it}^{\gamma_i} U_i \tag{4-4}$$

式中:A_i 为第 i 个地区的综合技术水平;Y_{it} 为第 i 个地区第 t 年的非农产出,亿元;K_{it} 为第 i 个地区第 t 年的固定资本存量,亿元;L_{it} 为第 i 个地区第 t 年的非农劳动力数量,万人;CL_{it} 为第 i 个地区第 t 年的城市土地投入,hm^2,β_i 为第 i 个地区非农劳动力产出弹性系数;α_i 为第 i 个地区固定资本存量产出弹性系数;γ_i 为第 i 个地区城市土地产出弹性系数;U_i 为第 i 个地区受随机干扰的影响。将非线性方程转化为多元线性方程,公式如下:

$$\ln Y_{it} = \ln A_i + \alpha_i \ln K_{it} + \beta_i \ln L_{it} + \gamma_i \ln \mathrm{CL}_{it} \tag{4-5}$$

求解上述方程,可得到各区域的非农劳动力产出弹性系数、固定资本存量产出弹性系数、城市土地投入产出弹性系数,进而测算出各区域历年城市土地边际生产力。

设 MPP_{it} 为第 i 个地区第 t 年的城市土地边际生产力,对式(4-4)的 CL_{it} 求导即可得

$$\mathrm{MPP}_{it} = A_i \gamma_i K_{it}^{\alpha_i} L_{it}^{\beta_i} \mathrm{CL}_{it}^{(\gamma_i - 1)} \tag{4-6}$$

式中,城市土地边际生产力 MPP_{it} 为其他要素不变的情况下增加单位面积城市土地投入所带来的 Y_{it} 的变化值。从定义可知 MPP_{it} 对总产量有直接影响,城市土地边际产出可以用来衡量耕地非农化效率。

2) 各区域城市土地利用效率所处阶段分析

由于 MPP_{it} 的计算前提是其他要素、弹性及环境不变的状态,决定 MPP_{it} 大小的是 γ_i,γ_i 对边际生产力的影响项为 $\gamma_i \mathrm{CL}_{it}^{(\gamma_i - 1)}$。$\gamma_i$ 是指当所有其他要素保持不变时,一种投入要素的既定百分比变动所引起的产量的百分比变动,表示生产中产品产量变动对生产要素投入量变动的敏感程度的资源投入转化效果,用公式表示为

$$\gamma_i = \frac{\Delta Y_{it} / Y_{it}}{\Delta \mathrm{CL}_{it} / \mathrm{CL}_{it}} = \frac{\Delta Y_{it} / \Delta \mathrm{CL}_{it}}{Y_{it} / \mathrm{CL}_{it}} \tag{4-7}$$

依据 γ_i 的大小,只要 γ_i 大于 0,投入单位面积城市土地可以促进 Y_{it} 增长。在此基础上,当 γ_i 大于 1 时,Y_{it} 增长速度提升;当 γ_i 等于 1 时,Y_{it} 的增长速度保持不变;当 γ_i 在 0 到 1 之间时,Y_{it} 的增长速度减缓。当 γ_i 小于 0 时,投入单位面积城市土地不仅不会让 Y_{it} 增长产出,而且对 Y_{it} 的增长产生阻碍作用。所以要想投入的城市土地有效率,γ_i 就必须大于零,而且尽可能大于 1。

4. 基于 C-D 生产函数的耕地非农化效率评价——以湖北省为例

以湖北省为例计算城市土地利用边际效率,采用三要素的 C-D 生产函数,其形式可以表示为

$$Y_t = AK_t^\alpha L_t^\beta \mathrm{CL}_t^\gamma U \tag{4-8}$$

式中：A 为综合技术水平；Y_t 为湖北省第 t 年的非农产出，亿元；K_t^α 为湖北省第 t 年的固定资本存量，亿元；L_t^β 为湖北省第 t 年的非农劳动力数量，万人；CL_t^γ 为湖北省第 t 年的城市土地投入，hm^2；α 为固定资本存量产出弹性系数；β 为非农劳动力产出弹性系数；γ 为城市土地产出弹性系数；U 为随机干扰的影响。由式（4-8）可以得湖北省第 t 年的耕地非农化效率 MPP_t 的计算公式为

$$\mathrm{MPP}_t = A\gamma K_t^\alpha L_t^\beta \mathrm{CL}_t^{(\gamma-1)} \tag{4-9}$$

用 R 软件以最小二乘回归方法求得式（4-9）的各项系数，如表 4-1 所示。

表 4-1　湖北省城市发展各要素边际效率系数

地区	常数项	α	β	γ
湖北省	4.866 6	0.425 8	−2.862 8	1.822 6

依据表 4-1 及湖北省历年的数据可得湖北省 1990～2015 年耕地非农化效率 MPP_t，结果如图 4-3 所示。结合表 4-1 中的 γ 值大于 1 可知，湖北省的耕地非农化效率处于边际效益递减规律中的第一阶段，这说明湖北省的耕地非农化效率是高于平均单位面积产出的，所以湖北省的耕地非农化效率较高，继续投入非农化耕地将促进湖北省非农经济高速发展。

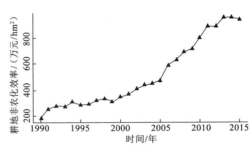

图 4-3　1990～2015 年湖北省耕地非农化效率

4.2.4　耕地非农化效率的测算结果及区域差异

1. 耕地非农化效率的测算结果

采用同样的方法对其他 29 个省（自治区、直辖市）耕地非农化效率进行求解，得到对应的耕地非农化效率（表 4-2），其中 α 为固定资本存量产出弹性系数，β 为非农劳动力产出弹性系数，γ 为城市土地产出弹性系数。

表 4-2　我国 30 省（自治区、直辖市）生产函数系数表

省（自治区、直辖市）	常数项	α	β	γ	$\alpha+\beta+\gamma$
北京	−7.797 5[***]	0.342 2[***]	1.162 0[***]	0.439 0[**]	1.943 1
天津	−18.144 3[***]	0.222 5[***]	0.014 8	2.172 3[***]	2.409 6
河北	−14.495 8[***]	0.158 3[*]	0.301 2	1.656 0[***]	2.115 5
山西	−15.828 4[***]	0.126 3	0.752 2[*]	1.558 8[***]	2.437 2

续表

省（自治区、直辖市）	常数项	α	β	γ	$\alpha+\beta+\gamma$
内蒙古	−12.514 1***	0.241 2***	−0.238 2	1.767 6***	1.770 6
辽宁	−39.222 8***	−0.106 3*	0.594 2*	3.693 89***	4.181 8
吉林	−9.446 1**	0.297 9***	0.102 7	1.226 1***	1.626 6
黑龙江	−24.671 8***	0.149 1*	−0.042 6	2.688 2***	2.794 7
上海	−10.997 0***	0.159 2*	1.445 9***	0.712 7**	2.317 7
江苏	−15.668 6***	0.048 9	1.953 1**	0.703 9***	2.705 8
浙江	−0.761 0***	0.202 0***	1.589 5***	0.171 2	1.962 7
安徽	−10.768 1***	0.006 8	1.913 3***	0.350 0*	2.270 1
福建	−4.934 0***	0.216 9***	0.245 7*	0.847 6***	1.310 2
江西	−0.249 7	0.404 3**	−0.521 3	0.743 9***	0.627 0
山东	−7.008 5***	0.138 7*	−0.435 4	1.499 6***	1.202 9
河南	−13.797 8***	−0.028 1	1.480 7***	0.915 8***	2.368 5
湖北	4.866 6	0.425 8**	−2.862 8*	1.822 6***	−0.614 4
湖南	−18.027 9***	0.037 5	0.348 0	2.028 7***	2.414 2
广东	−9.179 8***	1.654 8*	1.654 8***	0.339 6**	3.645 5
广西	−11.118 2*	0.094 2	−1.179 3*	2.338 8***	1.253 7
海南	−5.343 7***	0.131 6	1.753 5***	0.116 5	2.001 6
重庆	−13.916 0***	2.140 3**	0.093 0	0.546 0*	2.779 3
四川	13.458 6*	0.761 2***	−3.619 2**	1.361 9***	−1.496 1
贵州	−3.098 0	0.418 6***	−0.248 0	0.799 9*	0.970 5
云南	−4.395 5***	0.109 8***	1.377 9***	0.142 6	1.630 4
陕西	−15.982 0***	0.043 5	−0.018 4	2.117 1	2.142 2
甘肃	8.522 5***	0.585 5***	−1.414 2***	0.245 5	−0.583 2
青海	−12.761 0***	0.056 6	3.228 2***	0.181 5	3.466 3
宁夏	−3.663 6**	0.362 6***	−1.153 7*	1.265 7***	0.474 6
新疆	−5.928 3***	0.229 4**	0.856 9**	0.569 4*	1.655 7

'***'代表显著性水平 0.01；'**'代表显著性水平 0.05；'*'代表显著性水平 0.1

　　从表 4-2 中发现，30 个省（自治区、直辖市）的 γ 值均大于零，说明对研究区域投入非农化耕地都能促进非农经济增长，是有效率的。此外，γ 值的大小可以用于判断每个研究区域在边际效益递减曲线中所处的位置，从而判断我国各省（自治区、直辖市）耕地非农化投入在促进本地区非农产出增长快慢上的作用。此处分析各地区经济发展水平按照东、中、西部划分，得到表 4-3。

表 4-3　区域产出弹性系数阶段表

γ 阶段	三大区域	省（自治区、直辖市）
1>γ>0	东部地区	北京、上海、江苏、浙江、广东、福建、海南
	中部地区	安徽、江西、河南
	西部地区	重庆、贵州、云南、甘肃、青海、新疆
γ>1	东部地区	天津、河北、辽宁、山东
	中部地区	山西、吉林、黑龙江、湖北、湖南
	西部地区	内蒙古、四川、陕西、宁夏、广西

表 4-3 中两种情况的区域分别占 16 个和 14 个。东部地区的耕地非农化推动非农经济增长呈现出两极分化的现象，中部大部分地区的耕地非农化投入能够有效地促进本地区非农经济的快速增长，西部大部分地区投入非农化耕地不能够有效地促使本地区非农经济的快速增长。

γ 值能够判断区域耕地非农化效率所处的阶段，进而得知对于当地非农经济增长速度的影响方向及程度。除此之外，还要结合耕地非农化效率在区域之间的比较，只有耕地非农化效率高且又能够推动当地非农经济快速增长的区域才是非农化耕地投入最适宜的区域。

2. 耕地非农化效率的区域差异

用 R 软件计算出各地区的各项系数后，将历年各要素投入代入方程，计算出各地区每年的耕地非农化边际产出，即各地区每年的耕地非农化效率指标，此处单位为万元/hm²，取整数。结果显示所有区域的耕地非农化效率变化趋势是随着时间不断增长的，首先分析东部地区，如图 4-4 所示。

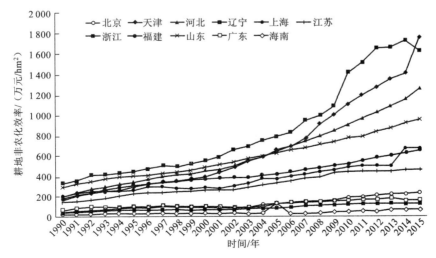

图 4-4　东部地区 1990～2015 年耕地非农化边际产出

研究区域中前十五个效率较高的区域中东部地区占了四个,它们不仅效率高,而且能使投入的非农化耕地快速促进本地区的非农经济增长。从数量上来看,东部地区效率高的区域与 γ 值之间存在着高度相关性。

中部地区(图 4-5)只有 8 个区域,华中区域的耕地非农化效率相对较高,其投入使用的非农化耕地可以获得高于平均单位面积产出的效益,中部的湖南、湖北及黑龙江属于前十个效率高的地区,它们不仅效率高,而且能使投入的非农化耕地快速促进本地区的非农经济增长。除了河南外,其他效率高的地区与 γ 值存在高度的相关性。

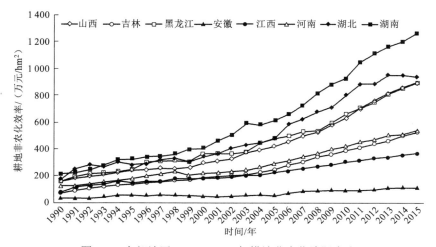

图 4-5　中部地区 1990～2015 年耕地非农化边际产出

西部地区(图 4-6)普遍耕地非农化效率偏低,大部分地区的 γ 值小于 1,说明非农化耕地带来的产出低于平均单位面积的产出,耕地非农化总产出增长缓慢。

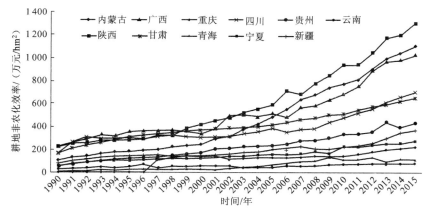

图 4-6　西部地区 1990～2015 年耕地非农化边际产出

综上所述,从 1990～2015 年的耕地非农化效率来看,大部分区域内部的耕地非农化效率总体上都是在逐步上升的,区域之间的效率比较发现耕地非农化效率在区域之间存在着差异,说明耕地非农化效率区域间的差异确实是存在的。

3. 耕地非农化边际产出及其区域差异

以上研究显示,我国各省(自治区、直辖市)耕地非农化边际产出水平的高低取决于区域效率与推动区域非农经济增长速度二者的结合,在分配时对这两项指标都高的区域进行倾斜,就可以发挥"1+1>2"的叠加效应。对于二者进行综合考虑,只有这样才会在整体上取得最大的耕地非农化边际产出。研究显示前十个效率最高的区域同时也能够促进本地区非农经济产出的快速增长,所以是耕地非农化产出最高的地区。这十个区域按照从南向北位置来看,南部地区只有广西,中部地区包括湖南、湖北两大省,北部地区则指河北、辽宁、天津、山东、内蒙古、黑龙江及陕西,北方耕地非农化边际产出高的区域明显多于南部和中部地区,分析显示这与各区域城市土地产出系数的大小密切相关。而那些耕地非农化产出低的区域主要原因是投入的单位耕地产出低于已有的城市土地平均面积产出。

除此之外,在分配时还要注意区域的集聚效应。在这里首先要注意的是北部地区,因为耕地非农化边际产出最高的前十个区域有七个在北部,而且这七个区域中有些在地理上比较集中,可以发挥地理上的经济集聚作用。北部地区除陕西外的辽宁、内蒙古、黑龙江、山东、河北、天津这六个区域在地理位置上是毗邻的,在进行耕地非农化配置时可以考虑这六个区域组成的大区域。中部地区正处于中部经济崛起时期,产出最高的前十个区域中有湖北、湖南,南部产出最高的地区只有广西,从地理位置看湖北、湖南、广西加上北部的陕西从南到北刚好形成一条高边际产出的区域带,应该将这四个区域看作一个整体,在耕地非农化指标配置时进行倾斜。剩下的产出较高但不在前十之列的区域还有山西、福建、四川、吉林、河南,这些区域在进行配置时可以进行适当的考虑,由于山西与河南毗邻,所以可以将这两个区域作为一个大的区域进行配置,在分配耕地非农化指标时给予适当的考虑,福建、四川、吉林这三个区域地理位置比较分散,所以只能单独考虑,重要性也就没有山西、河南这两个区域大。

除以上区域之外的其他地区,区域耕地非农化效率都相对较低,其重要原因是投入的耕地非农化效率低于平均单位产出水平,所以对这些区域要考虑的问题是如何通过人力、资本及技术等其他要素及条件的改善来提高现有的土地利用效率低下的问题。

4.3　耕地非农化压力指数及其区域差异

当前耕地非农化压力研究,主要侧重于单个省份,很少从全局角度分析耕地非农化压力;研究时段则主要以某一年份进行分析,缺乏从长时间序列角度对其进行动态研究。马才学等(2016)综合运用重心迁移模型和 ArcGIS 空间分析方法来研究 2000～2011 年湖北省耕地非农化压力的迁移路径及方向,结果表明湖北省耕地非农化压力的重心总体往东北方向迁移,迁移距离是 17.37 km。柯新利等(2013)考虑到建设用地的投入、产出及利用效率等指标,采用层次分析法(AHP 法)测算 2009 年武汉城市圈内的 34 个县域建设用地需求优先度,结果表明武汉城市圈建设用地需求优先度区域差异性明显,武汉市辖区建设用地需求优先度远高于其他区域。陈凤等（2010）以重庆市"两翼" 17 个区县为研究对象，综合考虑经济、社会和资源等发展要素，运用主成分分析法对 17 个区县的建设用地需求优先度排序。以上研究在缓解耕地非农化压力，平衡建设用地与耕地利用之间的关系上提供了较为清晰的思路和方法。然而，这些研究仅关注于局部的耕地非农化压力区域差异，没有从全局角度出发对其进行动态分析研究。

本书基于已有的研究经验，提出定量分析我国 31 省（自治区、直辖市）耕地非农化压力指数的思路，选取经济、社会、产业结构和资源禀赋等各项因素，运用熵值法计算 1990～2015 年的耕地非农化压力指数，测算各指标权重值及均值，从而科学评价耕地非农化压力指数，以判断耕地非农化压力的时空差异，为土地资源的合理配置提供决策支持。

4.3.1　耕地非农化压力指数评价

1. 技术路线

本书根据我国 31 个省（自治区、直辖市）的经济因素、产业结构、社会因素及资源禀赋差异性这四个因素的特点选择包含 GDP 增长率、二三产业增加值、城镇化水平等在内的 16 个指标构建耕地非农化压力指数的评价指标体系;对指标数据进行无量纲化处理，求出各项指标的分值;运用熵值法计算每项指标的权重;利用计算出的指标分值和权重进行加权求和，由此测算各个省（自治区、直辖市）的耕地非农化压力指数，揭示我国耕地非农化压力的时空格局演变规律（图 4-7）。

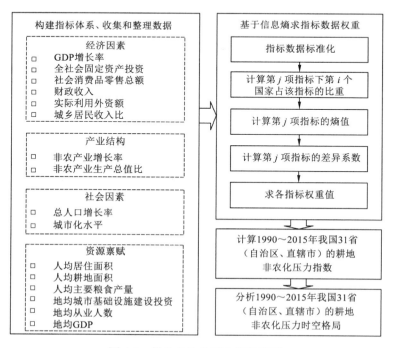

图 4-7　耕地非农化压力指数模型

2. 指标体系

评价指标的选定和计算方法的选用是评价结果符合现实的关键所在。根据前人的研究，从数据的可获得性考虑，选用的经济因素、社会因素、产业结构和资源禀赋等相关指标皆能较好反映我国 31 省（自治区、直辖市）的耕地非农化压力，结合各省（自治区、直辖市）的区域特点，选择 16 个指标测算耕地非农化压力指数：X_1，GDP 增长率（%）；X_2，全社会固定资产投资（亿元）；X_3，社会消费品零售总额（亿元）；X_4，财政收入（万元）；X_5，实际利用外资额（万美元）；X_6，城乡居民收入比（%）；X_7，非农产业增长率（%）；X_8，非农产业生产总值比（%）；X_9，总人口增长率（%）；X_{10}，城市化水平（%）；X_{11}，人均居住面积（m^2/人）；X_{12}，人均耕地面积（万亩/万人）；X_{13}，人均主要粮食产量（万 t/万人）；X_{14}，地均城市基础设施建设投资（亿元/km^2）；X_{15}，地均从业人数（万人/km^2）；X_{16}，地均 GDP（亿元/km^2）（表 4-4）。

表 4-4　我国 31 省（自治区、直辖市）耕地非农化压力指数评价指标体系

目标层	准则层	指标层	指标说明
耕地非农化压力	经济因素	GDP 增长率	
		全社会固定资产投资	
		社会消费品零售总额	
		财政收入	
		实际利用外资额	
		城乡居民收入比	城镇居民人均可支配收入/农村居民人均可支配收入
	产业结构	非农产业增长率	
		非农产业生产总值比	二三产业生产总值/地区生产总值
	社会因素	总人口增长率	
		城市化水平	城镇人口/总人口
	资源禀赋	人均居住面积	居住面积/总人口
		人均耕地面积	耕地面积/总人口
		人均主要粮食产量	
		地均城市基础设施建设投资	基础建设投资/建成区面积
		地均从业人数	第二、三产业人数/建成区面积
		地均 GDP	国民生产总值/建成区面积

3. 基于熵值法求指标权重

熵值法属于客观赋权法中的一种，反映了某项指标的离散程度。信息熵的大小反映了该指标项对综合评价的影响，并可以由此确定各指标项的权重。本书通过比较 1990～

2015 年各指标间的信息熵,以此来评估每年各指标项对当年耕地非农化的影响程度,进而确定每年各指标项的权重,为接下来耕地非农化压力指数的分析提供科学参考。具体计算步骤如下。

1)指标数据标准化

由于耕地非农化受到各指标项的非定向影响,计算结果会因为指标分值量纲之间的差异而造成一定误差,在进行分析之前有必要对各指标数据进行标准化处理,以达到计算结果的准确性。标准化处理如下:

$$x'_{ij} = \frac{x_{ij} - x_{\min}}{x_{\max} - x_{\min}} \tag{4-10}$$

对于耕地非农化有负向影响的指标则采用式(4-11)进行标准化处理:

$$x'_{ij} = \frac{x_{\max} - x_{ij}}{x_{\max} - x_{\min}} \tag{4-11}$$

式中:x'_{ij} 为处理之后的标准值;x_{ij} 为处理之前的指标值;$x_{\min}$ 为处理之前该指标值中的最小值;$x_{\max}$ 为处理之前该指标值中的最大值。

2)确定第 j 项指标的熵值

$$e_j = -k \sum_{i=1}^{n} p_{ij} \ln p_{ij} \tag{4-12}$$

式中:$k = 1/\ln n > 0$;$p_{ij} = x_{ij} \bigg/ \sum_{i=1}^{n} x_{ij}$;$i = 1, \cdots, n$;$j = 1, \cdots, m$;$n = 31$;$m = 16$;$e_j \geq 0$。

3)求出信息熵冗余度

$$d_j = 1 - e_j \tag{4-13}$$

4)计算各指标权重

$$w_j^a = d_j \bigg/ \sum_{j=1}^{m} d_j \tag{4-14}$$

式中:a 为年份数量,由于本书的数据时间跨度是从 1990～2015 年,$a = 1, 2, 3, \cdots, 26$;w_j^a 为第 a 年第 j 项的指标权重,即

$$w_j = \sum_{a=1}^{25} w_j^a / 26 \tag{4-15}$$

式中:w_j 为 26 年来的平均权重。

5)测算每个省(自治区、直辖市)的耕地非农化压力指数

$$S_i^a = \sum_{j=1}^{m} w_j^a \times x_{ji}^{a'} \tag{4-16}$$

式中:S_i^a 为第 a 年第 i 省(自治区、直辖市)的耕地非农化压力指数;$x_{ji}^{a'}$ 为第 a 年第 i 省的第 j 项标准值。

6）确定各省（自治区、直辖市）的耕地非农化压力指数均值

$$S_i = \frac{\mathrm{SUM}(S_1 : S_{26})}{26} \tag{4-17}$$

4.3.2　耕地非农化压力指数评价结果

1. 指标权重计算结果

本书根据信息熵的原理，分别求 1990～2015 年我国 31 省（自治区、直辖市）的耕地非农化压力指数、指标体系各指标项的权重，以表达每一项指标对当年的耕地非农化的影响程度，也可反映每一项指标对耕地非农化影响的差异（表 4-5）。

表 4-5　我国 31 省（自治区、直辖市）耕地非农化压力指数的指标权重

年份	指标															
	X_1	X_2	X_3	X_4	X_5	X_6	X_7	X_8	X_9	X_{10}	X_{11}	X_{12}	X_{13}	X_{14}	X_{15}	X_{16}
1990	0.130	0.060	0.054	0.066	0.213	0.034	0.008	0.019	0.017	0.015	0.105	0.042	0.020	0.083	0.073	0.062
1991	0.018	0.070	0.061	0.073	0.236	0.032	0.068	0.022	0.014	0.024	0.116	0.054	0.022	0.079	0.075	0.037
1992	0.026	0.072	0.070	0.073	0.241	0.031	0.052	0.018	0.016	0.025	0.104	0.012	0.067	0.083	0.042	0.069
1993	0.027	0.082	0.070	0.063	0.224	0.041	0.017	0.028	0.017	0.031	0.103	0.068	0.023	0.096	0.043	0.070
1994	0.013	0.086	0.074	0.095	0.214	0.047	0.016	0.017	0.021	0.032	0.110	0.044	0.024	0.111	0.040	0.055
1995	0.021	0.078	0.065	0.058	0.168	0.047	0.015	0.046	0.051	0.133	0.085	0.020	0.021	0.081	0.056	0.056
1996	0.025	0.086	0.076	0.070	0.191	0.079	0.012	0.031	0.019	0.041	0.079	0.100	0.013	0.090	0.038	0.052
1997	0.019	0.075	0.068	0.065	0.181	0.051	0.009	0.035	0.015	0.168	0.081	0.026	0.026	0.093	0.036	0.050
1998	0.012	0.078	0.076	0.073	0.222	0.064	0.016	0.034	0.016	0.091	0.102	0.031	0.014	0.072	0.044	0.056
1999	0.013	0.080	0.079	0.079	0.234	0.088	0.015	0.028	0.010	0.051	0.086	0.040	0.016	0.076	0.045	0.061
2000	0.023	0.076	0.077	0.083	0.224	0.068	0.018	0.022	0.021	0.056	0.070	0.058	0.022	0.074	0.053	0.064
2001	0.026	0.058	0.062	0.072	0.174	0.052	0.045	0.016	0.021	0.011	0.059	0.052	0.012	0.046	0.045	0.253
2002	0.040	0.072	0.076	0.088	0.212	0.064	0.050	0.017	0.011	0.010	0.065	0.071	0.018	0.057	0.067	0.075
2003	0.030	0.077	0.079	0.086	0.198	0.062	0.033	0.016	0.009	0.099	0.037	0.062	0.023	0.056	0.070	0.064
2004	0.018	0.079	0.081	0.085	0.195	0.068	0.031	0.016	0.016	0.054	0.085	0.058	0.018	0.064	0.078	0.054
2005	0.066	0.076	0.081	0.087	0.208	0.071	0.041	0.017	0.017	0.020	0.047	0.057	0.017	0.066	0.076	0.054
2006	0.042	0.088	0.097	0.100	0.180	0.073	0.041	0.018	0.020	0.047	0.053	0.066	0.017	0.071	0.032	0.055
2007	0.036	0.076	0.091	0.095	0.169	0.079	0.025	0.020	0.027	0.056	0.048	0.061	0.023	0.060	0.083	0.051
2008	0.036	0.072	0.089	0.089	0.153	0.073	0.035	0.019	0.022	0.119	0.046	0.059	0.022	0.047	0.071	0.048
2009	0.026	0.072	0.093	0.092	0.163	0.068	0.041	0.020	0.018	0.104	0.047	0.070	0.023	0.045	0.065	0.053
2010	0.046	0.080	0.106	0.100	0.176	0.071	0.040	0.024	0.019	0.035	0.041	0.063	0.027	0.041	0.073	0.060

续表

年份	指标															
	X_1	X_2	X_3	X_4	X_5	X_6	X_7	X_8	X_9	X_{10}	X_{11}	X_{12}	X_{13}	X_{14}	X_{15}	X_{16}
2011	0.025	0.074	0.101	0.088	0.173	0.061	0.026	0.021	0.018	0.087	0.036	0.097	0.026	0.056	0.053	0.056
2012	0.036	0.074	0.104	0.088	0.156	0.065	0.041	0.024	0.019	0.124	0.034	0.063	0.022	0.035	0.055	0.062
2013	0.035	0.073	0.101	0.086	0.189	0.066	0.030	0.026	0.020	0.136	0.033	0.047	0.021	0.036	0.041	0.060
2014	0.027	0.081	0.110	0.095	0.210	0.044	0.011	0.028	0.020	0.103	0.036	0.073	0.022	0.046	0.044	0.050
2015	0.055	0.067	0.091	0.083	0.229	0.035	0.042	0.023	0.039	0.028	0.120	0.019	0.017	0.059	0.047	0.046
权重均值	0.034	0.075	0.082	0.082	0.197	0.059	0.030	0.023	0.020	0.065	0.070	0.054	0.022	0.066	0.056	0.064

对熵值法求出的耕地非农化评价指标权重进行时间序列分析，实际利用外资额在 16 个指标中对耕地非农化的影响最大，指标权重的大小在 0.150～0.250 浮动。其中 2001 年地均 GDP 的权重达到峰值，同期除了 GDP 增长率和非农产业增长率处于上升阶段外，其余的 13 个指标皆处于较低值。总人口增长率在 1995 年、1997 年、2003 年、2008 年和 2013 年这 5 年对耕地非农化的影响程度仅次于实际利用外资额对耕地非农化的影响。社会消费品零售总额和地方财政预算性收入对耕地非农化的影响是波动上升的；城市化水平、地均城市基础设施建设投资和地均从业人数的变化趋势是波动下降的。非农产业生产总值比在 2000 年之前呈浮动上升再下降，2000 年后，该指标对耕地非农化的影响程度较低且变化趋于平缓；人均耕地面积在 1992 年时出现了一个峰值，人均主要粮食产量在 1992 年有一个细微的峰值，其余的 24 年对耕地非农化的影响程度较低且变化趋势较为平缓。全社会固定资产投资和城乡居民收入比以 2001 年为分界线，此前这两项指标波动上升，此后波动下降。人均居住面积在 1997 年前变化浮动较大，此后对耕地非农化的影响程度较低且变化趋势较为平缓。

2. 耕地非农化压力指数

根据熵值法确定的指标权重和标准化后的指标数据，测算得到耕地非农化压力指数（表 4-6～表 4-8）。

表 4-6　我国 30 省（自治区、直辖市）1990～1996 年耕地非农化压力指数

省份	年份						
	1990	1991	1992	1993	1994	1995	1996
北京	0.503 0	0.462 4	0.375 1	0.407 6	0.375 0	0.414 6	0.434 7
天津	0.370 2	0.447 3	0.343 4	0.344 0	0.303 7	0.275 7	0.379 0
河北	0.400 4	0.385 2	0.378 9	0.388 1	0.280 2	0.271 8	0.346 6
山西	0.304 7	0.308 7	0.309 1	0.298 0	0.240 0	0.208 6	0.310 3

续表

省份	年份						
	1990	1991	1992	1993	1994	1995	1996
内蒙古	0.181 2	0.191 0	0.269 8	0.199 6	0.183 6	0.126 1	0.211 2
辽宁	0.524 1	0.514 6	0.466 8	0.469 7	0.325 4	0.269 2	0.342 2
吉林	0.258 1	0.231 4	0.292 6	0.256 3	0.178 5	0.162 8	0.209 1
黑龙江	0.260 6	0.267 0	0.324 7	0.261 1	0.191 8	0.165 8	0.218 3
上海	0.707 2	0.663 6	0.505 1	0.611 3	0.531 4	0.547 2	0.573 9
江苏	0.650 2	0.590 7	0.568 1	0.553 1	0.431 1	0.452 7	0.423 7
浙江	0.458 0	0.503 8	0.421 3	0.482 0	0.372 1	0.359 4	0.397 9
安徽	0.314 2	0.323 4	0.334 4	0.305 2	0.304 5	0.267 0	0.367 1
福建	0.400 2	0.421 3	0.352 9	0.404 2	0.432 2	0.319 4	0.422 9
江西	0.276 8	0.283 1	0.294 2	0.309 2	0.281 4	0.223 1	0.326 6
山东	0.582 1	0.542 8	0.469 3	0.481 2	0.388 1	0.376 6	0.415 1
河南	0.417 3	0.405 8	0.388 3	0.384 1	0.297 2	0.298 2	0.383 1
湖北	0.383 7	0.373 9	0.319 7	0.372 8	0.308 4	0.264 5	0.349 1
湖南	0.336 8	0.351 1	0.312 8	0.347 1	0.276 1	0.275 1	0.397 7
广东	0.790 4	0.848 6	0.734 4	0.769 9	0.675 5	0.634 7	0.576 0
广西	0.260 4	0.287 0	0.298 8	0.352 8	0.299 3	0.241 2	0.362 8
海南	0.263 9	0.281 5	0.300 6	0.346 0	0.322 2	0.212 1	0.272 2
四川	0.495 1	0.522 4	0.423 5	0.446 1	0.388 7	0.356 4	0.448 0
贵州	0.255 8	0.264 7	0.266 1	0.268 8	0.257 2	0.200 5	0.360 1
云南	0.292 4	0.301 4	0.298 0	0.435 9	0.330 8	0.310 1	0.504 8
西藏	0.169 8	0.246 3	0.149 6	0.152 6	0.164 0	0.169 8	0.338 8
陕西	0.303 9	0.298 7	0.304 8	0.282 3	0.248 6	0.243 4	0.366 2
甘肃	0.241 2	0.235 3	0.284 6	0.222 1	0.220 4	0.176 9	0.310 6
青海	0.187 3	0.207 3	0.242 7	0.225 4	0.216 0	0.185 2	0.279 4
宁夏	0.187 1	0.202 9	0.234 7	0.205 0	0.224 7	0.163 7	0.260 9
新疆	0.288 9	0.261 1	0.298 4	0.236 7	0.259 0	0.188 0	0.332 5

表 4-7 我国 31 省(自治区、直辖市)1997~2005 年耕地非农化压力指数

省份	年份								
	1997	1998	1999	2000	2001	2002	2003	2004	2005
北京	0.377	0.406	0.421	0.457	0.426	0.436	0.394	0.426	0.474
天津	0.309	0.314	0.309	0.315	0.357	0.338	0.327	0.328	0.371

续表

省份	年份								
	1997	1998	1999	2000	2001	2002	2003	2004	2005
河北	0.326	0.348	0.366	0.342	0.310	0.316	0.315	0.362	0.301
山西	0.217	0.250	0.219	0.215	0.236	0.263	0.263	0.281	0.268
内蒙古	0.133	0.161	0.170	0.164	0.176	0.199	0.244	0.213	0.243
辽宁	0.318	0.315	0.307	0.307	0.319	0.341	0.310	0.325	0.385
吉林	0.171	0.133	0.197	0.179	0.204	0.174	0.234	0.176	0.188
黑龙江	0.200	0.193	0.209	0.185	0.233	0.220	0.215	0.182	0.186
上海	0.589	0.539	0.536	0.580	0.563	0.586	0.663	0.575	0.607
江苏	0.467	0.496	0.493	0.514	0.491	0.583	0.614	0.600	0.636
浙江	0.423	0.422	0.434	0.490	0.442	0.504	0.526	0.537	0.501
安徽	0.238	0.254	0.253	0.189	0.250	0.227	0.234	0.272	0.213
福建	0.424	0.446	0.442	0.463	0.406	0.431	0.353	0.393	0.353
江西	0.206	0.246	0.247	0.178	0.256	0.304	0.293	0.300	0.260
山东	0.403	0.409	0.418	0.443	0.424	0.473	0.513	0.570	0.492
河南	0.311	0.325	0.311	0.291	0.307	0.296	0.301	0.352	0.301
湖北	0.263	0.272	0.297	0.293	0.277	0.278	0.259	0.272	0.253
湖南	0.289	0.305	0.302	0.297	0.287	0.298	0.265	0.305	0.277
广东	0.673	0.728	0.754	0.763	0.651	0.694	0.632	0.697	0.650
广西	0.233	0.235	0.248	0.214	0.263	0.256	0.230	0.248	0.245
海南	0.166	0.215	0.193	0.167	0.183	0.202	0.162	0.148	0.172
重庆	0.348	0.297	0.296	0.295	0.307	0.296	0.279	0.277	0.264
四川	0.276	0.326	0.315	0.276	0.322	0.307	0.254	0.291	0.274
贵州	0.212	0.269	0.275	0.224	0.283	0.269	0.266	0.280	0.264
云南	0.317	0.379	0.361	0.306	0.293	0.297	0.289	0.296	0.285
西藏	0.202	0.276	0.276	0.208	0.280	0.279	0.238	0.159	0.159
陕西	0.252	0.243	0.262	0.257	0.296	0.301	0.313	0.295	0.320
甘肃	0.169	0.216	0.219	0.174	0.203	0.202	0.191	0.206	0.201
青海	0.160	0.233	0.229	0.218	0.275	0.284	0.249	0.217	0.224
宁夏	0.148	0.215	0.190	0.169	0.188	0.192	0.196	0.167	0.169
新疆	0.180	0.253	0.249	0.248	0.204	0.217	0.217	0.190	0.203

表 4-8　我国 31 省（自治区、直辖市）2006～2015 年耕地非农化压力指数

省份	年份									
	2006	2007	2008	2009	2010	2011	2012	2013	2014	2015
北京	0.509	0.498	0.463	0.509	0.503	0.511	0.467	0.501	0.517	0.641
天津	0.415	0.381	0.449	0.459	0.445	0.553	0.518	0.476	0.471	0.385
河北	0.311	0.309	0.327	0.345	0.365	0.380	0.384	0.365	0.372	0.298
山西	0.269	0.266	0.272	0.243	0.322	0.309	0.298	0.289	0.288	0.277
内蒙古	0.277	0.270	0.294	0.301	0.313	0.312	0.306	0.284	0.301	0.275
辽宁	0.382	0.391	0.445	0.462	0.513	0.546	0.531	0.476	0.427	0.295
吉林	0.216	0.221	0.225	0.217	0.223	0.222	0.243	0.222	0.228	0.206
黑龙江	0.174	0.146	0.176	0.161	0.215	0.217	0.228	0.186	0.197	0.151
上海	0.599	0.582	0.518	0.542	0.535	0.571	0.508	0.529	0.552	0.529
江苏	0.635	0.645	0.644	0.659	0.680	0.677	0.675	0.694	0.707	0.521
浙江	0.545	0.531	0.471	0.470	0.504	0.484	0.482	0.493	0.490	0.455
安徽	0.246	0.288	0.307	0.330	0.351	0.382	0.385	0.359	0.358	0.381
福建	0.382	0.406	0.378	0.400	0.408	0.420	0.432	0.446	0.455	0.441
江西	0.261	0.262	0.266	0.299	0.323	0.335	0.321	0.284	0.295	0.348
山东	0.535	0.479	0.464	0.458	0.465	0.484	0.503	0.487	0.508	0.467
河南	0.310	0.319	0.352	0.353	0.365	0.381	0.412	0.359	0.366	0.389
湖北	0.286	0.301	0.294	0.320	0.350	0.365	0.366	0.367	0.374	0.380
湖南	0.300	0.317	0.315	0.350	0.370	0.388	0.398	0.365	0.377	0.417
广东	0.649	0.634	0.609	0.602	0.614	0.652	0.588	0.588	0.608	0.526
广西	0.277	0.290	0.282	0.296	0.311	0.374	0.308	0.314	0.310	0.321
海南	0.211	0.188	0.214	0.233	0.279	0.251	0.283	0.245	0.242	0.240
重庆	0.294	0.305	0.348	0.376	0.387	0.418	0.399	0.416	0.429	0.344
四川	0.304	0.326	0.331	0.372	0.388	0.426	0.415	0.392	0.376	0.373
贵州	0.229	0.268	0.279	0.282	0.270	0.283	0.328	0.321	0.309	0.355
云南	0.270	0.276	0.292	0.297	0.295	0.320	0.346	0.329	0.307	0.312
西藏	0.204	0.148	0.155	0.184	0.165	0.177	0.182	0.185	0.216	0.293
陕西	0.336	0.310	0.354	0.366	0.373	0.399	0.373	0.417	0.411	0.325
甘肃	0.210	0.197	0.183	0.187	0.215	0.266	0.229	0.238	0.246	0.228
青海	0.238	0.228	0.235	0.236	0.286	0.297	0.308	0.290	0.282	0.293
宁夏	0.184	0.186	0.202	0.218	0.234	0.213	0.224	0.245	0.264	0.201
新疆	0.215	0.178	0.194	0.139	0.195	0.190	0.195	0.199	0.226	0.242

3. 耕地非农化压力指数均值

为了更方便地分析 1990～2015 年我国 31 省（自治区、直辖市）耕地非农化压力指数大小（表 4-9），更清晰地辨识耕地非农化压力指数的区域差异，本书测算了 1990～2015 年我国 31 省（自治区、直辖市）耕地非农化压力指数均值。综上，我国 31 省（自治区、直辖市）的耕地非农化压力指数存在明显的区域差异：从经济因素来看，经济的发展和变化对耕地非农化压力指数的影响范围较广，其影响程度的大小与耕地非农化压力指数的较为一致；从产业结构方面来看，非农产业增长率和非农产业生产总值比对耕地非农化的影响范围波及全国，呈"人"字形差异；从社会因素看，社会因素对耕地非农化压力指数的影响与经济因素对耕地非农化的影响较为互补；从资源禀赋的角度看，其对耕地非农化压力指数的影响与产业结构对耕地非农化的影响较为互补，影响强度的大小与耕地非农化压力指数较为相一致。

表 4-9　我国 31 省（自治区、直辖市）1990～2015 年耕地非农化压力指数均值

省（自治区、直辖市）	耕地非农化压力指数均值	经济因素	产业结构	社会因素	资源禀赋
广东	0.667 0	0.437 2	0.030 6	0.054 3	0.129 5
上海	0.570 9	0.196 0	0.031 0	0.093 1	0.221 1
江苏	0.580 8	0.339 7	0.029 3	0.034 1	0.132 3
山东	0.471 2	0.266 6	0.027 0	0.028 9	0.112 7
浙江	0.469 2	0.203 2	0.031 0	0.031 5	0.158 0
北京	0.458 0	0.138 5	0.033 0	0.097 6	0.153 7
福建	0.408 9	0.149 3	0.027 2	0.031 4	0.171 8
辽宁	0.396 4	0.194 9	0.026 0	0.048 4	0.088 3
天津	0.384 0	0.103 4	0.036 0	0.093 3	0.124 5
河北	0.342 0	0.137 9	0.024 0	0.025 7	0.117 0
河南	0.345 2	0.147 2	0.023 8	0.019 1	0.114 2
四川	0.362 5	0.125 2	0.022 7	0.018 1	0.128 6
云南	0.320 8	0.112 4	0.021 5	0.021 0	0.137 3
湖南	0.327 6	0.125 8	0.022 7	0.022 5	0.118 1
湖北	0.316 9	0.133 7	0.023 1	0.029 2	0.090 5
陕西	0.317 3	0.099 3	0.029 4	0.024 8	0.117 9
重庆	0.333 9	0.107 3	0.021 0	0.028 6	0.101 8
安徽	0.297 4	0.112 2	0.022 0	0.023 3	0.100 0
广西	0.283 0	0.102 9	0.021 8	0.023 2	0.105 0

省（自治区、直辖市）	耕地非农化压力指数均值	经济因素	产业结构	社会因素	资源禀赋
贵州	0.274 6	0.092 5	0.023 7	0.018 8	0.112 7
江西	0.279 9	0.083 5	0.024 0	0.025 7	0.111 3
山西	0.270 2	0.083 5	0.029 0	0.030 8	0.092 7
青海	0.243 3	0.060 6	0.029 6	0.032 4	0.102 1
海南	0.230 5	0.050 8	0.017 3	0.032 2	0.111 5
内蒙古	0.230 7	0.086 7	0.028 7	0.031 4	0.058 3
新疆	0.223 0	0.072 4	0.022 6	0.041 3	0.064 8
西藏	0.206 8	0.070 2	0.025 6	0.031 3	0.063 4
吉林	0.210 3	0.074 1	0.022 0	0.041 7	0.050 3
甘肃	0.218 1	0.069 9	0.022 6	0.022 1	0.070 7
宁夏	0.203 2	0.047 9	0.028 4	0.042 9	0.063 1
黑龙江	0.206 3	0.076 9	0.019 0	0.041 4	0.044 5

4.3.3　耕地非农化压力指数分布特征

本书确定各省（自治区、直辖市）的耕地非农化压力指数，并对 1990～2015 年耕地非农化压力指数的均值及其区域差异进行了探讨，得出以下结论。

（1）我国耕地非农化压力指数符合东—中—西依次递减的格局，与现实状况较为相符。

（2）耕地非农化压力指数受到社会因素、经济因素、产业结构及资源禀赋等因素的影响，其中经济因素对耕地非农化的影响程度最高。

（3）经济因素、资源禀赋对耕地非农化压力指数的影响程度存在的区域差异较为一致。

在保障我国粮食安全的同时仍需发展经济，此时需要一个较为具体化的数据以分配耕地非农化的指标，在指标分配时需要考虑以下几方面。

（1）耕地非农化的指标配置应依据耕地非农化压力指数的大小来进行。

（2）既属于耕地非农化较高的地区又是我国粮食主产区的省（自治区、直辖市），在严格执行耕地占补平衡政策时，其补充的耕地质量和数量应在我国平均水平的基础上适当提高。

（3）应根据时代变迁，测算我国各省（自治区、直辖市）最新的耕地非农化压力指数，并适时调整耕地非农化的分配指标。

4.4 耕地非农化优先度评估要素及其区域差异

4.4.1 耕地非农化优先度评估要素的区域差异

1. 耕地非农化效率区域差异

本书中,采用耕地非农化边际效率来衡量耕地非农化效率。耕地非农化效率越高的区域,表明新增的耕地非农化面积带来的经济效率越高,因此应该具有较高的耕地非农化优先度。本书依托 4.2 节率定的各省域 C-D 生产函数,可以测算得到各省(自治区、直辖市)耕地非农化边际效率。当劳动力投入、资本投入和建设用地投入达到合理的比例时,才有可能获得较高的建设用地边际产出水平。为了滤除劳动力投入和资本投入对建设用地边际产出的影响,本书采用各省(自治区、直辖市)1990~2015 年建设用地边际产出的平均值作为耕地非农化优先度测算的基础。

建设用地边际产出较高的省(自治区、直辖市)主要集中于东部地区和中部地区。值得关注的是,北京、上海、广东、重庆、江苏和浙江的多年平均建设用地边际产出分别为 162.19 亿元/hm^2、345.39 亿元/hm^2、186.99 亿元/hm^2、176.74 亿元/hm^2、259.30 亿元/hm^2 和 239.49 亿元/hm^2。可以看出,并不是经济越发达的省(自治区、直辖市),其建设用地边际产出的多年平均值就越高。随着城市化的快速推进,经济发达的省(自治区、直辖市)或区域由于建设用地投入过快增长,当建设用地的投入增长超过资本和劳动力投入增长时,其建设用地边际产出效率开始下降。所以,我国经济发展水平位于前列的省(自治区、直辖市)在建设用地边际效率方面已经出现了边际效率递减的现象。

2. 耕地非农化压力指数区域差异

耕地非农化压力指数是开展耕地非农化指标分配的另一个重要方面,因而也是耕地非农化优先度测算的基础。本书从经济因素、产业结构、社会因素和资源禀赋等方面构建指标体系,对我国 31 省(自治区、直辖市)耕地非农化压力进行了测算。为了滤除耕地非农化压力的年际波动对耕地非农化优化度测算结果的影响,本书采用 1990~2015 年耕地非农化压力的平均值作为建设用地优先度测算的基础。

1990~2015 年,我国耕地非农化压力平均值存在着明显的空间异质性。总体而言,耕地非农化压力较大的区域主要集中于东部沿海区域;而西部地区耕地非农化压力较低。耕地非农化压力与社会经济发展水平基本一致。经济发展较高的区域,其耕地非农化压力也较高;反之,经济发展水平较低的区域,其耕地非农化压力也较低。

值得注意的是,耕地非农化压力仅能从一个方面反映耕地非农化的优先度,需要将耕地非农化压力和耕地非农化效率、建设用地人口密度等方面综合考虑才能最终确定耕地非农化优化度。

3. 建设用地人口密度区域差异

建设用地人口密度是衡量单位建设用地面积上承载人口数量的指标。因此,在开展耕地非农化优先度评估时,建设用地人口密度应该作为重要的衡量指标。当单位面积建设用地上承载的人口数量较多时,表明其对人口的吸纳能力很强。人口增长,尤其是城镇人口的增长,是推动我国耕地非农化的重要影响因素。因此,在开展耕地非农化优先度评估时,应将建设用地人口密度作为评价指标。

本书以我国 31 省(自治区、直辖市)1990～2015 年城镇人口数量和农村人口数量为基础,结合遥感影像解释得到了相应年份的我国各省(自治区、直辖市)城镇建设用地和农村建设用地,分别测算了我国各省(自治区、直辖市)1990～2015 年城镇建设用地人口密度和农村建设用地人口密度。

从城镇建设用地人口密度的空间分布可以看出,我国城镇建设用地人口密度最高的区域主要集中在中部地区。而城镇建设用地人口密度较小的区域主要包括新疆、内蒙古、宁夏、西藏、青海、河北、山东、江苏等省(自治区、直辖市),极小值出现在新疆,其城镇建设用地人口密度仅为 3 942.275 人/km²。我国各省(自治区、直辖市)城镇建设用地人口密度存在着巨大的区域差异,建设用地在不同省(自治区、直辖市)之间的空间布局对城镇建设用地吸纳人口的能力将会产生显著的影响。

我国农村建设用地人口密度最大的区域主要分布在我国的西南部,其中农村建设用地人口密度最大的省份主要有贵州、云南、重庆、四川等。其中,极大值出现在贵州,农村建设用地人口密度高达 124 344.8 人/km²。相比而言,位于我国东部地区的大部分省(自治区、直辖市),农村建设用地的人口密度较小。农村建设用地人口密度最小的区域主要包括黑龙江、吉林、辽宁、内蒙古、北京、天津等地。其中,极小值出现在黑龙江,农村建设用地人口密度仅为 2 606.958 人/km²。可见,我国农村建设用地人口密度的最大值与最小值之间的比值为 47.70,表明我国农村建设用地人口密度存在着十分明显的区域差异。农村建设用地在不同区域之间的分配会产生明显不同的农村人口吸引效应。

对城镇建设用地人口密度和农村建设用地人口密度的分析表明,两者在省(自治区、直辖市)之间存在着显著的空间异质性。因此,在开展耕地非农化优先度评估时,应该将城镇建设用地人口密度和农村建设用地人口密度作为重要的评价指标。

4.4.2　耕地非农化优先度评估的区域差异

在耕地非农化效率测算、耕地非农化压力评估和城镇/农村建设用地人口密度分析的基础上,本书采用粗糙集方法将上述三个影响因素进行综合,从而得到我国耕地非农化优先度评价结果。

1. 指标数据标准化

耕地非农化效率、耕地非农化压力和建设用地人口密度具有不同的量纲,使得三个指标之间的相互比较和融合变得十分困难。可以通过指标数据标准化的方法,将耕地非农化效率、耕地非农化压力和建设用地人口密度进行无量纲化处理，保留其对各个省（自治区、直辖市）耕地非农化效率、耕地非农化压力和建设用地人口密度相对水平的反映，从而解决量纲不同造成的数据整合的问题。

本书采用式（4-18）将各省（自治区、直辖市）耕地非农化效率、耕地非农化压力和建设用地人口密度三个要素投影到[0.1, 1]区间，即

$$V_i' = \frac{V_i - V_{\min}}{V_{\max} - V_{\min}} \times (V_{\max}' - V_{\min}') + V_{\min}' \qquad (4-18)$$

式中：V_i' 为标准化之后的指标值；V_i 为标准化之前的指标值；$V_{\max}$ 为标准化之前指标值的最大值；$V_{\min}$ 为标准化之前指标值的最小值；$V_{\max}'$ 为标准化之后指标值的最大值；$V_{\min}'$ 为标准化之后指标值的最小值。在本书中，由于需要将各省（自治区、直辖市）耕地非农化效率、耕地非农化压力和建设用地人口密度三个要素投影到[0.1, 1]区间，因而，取 $V_{\min}'$ 为0.1，取 $V_{\max}'$ 为1。

2. 指标权重的确定

当前研究中常用来确定权重的方法包括：德尔菲（Delphi）法、层次分析法、变异系数法、粗糙集方法等。粗糙集可以处理信息不完备情况下的权重计算，从而使得权重的测算结果更客观地反映实际情况。因此，可以将耕地非农化优先度评估中的权重测算问题转变为粗糙集理论中的重要性评价，从而实现用粗糙集方法测算各指标对耕地非农化优先度作用的权重。用粗糙集方法确定指标权重的具体过程如下。

1）属性值特征化

粗糙集方法的优势是处理离散的属性值。因此，采用粗糙集方法确定指标权重之前，先要将连续的属性值离散化。在实际操作过程中，有很多种方法可以用来进行指标数据的离散化。本书选择采用等距离法进行连续数据的离散化。首先采用式（4-19）计算需要离散化的属性值的取值区间长度，即

$$z_i = (z_{i\max} - z_{i\min}) / n_i \qquad (4-19)$$

式中：z_i 为第 i 个属性值的取值区间长度；$z_{i\max}$ 为第 i 个属性的最大值；$z_{i\min}$ 为第 i 个属性的最小值；n_i 为区间个数。

通过计算属性值的取值区间长度，估算不同属性的取值范围。以第 i 个属性为例，可以采用式（4-20）确定属性的取值范围：

$$[z_{i\min}, z_{i\min} + z_i], [z_{i\min} + z_i, z_{i\min} + 2z_i], \cdots, [z_{i\min} + (n_i - 1)z_i, z_{i\max}] \qquad (4-20)$$

基于上述计算得到的属性值的取值区间长度和属性的取值范围，可以通过判断指标处于哪一个区间进而对其进行离散化。

2）决策表的简化

在决策表中，每一列对应指标的一个属性，每一行则对应一个样本。通过决策表可反映一组等价关系。

3）权值的确定

在粗糙集理论中,通常采用信息熵来表达知识的粗糙性,因为信息熵具有描述不确定性的能力,所以可以用来表达知识的粗糙性。

定义 1　假设决策表可以这样表示(U,A,V,f), $A=C\cup D$,且$C\cap D=\varPhi$,这里的 C 和 D 分别是决策表中的条件和决策属性。并设$X=U/\mathrm{IND}(C)=\{X_1,X_2,\cdots,X_n\}$；$Y=U/\mathrm{IND}(D)=\{Y_1,Y_2,\cdots,Y_m\}$,分别表示由等价关系 $\mathrm{IND}(C)$ 和 $\mathrm{IND}(D)$ 导出的 U 上的划分。

$$p(X_i)=\frac{|X_i|}{\left|\sum_{i=1}^{n}|X_i|\right|}=\frac{|X_i|}{|U|},\ i=1,2,\cdots,n \tag{4-21}$$

$$p(Y_j)=\frac{|Y_j|}{\sum_{j=1}^{m}|Y_j|}=\frac{|y_j|}{|U|},\ j=1,2,\ldots,m \tag{4-22}$$

则$\left[p(X_1),p(X_2),\cdots,p(X_n)\right]$和$\left[p(Y_1),p(Y_2),\cdots,p(Y_m)\right]$分别表示 C 与 D 在 X 和 Y 上的有限概率分布。

定义2　属性集 C 的信息熵定义如下:

$$H(C)=-\sum_{i=1}^{n}p(X_i)\mathrm{lb}\left[p(X_i)\right] \tag{4-23}$$

当某个 $p_i=0$ 时,则认为 $0\mathrm{lb}0=0$ 。

定义 3　属性集 $D\left[Y=U/\mathrm{IND}(D)=\{Y_1,Y_2,\cdots,Y_m\}\right]$ 相对于属性集 $C\left[X=U/\mathrm{IND}(C)=\{Y_1,Y_2,\cdots,Y_m\}\right]$ 的条件熵 $H(D/C)$ 定义如下:

$$H(D/C)=\sum_{i=1}^{n}p(X_i)H(Y/X_i) \tag{4-24}$$

式中

$$H(Y/X_i)=-\sum_{j=1}^{m}p(Y_j/X_i)\mathrm{lb}p(Y_j/X_i),p(Y_j/X_i)=|Y_j\cap X_i|/|X_i|,i=1,2,\cdots,n,j=1,2,\cdots,n \tag{4-25}$$

定义 4　设 $T=(U,C\cup D,V,f)$ 为决策表,其中 C 与 D 分别指表中的条件和决策属性,且 $A\subset C$,则对于属性 $a\in C-A$ 的权重 $\mathrm{SGF}(a,A,D)$ 定义如下:

$$\mathrm{SGF}(a,A,D)=H(D/A)-H(D/A\cup\{a\}) \tag{4-26}$$

式中: $H(D/A)$ 为决策属性 D 对于属性集 A 的信息熵。假如 $A=\varPhi$,则 $\mathrm{SGF}(a,A,D)=H(D/A)-H(D/A\cup\{a\})$,这代表着决策属性 D 和条件属性 a 为互信息,由此可用 $I(a,D)$ 表示,用于表达条件属性 a 对决策属性 D 的重要程度。

定义 5　在决策表系统 $T=(U,C\cup D,V,f)$ 中, $C=\{a_1,a_2,\cdots,a_m\}$ 和 $D=\{d\}$ 分别是条件和决策属性集合,设 $I(a_i,D)$ 表示条件属性 a_i 与决策属性 D 的互信息,则属性 a_i 的权值为

$$w_i=\frac{I(a_i,D)}{\sum_{i=1}^{m}I(a_i,D)} \tag{4-27}$$

本书中,将耕地非农化效率、耕地非农化压力指数和建设用地人口密度等作为条件

属性,而将耕地非农化优先度作为决策属性,采用等宽离散法对各属性进行离散化处理,得到决策表。为了进一步简化决策表,便于计算,需删除属性相同的对象,本书则运用知识约简的方法对其进行处理。在简化的决策表基础之上,采用信息熵理论计算各属性的权重。

3. 区域差异

在耕地非农化效率、耕地非农化压力和建设用地人口密度指标数据标准化和指标权重确定的基础上,通过式(4-28)计算各省(自治区、直辖市)耕地非农化优先度,即

$$P = \sum_{i=1}^{3} w_i \times x_i \tag{4-28}$$

式中:P 为耕地非农化优先度分值;w_i 为指标权重;x_i 为指标标准化分值。

综合考虑耕地非农化效率、耕地非农化压力和城镇/农村建设用地人口密度,采用粗糙集方法得到我国耕地非农化优先度评价结果。

根据我国各省(自治区、直辖市)耕地非农化优先度测算结果可知,我国耕地非农化优先度较高的区域主要集中在中部和西南地区。其中,耕地非农化优先度最高的前五个省(直辖市)主要包括:四川、重庆、贵州、湖南和湖北等,极大值出现在四川,其耕地非农化优先度的值为 0.669 1。相比较而言,耕地非农化优先度最低的五个省(自治区)主要包括:青海、西藏、新疆、海南、宁夏等,极小值出现在青海,其耕地非农化优先度的值为 0.229 6。分析可知,中部地区和西南地区的耕地非农化投入能够有效地促进本地区非农经济的快速增长,耕地非农化效率较高,因此,耕地非农化优先度的测算结果表明中部地区和西南地区的耕地需求应该优先得到满足,进行耕地资源的优先分配。对比之下,青海、西藏、新疆、海南、宁夏等的耕地非农化投入效率较低,对经济增长的贡献较低,因此,在进行耕地资源配置时,青海、西藏、新疆、海南、宁夏等的非农化需求可适当置后考虑。

耕地非农化效率、耕地非农化压力和建设用地人口密度的区域差异,使得各省(自治区、直辖市)耕地非农化需求满足的优先度存在着明显的空间异质性。在耕地非农化指标区际优化配置的过程中,应该根据耕地非农化优先度的区域差异进行分配。具体而言,对于耕地非农化优先度较高的区域,其耕地非农化需求应该优先得到满足;反之,对于耕地非农化优先度较低的区域,其耕地非农化需求应该以其他区域耕地非农化需求得到满足为前提。不同地区必然存在着耕地非农化需求的差异,耕地非农化需求的区域差异关系到耕地非农化行为的合理性,因此,耕地非农化优先度对于我国的粮食需求保障、耕地优化配置具有非常重要的现实意义。

参 考 文 献

蔡运龙, 汪涌, 李玉平, 2009. 中国耕地供需变化规律研究. 中国土地科学, 23(3): 11-18.

陈凤, 张安明, 邹小红, 2010. 基于主成分分析法的建设用地需求优先度研究: 以重庆市渝东南和渝东

北两翼为例. 西南大学学报(自然科学版), 32(8): 158-162.

陈红宁, 徐文华, 2014. 基于熵值法的陕西省耕地集约利用评价. 中国人口·资源与环境, 24(1): 209-212.

陈江龙, 曲福田, 陈雯, 2004. 农地非农化效率的空间差异及其对土地利用政策调整的启示. 管理世界 (8): 37-42.

程维明, 柴慧霞, 方月, 等. 2010. 基于水资源分区和地貌特征的新疆耕地资源变化分析. 自然资源学 报, 27(11): 1809-1822.

程传兴, 高士亮, 张良悦, 2014. 中国农地非农化与粮食安全. 经济学动态(7): 87-96.

何英彬, 陈佑启, 姚艳敏, 等, 2009. 区域耕地非农化与粮食产量关系空间特征研究: 以东北三省为例. 自然资源学报, 24(3): 439-447.

马才学, 温槟荧, 郑伟伟, 等, 2017. 中国耕地非农化压力时空格局的演变分析. 长江流域资源与环境, 26(12): 2065-2072.

洪舒蔓, 郝晋珉, 周宁, 等, 2014. 黄淮海平原耕地变化及对粮食生产格局变化的影响. 农业工程学报, 30(21): 268-277.

郝飞飞, 黄楚兴, 2012. 耕地非农化研究综述. 中国集体经济, 4(2): 93.

贾绍凤, 张豪禧, 孟向京, 1997. 我国耕地变化趋势与对策再探讨. 地理科学进展, 16(1): 24-30.

柯新利, 邓祥征, 刘成武, 2010. 基于分区异步元胞自动机模型的耕地利用布局优化: 以武汉城市圈为 例. 地理科学进展, 29(11): 1442-1450.

柯新利, 韩冰华, 刘爱, 2013. 武汉城市圈建设用地需求优先度及其区域差异. 华中师范大学学报(自然 科学版), 47(2): 271-275.

柯新利, 杨柏寒, 刘适, 等, 2014. 基于土地利用效率的建设用地区际优化配置: 以武汉城市圈为例. 长 江流域资源与环境, 23(11): 1502-1509.

刘洛, 徐新良, 刘纪远, 等, 2014. 1990~2010 年中国耕地变化对粮食生产潜力的影响. 地理学报, 69(12): 1767-1778.

刘彦随, 王介勇, 郭丽英, 2009. 中国粮食生产与耕地变化的时空动态. 中国农业科学, 42(12): 4269-4274.

李鑫, 欧名豪, 2012. 中国省际建设用地单要素效率评价与区域差异研究. 中国土地科学, 12(1): 80-84.

李海鹏, 叶慧, 张俊飚, 2006. 中国收入差距与耕地非农化关系的实证研究. 中国土地科学, 20(5): 7-12.

李秀彬, 朱会义, 谈明洪, 等, 2008. 土地利用集约度的测度方法. 地理科学进展, 27(6): 12-17.

李永乐, 吴群, 2008. 经济增长与耕地非农化的 Kuznets 曲线验证: 来自中国省际面板数据的证据. 资源 科学, 30(5): 667-672.

梁红梅, 刘卫东, 刘会, 2008. 深圳市土地利用社会经济效益与生态环境效益的耦合关系研究. 地理科 学, 28(5): 636-641.

梁流涛, 赵庆良, 陈聪, 2013. 中国城市土地利用效率空间分异特征及优化路径分析: 基于 287 个地级以 上城市的实证研究. 中国土地科学, 27(7): 48-54.

刘琼, 欧名豪, 盛业旭, 等, 2014. 不同类型土地财政收入与城市扩张关系分析: 基于省际面板数据的协 整分析. 中国人口·资源与环境, 24(12): 32-37.

刘丽军, 宋敏, 屈宝香, 2009. 中国耕地非农化的区域差异及其收敛性. 资源科学, 31(1): 116-122.

刘正山. 2006. 我国粮食安全与耕地保护. 财经科学, 7: 89-95.

马才学, 赵利利, 柯新利, 2016. 湖北省耕地非农化压力的时空演变格局. 长江流域资源与环境, 25(1): 71-78.

马秀鹏, 蔡俊, 陈利根, 2008. 耕地非农化的经济驱动因素实证分析: 以合肥市为例. 安徽农业大学学 报, 35(1): 149-152.

牛海鹏, 张安录, 2010. 耕地利用生态社会效益测算方法及其应用. 农业工程学报, 26(5): 316-323.

潘佩佩, 杨桂山, 苏伟忠, 等, 2013. 1985 年以来太湖流域耕地变化与粮食生产研究. 长江流域资源与环境, 22(10): 1289-1296.

曲福田, 吴丽梅, 2004. 经济增长与耕地非农化的库兹涅茨曲线假说及验证. 资源科学, 26(5): 61-67.

曲福田, 陈江龙, 陈雯, 2005. 农地非农化经济驱动机制的理论分析与实证研究. 自然资源学报, 20(2): 231-241.

石培基, 邵广路, 2009. 基于熵值法的建设用地集约利用评价. 干旱区研究, 26(4): 502-507.

谈明洪, 吕昌河, 2005. 城市用地扩展与耕地保护. 自然资源学报(20): 52-58.

谭荣, 曲福田, 2006. 中国农地非农化与农地资源保护: 从两难到双赢. 管理世界(12): 50-59, 66.

温利华, 刘红耀, 张广录, 等, 2013. 资源型城市耕地非农化及关联因子研究: 以河北邯郸市为例. 西北农林科技大学学报(自然科学版), 41(8): 125-132.

吴先华, 2006. 耕地非农化研究综述. 地理与地理信息科学, 22(1): 93.

谢汀, 刘爱宁, 高雪松, 等, 2015. 基于信息熵和灰色关联的成都市建设用地结构时空变化及驱动力分析. 农业现代化研究, 36(1): 118-125.

许恒周, 金晶, 2011. 耕地非农化与区域经济增长的因果关系和耦合协调性分析: 基于中国省际面板数据的实证研究. 公共管理学报, 8(3): 64-72,126.

许恒周, 吴冠岑, 郭玉燕, 2014. 耕地非农与中国经济增长质量的库兹涅茨曲线假说与验证: 基于空间计量经济模型的实证分析. 中国土地科学, 28(1): 75-81.

赵小风, 黄贤金, 陈逸, 2010. 城市土地集约利用研究进展. 自然资源学报(11): 1979-1996.

张光宏, 崔许锋, 2015. 耕地资源非农化驱动机制及其区域差异性. 中国农业科学, 48(8): 1632-1640.

张军, 吴桂英, 张吉鹏, 2004. 中国省际物质资本存量估算: 1952—2000. 经济研究(10): 35-44.

张雄, 张安录, 闵敏, 2013. 湖北省农地城市流转效率及其影响因素. 中国人口·资源与环境, 23(3): 146-151.

张淑敏, 张宝雷, 2013. 快速城市化地区城市地域扩展的效益评价: 以济南市为例. 经济与管理评论(6): 156-160.

钟太洋, 黄贤金, 王柏源, 2010. 经济增长与建设用地扩张的脱钩分析. 自然资源学报(1): 18-31.

周翔, 韩骥, 孟醒, 等, 2014. 快速城市化地区耕地流失的时空特征及其驱动机制综合分析. 资源科学, 36(6): 1191-1202.

邹健, 龙花楼, 2009. 改革开放以来中国耕地利用与粮食生产安全格局变动研究. 自然资源学报, 24(8): 1366-1377.

BARRAS, R, 2001. Building investment is a diminishing source of economic growth. Journal of Property Research, 18(4): 279-308.

DENISON, E F, 1967. Source of postwar growth in nine western countries. The American Economist, 57(2): 325-336.

LEE L, 1979. Factors affecting land use change at the urban-rural fringe. Growth and Change, 10(4): 25-31.

NAGI, L R, 2004. Barriers and the transition to modern growth. Journal of Monetary Economics, 51: 1353-1384.

SCHOLZ C, ZIEMES G, 1999. Exhaustible resources, monopolistic competition, and endogenous growth. Environmental & Resource Economics, 13(2): 169-185.

SETO K C, KAUFMANN R K, 2003. Modeling the drivers of urban land use change in the pearl river delta, China: integrating remote sensing with socioeconomic data. Land Economics, 79(1): 106-121.

SLEE B, 2007. Social indicators of multifunctional rural land use: the case of forestry in the UK. Agriculture Ecosystems & Environment, 120(1): 31-40.

ZHAI G F, IKEDA S, 2000. An empirical model of land use change in China. Reviews of Urban & Regional Development Studies, 12(1): 36-53.

第 5 章　基于生产力总量平衡的耕地区域布局优化

5.1　基 本 思 路

基于生产力总量平衡的耕地优化布局的基本思路是：在维持全国耕地生产力总量不减少的前提下，通过建设用地与耕地资源在空间上的合理布局，最大限度地满足人口增长、快速城镇化和经济发展对耕地非农化的需求。

5.1.1　优化布局的总体目标是生产力总量平衡

我国是世界上人口最多的国家，因此，我国耕地保护的首要目标就是保障国家粮食安全。换言之，我国耕地保护的本质是实现耕地生产力的保护。近年来，耕地保护受到了我国政府的高度重视，国务院颁布了一系列的耕地保护政策，如土地用途管制、耕地总量动态平衡、永久基本农田保护等政策。这些政策的最终落脚点都是为了实现我国粮食安全的保障。但是不难看出，这些耕地保护政策的着眼点都是耕地面积的保护。

这些耕地保护政策在防止我国快速城镇化进程中耕地资源的过快流失起到了至关重要的作用。然而，快速城镇化对耕地的侵占不可避免。当前耕地保护政策的执行力度很大，但在执行过程中会出现一些问题，尤其是在执行耕地占补平衡政策的过程中"占优补劣"的现象较为严重，而在基本农田保护政策的执行过程中则存在着"划远不划近、划劣不划优"的情况。耕地保护政策实施过程中这些现象的存在,使得表面上看,耕地快速流失的势头得到了遏制,而实际上,耕地质量下降迅速,耕地生产力总量也迅速减少。

基于 AEZ 模型和遥感数据分析的结果,发现:1990~2000 年、2000~2005 年、2005~2010 年和 2010~2015 年四个阶段,流失耕地的平均生产力明显高于补充耕地的平均生产力。

从图 5-1 可以看出,1990~2000 年,我国流失耕地生产力平均值为 11 150.41 kg/hm²,与此同时,补充耕地生产力平均值仅为 6 915.12 kg/hm²,为流失耕地生产力平均值的 62.02%。2000~2005 年,我国流失耕地生产力平均值为 10 343.77 kg/hm²,而补充耕地生产力平均值仅为 6 378.35 kg/hm²,为流失耕地生产力平均值的 61.66%。2005~2010 年,我国流失耕地生产力平均值为 11 042.80 kg/hm²,而补充耕地生产力平均值为 6 478.36 kg/hm²,为流失耕地生产力平均值的 58.67%。2010~2015 年,我国流失耕地生产力平均值为 11 524.33 kg/hm²,而补充耕地生产力平均值为 7 345.68 kg/hm²,为流失耕地生产力平均值的 63.74%。1990 年以来,我国的流失耕地生产力平均值均高于补充耕地生产力平均值。所以,从表面上看,我国的耕地保护政策起到了减缓耕地快速流失的作用。但事实上,由于耕地占补平衡过程中"占优补劣"过程的作用,我国耕地生产力总量流失迅速。

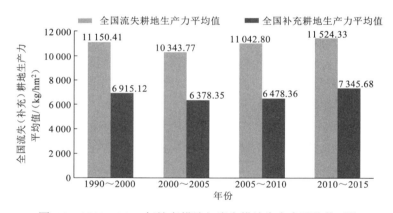

图 5-1　1990~2015 年补充耕地与流失耕地生产力平均值对比

从各省(自治区、直辖市)流失耕地与补充耕地生产力平均值的对比(图 5-2)可以看出,流失耕地与补充耕地的生产力平均值对比情况在不同的省(自治区、直辖市)表现出不同的规律。1990~2000 年、2000~2005 年、2005~2010 年和 2010~2015 年四个阶段内,上海、江苏、浙江、山东、四川、重庆等区域流失耕地的平均生产力水平明显高于其补充耕地的平均生产力水平。而北京、湖北、湖南等省(自治区、直辖市)流失耕地的平均生产力水平与补充耕地的平均生产力水平差别不大。可见,流失耕地与补充耕地生产力平均值的对比情况在省(自治区、直辖市)之间存在着较大的差异。

从以上分析可以看出,我国当前以耕地数量保护为主要目标的耕地保护政策虽然对防止快速城镇化进程中耕地快速流失起到了一定的作用,但同时也使得我国的耕地生产力水平受到了一定的损害。

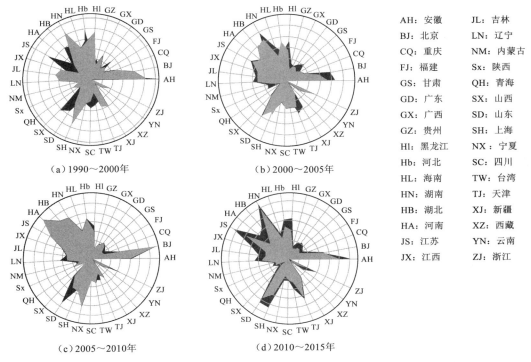

（a）1990～2000年　　　　　　　（b）2000～2005年

（c）2005～2010年　　　　　　　（d）2010～2015年

AH：安徽　　　JL：吉林
BJ：北京　　　LN：辽宁
CQ：重庆　　　NM：内蒙古
FJ：福建　　　Sx：陕西
GS：甘肃　　　QH：青海
GD：广东　　　SX：山西
GX：广西　　　SD：山东
GZ：贵州　　　SH：上海
HI：黑龙江　　NX：宁夏
Hb：河北　　　SC：四川
HL：海南　　　TW：台湾
HN：湖南　　　TJ：天津
HB：湖北　　　XJ：新疆
HA：河南　　　XZ：西藏
JS：江苏　　　YN：云南
JX：江西　　　ZJ：浙江

图 5-2　32 省（自治区、直辖市）流失耕地与补充耕地生产力平均值对比
——补充耕地生产力平均值/（kg/hm²）　　——流失耕地生产力平均值/（kg/hm²）

现阶段，我国耕地保护的基本目的是实现国家粮食安全，因而，我国耕地保护的实质是保护耕地的生产力总量。因此，本书在测算我国人口峰值年粮食消费需求量的基础之上，分析我国耕地生产力保护的目标，并据此开展耕地优化布局，以耕地生产力保护实现我国的粮食安全目标。

5.1.2　耕地生产力与耕地非农化优先度的区域差异是前提条件

正是因为自然资源禀赋的空间异质性，耕地生产力存在显著的区域差异。我国耕地生产力的高值区主要分布在华南地区、西南地区、长江中下游平原、长江三角洲地区和黄淮海平原。东北平原和新疆地区具有相对较高的耕地生产力。而青藏高原地区则受自然条件限制，耕地生产力十分低下。从全国范围来看，耕地生产力最高的区域其耕地生产潜力可以达到 25 541 kg/hm²，而生产力最低的区域其耕地生产潜力为 0。可见，我国幅员辽阔，自然资源禀赋差异巨大，从而使得耕地生产潜力在空间上呈现出显著的区域差异。

由于耕地生产潜力存在空间异质性，从耕地生产潜力的区域差异的角度来开展耕地资源的空间优化布局具有一定可行性。前述已及，当前我国耕地保护的实质是保障我国的粮食安全，因而耕地生产力保护是我国耕地保护的核心和关键。由于耕地生产力存在着显著的空间异质性，在开展耕地资源空间优化布局的过程中，应尽可能使得优质耕地得到保护或者尽可能开发耕地生产力水平较高的后备耕地资源,从而实现使用较少的耕地面积实现我国粮食安全的目的。

同样地,决定耕地非农化优先度的因素如耕地非农化效率、建设用地人口密度、耕地非农化压力等也存在着空间异质性,因而也为合理开展耕地非农化的空间优化布局,从而为实现耕地非农化效率和效益最大化提供了基础。

如表 5-1 所示,我国耕地非农化优先度呈现显著的空间异质性。位于我国中部地区的湖南、湖北、四川、重庆和贵州等地由于具有较高的建设用地人口密度,从而具有较高的耕地非农化优化度。此外,东部地区的上海、辽宁、天津和山东等地耕地非农化效率较高,因此耕地非农化优先度也比较高。

表 5-1　我国 31 省(自治区、直辖市)耕地非农化优先度

省(自治区、直辖市)	耕地非农化优先度	省(自治区、直辖市)	耕地非农化优先度	省(自治区、直辖市)	耕地非农化优先度
北京	0.46	安徽	0.30	重庆	0.34
天津	0.38	福建	0.41	贵州	0.27
河北	0.34	江西	0.28	云南	0.32
山西	0.27	山东	0.47	西藏	0.21
内蒙古	0.23	河南	0.35	陕西	0.32
辽宁	0.40	湖北	0.32	甘肃	0.22
吉林	0.21	湖南	0.33	青海	0.24
黑龙江	0.21	广东	0.67	宁夏	0.20
上海	0.57	广西	0.28	新疆	0.22
江苏	0.58	海南	0.23		
浙江	0.47	四川	0.36		

耕地非农化优先度存在显著的空间异质性,使得根据耕地非农化优先度的耕地非农化空间优化布局工作得以开展,从而在实现耕地非农化压力释放的同时达到耕地非农化效率的最大化和耕地非农化对人口吸纳能力的最大化,即以最小的耕地非农化代价,释放耕地非农化压力,实现耕地非农化效率和人口吸纳效应的最大化。

5.1.3　耕地非农化与耕地生产力保护是需要协调的主要矛盾

我国正处于高速城镇化中期阶段,城镇建设用地扩张造成耕地快速流失的趋势不可避免。当前在我国人口总量大、城镇化进程不断加快的背景下,土地利用与土地管理中面临的最主要的矛盾是城镇建设用地的扩张与耕地保护之间的矛盾。如何通过土地资源在空间上的优化配置,实现城镇建设用地扩张与耕地保护矛盾的协调,是当前我国土地利用与土地管理的重要目标。

前述已及,我国耕地保护的实质是耕地生产力的保护。因此,我国土地资源优化配置需要协调的主要矛盾就是耕地非农化与耕地生产力保护之间的矛盾。如何在保证我国耕地生产力能满足国家粮食安全的前提下最大限度地释放耕地非农化压力是当前我国实现土地资源优化配置要解决的关键问题。

针对这一问题,本书提出了基于生产力总量平衡的耕地区际优化布局的思路,具体如图 5-3 所示。

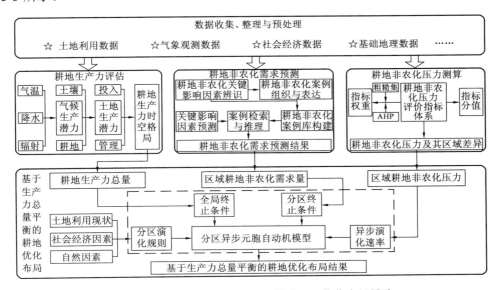

图 5-3　基于生产力总量平衡的耕地区际优化布局思路

(1)对整个研究区域的基础地理、土地利用、社会经济及气象观测等数据进行全面的收集,对数据的完整性进行检查,再对数据进行预处理,最终建成一个指标齐全、结构严谨、格式规范、信息完整的数据信息库,以便支持整个研究的顺利开展。

(2)在气象观测的数据基础上,结合已有的土壤数据、耕地利用及时空数据集,测算保障国家粮食安全需要的耕地生产力总量,作为耕地区际优化配置的总体目标。

(3)形成耕地非农化案例库,运用案例推理法对每个区域的耕地非农化需求进行预测,以此作为耕地区际优化配置的约束条件。

(4)根据耕地非农化效率、耕地非农化压力指数和城镇建设用地人口密度,求出耕地非农化优先度,并基于此,剖析耕地非农化优先度区域之间的差异,将其作为耕地区际优化配置的依据。

(5)构建分区异步元胞自动机模型,以耕地生产力总量平衡作为耕地资源区际优化配置的总体目标,分区的原则是区域耕地非农化需求得到满足,异步演化速率由区域耕地非农化优先度来确定,分区演化规则由区域土地利用变化规律确定,由此开展耕地区际布局优化,实现基于耕地生产力总量平衡的优化布局。

5.2 布局优化模型

耕地区际布局优化的核心是分区异步元胞自动机模型。从本质而言，该模型是一种对传统的元胞自动机模型进行改进的模型，使其具备表达土地利用变化规律与速率空间异质性的能力。

5.2.1 元胞自动机模型概述

著名数学家、现代计算机之父 von Neumann 在 1948 年设计出了一款能自我复制的自动机，并首次提出元胞自动机模型的概念。在元胞自动机模型提出之后，很多专家注意到元胞自动机模型能够较好地模拟复杂系统的自组织过程，因而有可能被用于模拟复杂的自组织现象，如晶体构造和生长、生物生长和繁殖、竞争与进化、地理现象的动态演化等（Perrier et al.，1996；Itami，1994；Ermentout et al.，1993；Culik et al.，1990；Bays，1988）。此后，元胞自动机模型在经济、科学研究、社会和军事等诸多领域得到了广泛的应用，涉及地理学、信息科学、生物学、数学、化学、生态学、社会学、军事学等（Bowness et al.，2018；Comput et al.，2018；Votsis，2017；Gutowitz，1990；Victor，1990；Vichniac，1984；Wolfram，1983；Turing，1936）。

20 世纪 60 年代以来，元胞自动机模型在地理学的应用日益增多。Hagerstrand 提出空间扩散模型，首次将类似于元胞自动机的思想引入到研究中，从而将元胞自动机模型引入到地理学的研究中（Hagerstrand，1965）；20 世纪 70 年代，著名地理学家 Tobler 正式构建了元胞自动机模型，对美国底特律地区的城市扩张和蔓延进行了模拟和分析（Tobler，1970）。20 世纪 80 年代之后，随着元胞自动机模型的理论基础进一步完善，在地理学中的研究应用也逐渐增加。Couclelis 深入研究了元胞自动机模型的理论基础与方法，并提出该模型能反映地理现象时空动态演化的不确定性，建议将元胞自动机模型引入到地理学的研究应用中（Couclelis，1985）。之后，在地理学研究中，地理学家高度重视元胞自动机模型，使其成为地理学研究应用关注的热点领域。其中，最有代表性的两个学者是 Batty 和 Xie，他们基于元胞自动机模型开展了一系列的研究。最初他们借鉴了元胞自动机模型的基本思想，在研究城市建设用地扩张时构建了扩散限制凝聚（diffusion-limited aggregation，DLA）模型对其进行模拟（Batty et al.，1989）。之后他们提出了城市元胞自动机模型的概念，在研究城市演化时引入元胞自动机模型（Batty et al.，1997，1994）。元胞自动机模型在地理学的研究不局限于城市扩张，在农村居民点扩张（Deadman et al.，1993）、交通流[①]、城市热岛效应（Embustsu et al.，1994）、全球变化对土地利用变化的影响（White et al.，1993）等领域也有较为广泛的应用。Votsis 采用元胞自动机探讨沿海洪

[①] CHOPARD B, LUTHI P O, QUCLOZ P A, 1995. Traffic models of 2D road network. Parma: Proceedings of the 3rd CM Users' Meeting.

涝适应战略对赫尔辛基城市化模式的影响（Votsis，2017）。Nagatani 等利用交通的元胞自动机模型处理了一个包含捕食者和被捕食者的生态系统（Nagatani et al.，2018）。

　　在国际研究的推动下，1990 年国内学者尝试着在我国的地理学研究中引入元胞自动机模型，尤其是在研究城市建设用地变化的时空演变上。中国科学院地理科学与资源研究所周成虎研究员等在国内率先提出地理元胞自动机模型的概念，构建了城市动态演化（GeoCA-Urban）模型用于城市土地利用变化的模拟与预测（周成虎 等，2001）。随后，中山大学黎夏教授和香港大学叶嘉安教授引入人工神经网络算法，进一步完善元胞自动机模型的方法，基于人工神经网络获取城市元胞自动机模型的转换规则，提出了人工神经网络–元胞自动机（artificial neural network-cellular automata，ANN-CA）模型，并模拟和分析了东莞市城市用地的时空动态过程（黎夏 等，2002）。此后，黎夏和叶嘉安进一步改进了 ANN-CA 模型，通过利用人工神经网络算法，获取不同地类的转换规则，实现元胞自动机模型的扩展，让该模型可以模拟多种地类的动态演化过程（黎夏 等，2005）。何春阳、史培军等则从另一个视角扩展当前的元胞自动机模型。他们从宏观与微观的角度将当前的土地利用变化划分为宏观土地利用结构变化和微观土地利用布局两个方面，提出了采用系统动力学的方法预测宏观土地利用结构变化，采用元胞自动机模型将宏观土地利用结构变化布局到空间上的思路，并据此构建元胞自动机模型对土地利用变化进行了模拟和分析（何春阳 等，2005，2003）。刘耀林等（2004）则从元胞自动机模型的结构、元胞及其规则的定义出发，对元胞自动机模型进行了扩展，并用于模拟海南省琼海市的城市扩张。

　　大量的研究证明，元胞自动机模型展现出极强的时空建模能力，而 GIS 在空间分析上有其独特优势，所以 GIS 与元胞自动机模型的结合引起了众多学者的兴趣（Wu，1998；White et al.，1997；Itami，1994）。由于 GIS 具有强大的空间数据分析、管理与处理能力，因而 GIS 可以为元胞自动机模型提供数据源，也可以为元胞自动机模型提供空间数据分析与处理的支持。另外，元胞自动机模型的引入则可以弥补 GIS 在时空动态建模方面的不足。White 等（1993）的研究表明，元胞自动机模型和 GIS 的有效结合可以克服 GIS 在时空动态数据分析与建模方面存在的不足。Batty 等（1999）则依托 GIS 环境，发展了城市动态模拟的元胞自动机模型。该模型不仅对不同的元胞转换规则进行了定义，而且提供了 GIS 接口，增强了模型的适用性。Whit 等（1993）结合区域模型建立了一个区域发展的元胞自动机模型，综合模拟了荷兰的城市与区域系统的空间动态变化过程。Liu 等（2004）构建了一个基于马尔可夫随机场的改进元胞自动机模型，并用该模型对城市增长情况进行了模拟，并重点讨论和评价了时间动态特征对城市增长的模拟影响。

　　国内也有很多学者研究元胞自动机与 GIS 及其他模型的集成。其中，胡茂桂等（2007）采用人工神经网络方法对元胞自动机模型进行扩展，对莫莫格国家级湿地自然保护区的土地覆被变化进行动态的模拟和预测。在他们的研究中，采用了正六边形元胞，克服了四边形元胞各向异性的先天不足，提高了模型模拟的精度。刘小平等（2007）在研究城市土地可持续利用时采用"生态位"元胞自动机和 GIS 集成的方法进行分析，这提供了一种新的方法和技术手段。杨青生等（2007）在元胞自动机模型中引入多智能体技术，将影响和决定用地类型转变的主体作为智能体（Agent），在确定元胞单元的城市发展概率时，引进元胞自动机模型，运用 Agent 和元胞自动机结合来模拟城市用地扩张，Agent 根据自身及周围环境的状况，通过与其他 Agent 和周围的环境进行交互，做出下一时刻是否发生转换的决策。杨俊等（2015）结合 GIS，从土地利用类型变化及其相互作用的空间角度提出了局部土地利用竞争元胞自动机模型（localized land-use competition cellular automata model，LLCCA），模拟了大连经济技术开发区的土地利用变化，得到了较好的模拟精度。

5.2.2　分区异步元胞自动机模型的基本原理

大多数研究中元胞自动机模型均以统一的元胞转换规则与演化速率驱动元胞空间的每一个元胞进行演化。在采用这类元胞自动机模型对地理现象的动态变化进行模拟时，一方面忽略了地理现象分布的空间异质性，忽略了研究区域内不同的子区域具有不同的地理演变规律这一事实；另一方面忽略了地理现象的演变速率存在着空间差异性。针对目前的元胞自动机模型存在的这些问题，作者提出了分区异步元胞自动机模型，旨在弥补当前的元胞自动机模型存在的上述缺陷，使元胞自动机模型对地理现象的模拟能更接近实际情况。具体而言，在综合考虑地理现象分布的空间异质性和地理现象演变速率的空间差异性的基础上，提出分区异步元胞自动机模型的总体框架。对整个元胞空间进行分区，使得每一个分区的元胞具有相对一致的地理属性，从而保证其具有相对一致的元胞转换规则；相同的全局演化速率则采用异步的局部演化速率替代，使得元胞自动机模型对地理现象的模拟可以反映地理现象演变速率的空间差异性，从而获得更好的模拟效果。

分区异步元胞自动机模型的原理如图 5-4 所示：通过叠加研究区域内研究期初和研究期末的土地利用数据，可以获得某一特定时段研究区域的土地利用变化情况；在此基

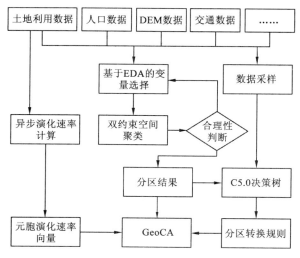

图 5-4　分区异步元胞自动机模型原理图

础上，采用空间聚类分析的方法对研究区域的土地利用变化数据和其他影响土地利用变化的数据进行空间聚类，得到元胞空间分区；此外，对期末土地利用数据与影响土地利用变化的因素进行采样，并将其与聚类分析得出的结果一同输入到决策树模块，以便获取不同分区的元胞转换规则；元胞空间的划分考虑到区域演化速率的差异性，将其划分为相对匀质的速率网格，在土地利用变化数据的基础上计算出各速率网格的土地利用变化速率（即元胞演化速率），然后将这些格网的元胞演化速率存入元胞演化速率向量；最后对研究区域的土地利用变化进行模拟，得到模拟的结果，并通过对比分析模拟结果和期末土地利用数据，检验元胞自动机模型的模拟是否符合实际，并由此测算该模型的模拟精度。

可以看出，分区异步元胞自动机模型具有两个显著特点：一方面，分区异步元胞自动机模型根据地理现象的空间异质性原理、地理现象演变规律的空间异质性，将元胞空间划分为几个相对匀质的区域，每个分区有与之相应的转换规则；另一方面，分区异步元胞自动机模型根据地理过程演变速率的空间差异性提出异步演化速率的概念，即考虑到地理过程或地理现象演化的速率存在显著的区域差异，把元胞空间划分成若干个子区域，再分别求取各子区域元胞演化的速率，以每一个子区域元胞的异步演化速率对分区异步元胞自动机模型进行驱动，使其按照特定的演化速率进行演化。这两个关键参数的引入，使得分区异步元胞自动机模型的模拟结果更接近实际的地理过程的演化过程，具有较高的模拟精度。

具体而言，分区异步元胞自动机模型的工作机制如图 5-5 所示。

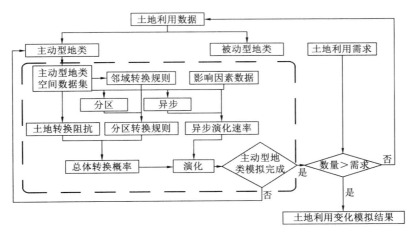

图 5-5　分区异步元胞自动机模型工作流程图

土地利用类型在分区异步元胞自动机模型中被分为主动型和被动型两大地类。其中，主动型地类是指由人类活动直接导致其变化的地类；被动型地类是指其变化并不直接由人类需要决定。主动型地类是人类生产和生活直接需要的土地利用类型，因而其需求量及其变化与人类活动密切相关。

在采用分区异步元胞自动机模型进行土地利用变化模拟时，主动型地类主动向外扩张或者向内收缩。在主动型地类中，根据活跃程度不同具有不同的演化次序。具体而言，最活跃的主动型地类最先开始演化，然后次活跃的土地利用类型开始演化，依此类推，直到所有的主动型地类演化完毕。

在对所有的主动型地类的时空演化进行完一轮模拟之后，判断所有的主动型地类的数量是否已经达到预期的土地利用需求目标。如果达到，则模拟终止，输出土地利用变化模拟结果；否则，进行下一轮模拟，直到土地利用需求得到满足为止。

5.2.3　分区异步元胞自动机模型的关键参数

1. 元胞空间分区

元胞空间即元胞单元所存在的空间。在应用地理元胞自动机模型开展地理现象演变的动态模拟时，元胞空间对应整个研究区域。在地理现象或地理过程中空间异质性规律一直存在，导致元胞转换规则的空间差异受到地理现象演变规律的区域差异影响而客观存在。为了克服整个元胞空间采用统一的转换规则造成的元胞自动机模型的误差，对元胞空间进行分区是极其必要的，这样能够获得在各个分区中相对一致的元胞转换规则。空间分区的方式有很多，最常用的主要有以下两种。

1）采用标准格网对空间进行分区

这种方式的分区如图 5-6 所示，将元胞空间划分为若干个规则的几何图形，每一个几何图形对应一个元胞空间分区。基于标准格网的元胞空间分区简单易行，并且能保证分区的一致性，在实践中得到了十分广泛的应用。然而，标准格网分区方法也存在明显的缺点：分区方法过于简单，不能保证在同一个分区里的空间对象具有相同或者相似的性质。

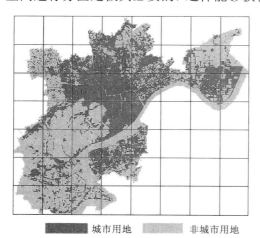

城市用地　　非城市用地

图 5-6　采用标准格网进行空间分区

2）根据空间对象的关系对空间进行分区

根据空间对象的关系对空间进行分区以空间对象的性质为基础，将属性较为一致的空间对象划分在同一个区域，而将性质不一致的空间对象划分在不同的区域。在根据空间对象的关系进行分区时，可以依据三个方面进行分区：空间对象的空间关系、非空间关系或者空间和非空间关系。以空间对象之间的相互关系为依托开展空间分区时，考虑的主要因素是空间对象相互之间空间位置的邻近程度，与采用标准格网进行空间分区较类似。但相对采用标准格网进行空间分区而言，根据空间对象的关系进行空间分区的方法摆脱了标准格网的限制，分区的大小和形状较为自由。

与采用标准格网对空间进行分区相比，根据空间对象的关系对空间进行分区可以保证分区内的空间对象具有相对一致的性质,而不同分区的空间对象又具有不一致的性质,并且在分区的过程中可以综合考虑空间对象的空间属性和非空间属性。因此,在元胞自动机模型元胞空间分区时根据空间对象的关系对元胞空间进行分区具有较大的优势,能体现元胞空间划分的意义。

本书开展了基于空间聚类算法和双约束空间聚类算法的元胞空间分区研究。

1）基于空间聚类算法的元胞空间分区

基于空间聚类算法的土地利用变化聚类过程如图 5-7 所示。具体的聚类过程如下:通过叠加期初和期末的土地利用数据,获取某一时段研究区域的土地利用变化数据,再求出土地利用变化数据中点与点之间的空间距离,然后采用 k-means 空间聚类算法针对土地利用变化数据的空间距离进行聚类,得到聚类结果。

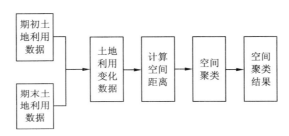

图 5-7　基于空间聚类算法的元胞空间分区流程图

2）基于双约束空间聚类算法的元胞空间分区

地理现象一般包含空间属性和非空间属性。空间属性是指如空间位置、空间关系等的特性;非空间属性则是与空间无关的属性,如人口密度、人均 GDP、工农业总产值等。这两种属性分别属于空间域和非空间域（万幼,2008;焦利民 等,2008;周脚根,2007）。与一般的数据对象显著不同,空间对象具有自身的特征,即空间对象在空间域上的分布表现出其几何特征,而在非空间域上的分布也表现出独特性。采用传统的聚类算法对空间对象进行聚类分析时,往往仅从空间位置的接近性进行聚类,而空间对象的非空间属性则往往被忽略;或者仅依据空间对象的非空间属性进行聚类而忽视空间对象在空间上的紧凑性。但是在实际的应用中,往往要求处于同一类中的空间对象不仅在非空间属性具有较高的相似性,而且要求其在空间位置上具有较高的紧凑度。

图 5-8（a）和（b）分别表示空间数据集在空间域和非空间域上的投影,用不同的形状表示 C1、C2、C3 三个簇。从图 5-8（b）中可以看出,在非空间域的投影上,点 A 的非空间属性更接近于簇 C2,按照传统的聚类方法,点 A 应该被划入到簇 C2 中。然而,从图 5-8（a）可以看出,在空间域上,点 A 的空间位置更接近于簇 C1,若将点 A 划入簇 C2 中,则破坏了簇 C1 的空间连续性。由此可见,面对既考虑空间位置邻近性又考虑非空间属性相似性的空间聚类,传统的聚类方法存在明显的缺陷。针对这一问题,周脚根等（2007）提出了双约束空间聚类的概念。

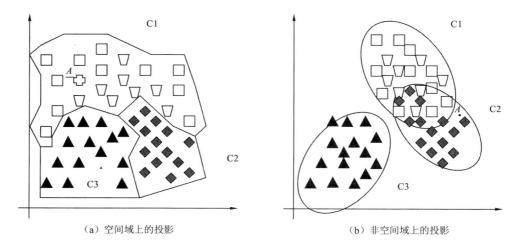

（a）空间域上的投影　　　　　　　　　　　　　（b）非空间域上的投影

图 5-8　空间数据集的投影图

　　定义双约束空间聚类：给定某一空间对象集 $S = O_1, O_2, \cdots, O_n$，其中任意对象 $O_i \in S$ 均包含两个属性域：空间域与非空间域；把空间对象集 S 划分为各不相同的簇，双约束空间聚类就是满足各个簇在空间域上形成紧凑的区域而在非空间域上的相似性最大化。

　　地理现象或地理过程的聚类正是这样一种聚类应用，不仅要求聚类结果在空间上形成簇，也要求簇内各单元的属性具有较高的相似性。

　　从前面的分析可以看出，采用传统的空间聚类算法开展元胞空间分区可以获得比较好的分区结果，并且各分区在空间上较为连续，形成一个整体，分区内各元胞相互之间的几何距离较小，而分区之间各元胞的几何距离较大。然而，采用传统的空间聚类算法对元胞空间进行分区时，聚类仅考虑到元胞之间的空间位置而忽略了元胞具有的非空间属性。由空间分异规律可知，自然、社会和经济等多方面因素导致地理现象存在的空间分异。空间位置关系仅是导致空间分异的原因之一，也仅是空间分异的表现之一。在地理现象的动态变化中，空间位置接近的区域呈现不相同的演变规律或者空间位置不接近但呈现相同演变规律的情况在现实中也会经常出现。因此，在采用空间聚类的方法对研究区域进行分区从而获取元胞自动机转换规则时，有必要把各种属性信息考虑进来，聚类时不仅要考虑到空间距离，还要将空间距离和非空间的属性距离考虑在内。所以在进行元胞空间划分时引入双约束空间聚类算法是非常必要的，保证同一分区的元胞不仅在空间位置上相互邻近，而且在非空间属性方面彼此接近。

　　由上可知，双约束空间聚类与传统空间聚类相比，最本质的区别是它们所使用的聚类统计量（即距离）有所差异。传统的空间聚类仅关注空间对象的空间距离；双约束空间聚类关注空间对象的空间距离和对象之间的属性距离。因此，为了实现双约束空间聚类，必须重新定义聚类统计量（距离）。本书中双约束空间聚类的聚类统计量由广义欧几里得（Euclidean）距离表示，其定义如下（焦利民 等，2008）：

$$D_{ij} = W_p \sqrt{\left(X_i - X_j\right)^2 + \left(Y_i - Y_j\right)^2} + W_a \sqrt{\sum_{k=1}^{m} W_k \left(Z_{ik} - Z_{jk}\right)^2} \tag{5-1}$$

其中

$$W_\mathrm{p} + W_\mathrm{a} = 1$$

$$\sum_{k=1}^{m} W_k = 1$$

式中：D_{ij} 为 i 与 j 两点之间的广义 Euclidean 距离；(X_i, Y_i) 与 (X_j, Y_j) 分别为 i 和 j 两点的空间坐标；m 为点群的属性数目；Z_{ik}、Z_{jk} 分别为 i 和 j 两点的第 k 个属性值；W_p、W_a 分别为空间距离和非空间属性相似性在广义 Euclidean 距离中的相对重要性；W_k 为空间数据集中各个属性的相对重要程度。

　　以土地利用变化研究为例，双约束空间聚类的实现原理如图 5-9 所示。采用双约束空间聚类开展土地利用变化聚类的过程如下：首先叠加期初与期末的土地利用数据，获取某一时段研究区域的土地利用变化数据；再把影响土地利用变化的人口密度、DEM、公路距离栅格、水域距离栅格等数据进行标准化，将空间数据的值投影到[0, 1]区间；据此，结合空间距离和属性距离的权重及属性距离计算中各个属性的权重计算 Euclidean 距离，然后采用 k-means 聚类算法对 Euclidean 距离进行聚类得到聚类结果。在采用双约束空间聚类开展土地利用及其影响因素空间聚类时，各影响因素的值存在着较大的差异。为了减小这种差异，保证各特征分量之间的相对一致性，提高聚类的精度，保证聚类结果的准确性，应该使各特征分量的特征值在相同或者相近的范围内变化。因此，在聚类之前，先要对输入数据进行标准化处理，标准化处理的方法是

$$x_j = \frac{x_i - x_\mathrm{min}}{x_\mathrm{max} - x_\mathrm{min}} \tag{5-2}$$

式中：x_i 和 x_j 分别为标准化前和后的特征分量；x_max 和 x_min 分别为该分量的最大值和最小值。

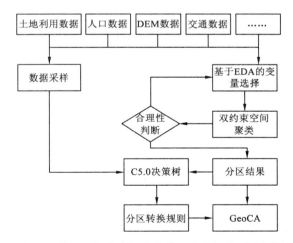

图 5-9　基于双约束空间聚类的元胞空间分区流程图

　　采用上述方法定义双约束空间聚类统计量后，就可以扩展传统的空间聚类方法进行双约束空间聚类了。在本节中，通过改进 k-means 空间聚类算法来进行双约束空间聚类。

聚类的过程：①对各空间对象的每一个特征变量进行标准化处理，使所有空间对象的特征变量投影在[0, 1]区间内；②确定空间距离和属性距离的相对重要性程度，并测算各个属性对属性距离的重要程度；③随机选取 k 个聚类中心；④除聚类中心以外，求出各样本与各聚类中心相隔的距离，在此基础上将样本聚类到离它最近的聚类中心，并归为与聚类中心相同的类；⑤每一个样本归类完毕之后，重新计算每一类的聚类中心；⑥重复以上操作，直到相邻两次循环中聚类中心的距离小于给定的收敛距离，则聚类结束；否则，重复上面的步骤，直到达到收敛条件。

双约束空间聚类除实现了保证样本点之间在空间位置的接近性之外，还最大限度地保证了样本之间属性的一致性，因此，比传统的空间聚类更能合理地表达空间要素和属性要素对空间聚类结果的影响。

2. 分区转换规则获取

元胞转换规则的获取是元胞自动机模型的核心问题，也是近年来元胞自动机模型研究的焦点问题。元胞自动机模型最大的优点就是可以通过局部简单的转换规则模拟出宏观上复杂的现象和空间格局。转换规则在元胞自动机模型的整个模拟过程中起着控制作用，是元胞自动机模型的核心组成部分，它决定了从 t 时刻到 $t+1$ 时刻元胞的状态是否发生改变以及如何改变（黎夏 等，2007）。在地理元胞自动机模型中，传统元胞自动机模型严格的转换规则定义很难实现对复杂地理现象的模拟，因此需要根据地理现象演变的规律对传统元胞自动机模型的转换规则进行改进和调整。采用启发式（heuristic）方法和比较随意（relaxed）的方式来定义转换规则是对地理元胞自动机转换规则进行改进的常用方法（Batty et al.，1994）。例如，采用元胞自动机模型对城市扩张进行动态模拟时，可以选择与城市扩张相关的一些变量，如离铁路的距离、离公路的距离、人口密度、地形等，通过构成元胞自动机模型转换规则的决策函数，从而确定元胞状态的具体转换规则。

根据国内外文献记载，地理元胞自动机模型转换规则的确定并没有公认的统一方法，需要根据模拟的地理现象的不同选择合理的方法确定元胞自动机转换规则，从而使模拟结果与真实的地理现象更加接近，并揭示这种变化的内在规律。元胞自动机模型转换规则参数的选择对其模拟结果有着重要的影响（Wu，2002），如何有效地定义或获取这些参数是模拟真实对象演变能否成功的关键。

以下三部分构成了分区异步地理元胞自动机模型的转换规则。

（1）分区转换概率。分区转换概率指的是在整个分区内起关键作用的元胞转换概率。从空间角度来看，它对分区内的各元胞的影响都是一致的；从时间角度来看，它在模拟过程中均不会产生任何变化。其影响范围为整个分区，作用周期为整个模拟过程，因而，其影响范围广、作用周期长，在地理元胞自动机模型中也具有比较重要的地位。本节阐述的元胞转换规则主要是指分区转换概率。

（2）邻域影响概率。邻域影响概率表达的是元胞相互之间的影响，也应当是某一元胞周边元胞的状态对中心元胞的影响。研究中邻域转换概率常用邻域函数来表达。当元胞自动机模型在运行时，元胞状态每一步都可能会产生变化，所以元胞邻域的影响概率也是不断发生变化的。另外,元胞自动机模型中某一元胞的邻域影响概率仅受它周围元胞的影响,导致它的影响作用范围相对较小。

(3) 单元约束条件。该条件针对于某一具体的元胞,指的是元胞自身在转换过程中可能受到的约束性条件,由元胞本身具有的属性所决定;一般而言可以将其解释为元胞于某一种状态的适宜性程度,在地理学的研究中常用适宜性评价结果来反映。本节也不对这一部分转换规则进行讨论。

常用转换规则获取方法有马尔可夫(Markov)模型、逻辑斯蒂(Logistic)回归模型、支持向量机等。

1) 马尔可夫模型

在有限的时序 $t_1 < t_2 < t_3 < \cdots < t_n$ 中,如果随机过程在时刻 t_n 的状态 a_n 仅取决于该过程 t_{n-1} 时刻的状态 a_{n-1},则称这种随机过程具有马尔可夫性或者称为无后效性,这种过程则被称为马尔可夫过程。在地理学的研究中,可以认为地理现象的变化过程是马尔可夫过程,某一时刻的地理现象所处的状态可以看作是马尔可夫过程中可能的状态,这一状态只与该地理现象前一时刻的状态有关,地理现象状态之间相互转换的面积或者比例则可看作是状态转移概念(杨国清 等,2007;侯西勇 等,2004)。因此,可以用式(5-3)对地理现象进行预测:

$$S_{(t+1)} = P_{ij} \times S_{(t)} \qquad (5\text{-}3)$$

式中: $S_{(t)}$、$S_{(t+1)}$ 分别表示 t、$t+1$ 时刻地理现象的状态; P_{ij} 为状态转移矩阵。

可见,马尔可夫模型适合用来表达地理现象的变化,因而可以用来确定元胞自动机模型的元胞转换规则。在 GIS 软件的支持下,可以将两者有机地结合起来,发挥各自的优势,模拟地理现象的演变过程。

2) Logistic 回归模型

在采用元胞自动机模型对地理现象进行模拟的过程中,经常会遇到所模拟的地理现象具有二值性,如在模拟城市用地的演变过程中,元胞状态可以用演变和不演变来表示,这种因变量可以称为二分类变量,这种变量在统计意义上并不满足正态分布,因而很难用一般统计学的方法得到这种变量与其影响因素之间的关系。对于二分类变量,可以利用 Logistic 回归模型求取因变量和自变量之间的关系,从而确定元胞自动机模型的元胞转换规则(Wu, 2002)。

一般多元回归模型可以式(5-4)表示:

$$P = b_0 + b_1 \cdot x_1 + b_2 \cdot x_2 + \cdots + b_k \cdot x_k \qquad (5\text{-}4)$$

式中: P 为概率; $x_1, x_2, \cdots, x_k$ 为自变量; $b_0, b_1, \cdots, b_k$ 为回归模型的系数。

采用上述多元回归模型求取元胞转换概率 P 时,有可能会出现 $P > 1$ 或 $P < 0$ 的情况,很显然这是不合理的。为了克服这种现象,可以用 P 进行对数转换,即

$$\lg P = \ln\left(\frac{P}{1-P}\right) \qquad (5\text{-}5)$$

经过这种转换得到的回归模型称为 Logistic 回归模型。

在地理元胞自动机模型中，可以通过 Logistic 回归模型求取元胞转换概率[①]，即

$$P_g(S_{ij}) = \frac{e^{z_{ij}}}{1+e^{z_{ij}}} = \frac{1}{1+e^{-z_{ij}}} \tag{5-6}$$

式中：P_g 为元胞的分区转换概率；S_{ij} 为元胞(i,j)的状态；z 为多元回归模型的运算结果，是对元胞(i,j)演化特征的描述，z 值的求取为

$$z = a + \sum_k b_k x_k \tag{5-7}$$

式中：a 为回归模型的常数项；b_k 为回归模型中各自变量的系数；x_k 为回归模型的自变量。

3）支持向量机

支持向量机（support vector machine，SVM）通过向量的内积进行待分向量与训练数据集中的支持向量的比较，根据它们的相似程度开展待分向量的分类（Huang et al.，2009；杨青生 等，2006；邓乃扬 等，2004）。例如，对向量 $x=([x]_1,[x]_2,\cdots,[x]_n)^{\mathrm{T}}$ 和 $x'=([x']_1,[x']_2,\cdots,[x']_n)^{\mathrm{T}}$，它们的内积 $(x\cdot x')$ 为

$$(x\cdot x') = \sum_{i=1}^n [x]_i \cdot [x']_i \tag{5-8}$$

当采用支持向量机开展待分向量的分类时，可以用向量的内积，度量向量属于哪一类。例如，用距离对待分向量进行分类时，方法为：若$\|x-x_+\|<\|x-x_-\|$，则$x\in x_+$，否则$x\in x_-$。其中：x_+ 属于正类，x_- 属于负类。若令$\omega=(x_+-x_-)$，$m=(x_++x_-)/2$，则$\|x-x_+\|>\|x-x_-\|$与ω 和 $x-m$ 呈钝角是等价的。据此可以得出采用支持向量机进行分类的决策函数：

$$y = \mathrm{sgn}[(x-m)\cdot\omega] \tag{5-9}$$

式中

$$[(x-m)\cdot\omega] = \left[\left(x-\frac{1}{2}x_+-\frac{1}{2}x_-\right)\cdot(x_+-x_-)\right]$$
$$= (x\cdot x_+) - \frac{1}{2}(x_+\cdot x_+) - \frac{1}{2}(x_-\cdot x_+) - (x\cdot x_-) + \frac{1}{2}(x_+\cdot x_-) + \frac{1}{2}(x_-\cdot x_-)$$

上式表明，决策函数 y 仅依赖于 x_+、x_-、x 之间的内积，也就是说，根据这些内积可以确定 x 的分类。

上述这些常用的地理元胞自动机模型元胞转换规则的获取方法中，马尔可夫模型和 Logistic 回归模型等方法受主观因素影响很大（Moghadam et al.，2013；Liu，2012；Liu et al.，2008）。此外，这些转换规则大多数是通过数学公式来表达，公式中参数的确定比较困难。支持向量机通过向量的内积进行待分向量与训练数据集中的支持向量的比较，根据它们的相似程度开展待分向量的分类，可以获取非线性的元胞转换规则，能较好地反映复杂地理系统演变的非线性特征。然而，支持向量机受参数的影响很大，并且所获取的转换规则表达不够明确。

---

① KE X L, BIAN F L, 2008. A logistic-CA model for the simulation and prediction of cultivated land change by using GIS and RS. International Conference on Earth Observation Data Processing and Analysis.

　　决策树（decision tree）是数据挖掘分类方法中较为典型的算法，它可以揭示隐藏在数据中的结构化信息，分类结果直观、易于理解，广泛用于处理各种分类问题（Akkas et al.，2015；Friedl et al.，1997）。因此，决策树模型可以用于元胞自动机模型转换规则的挖掘。

　　在 C5.0 决策树中，往往将信息增益作为样本分割的根据。另外，C5.0 决策树通常通过合并或者剪裁叶子节点从而获得更高的分类精度。此外，C5.0 决策树还引入了 Boosting 算法，从而可以进一步提高决策树的准确度（温兴平 等，2007）。

　　在决策树模型中，信息增益是分类的基础。通常，信息增益的计算可以表达为：设存在数据集 S，在该数据集中存在 m 个相互独立的类 c_i，$i=1,2,\cdots,m$，设 R_i 为训练数据集 S 的子集，其隶属于类 c_i，R_i 有 r_i 个元组，则在分类过程中，S 的期望信息量表达为

$$I(r_1,r_2,\cdots,r_m)=-\sum_{i=1}^{m}p_i\log_2(p_i) \tag{5-10}$$

式中：p_i 为概率，表示某一样本落在独立类 c_i 中的可能性，$p_i=r_i/|S|$，$|S|$ 为数据集 S 的元组数目。假设存在属性 A，其取值范围为 $\{a_1,a_2,\cdots,a_v\}$，则可以以 A 为基准，形成 v 个子集。用 S_j 来表示 S 中属性 A 的取值，$j=1,2,\cdots,v$。在采用决策树进行分类时，则可以根据决策属性 A 对数据集进行分类，分类依据为决策属性对某一分类的信息熵，表示为

$$E(A)=\sum_{j=1}^{v}\frac{S_{1j}+\cdots+S_{mj}}{|S|}I(S_{1j}+\cdots+S_{mj}) \tag{5-11}$$

式中：S_{ij} 为 S_j 中属于目标分类的元组数目。

　　令 $w_j=\dfrac{S_{1j}+\cdots+S_{mj}}{|S|}$，则可以用式（5-12）计算出决策属性对每个分类的期望信息量

$$I(S_{1j},\cdots,S_{mj})=-\sum_{i=1}^{m}p_{ij}\log_2(p_{ij}) \tag{5-12}$$

式中：$p_{ij}=S_{ij}/|S_j|$，为 S_j 中被分类到目标类的比重。

　　综上，属性 A 对分类属性的信息增益可以表达为

$$\text{Gain}(A)=I(r_1,r_2,\cdots,r_m)-E(A) \tag{5-13}$$

然而，如果仅依靠信息增益进行数据分类，则会产生较为明显的误差。为了解决这一问题，需要对信息增益进行修正，修正系数表达为

$$\text{SplitInfo}(S,v)=\sum_{i=1}^{m}\frac{|S_i|}{|S|}\cdot\log_2\frac{|S_i|}{|S|} \tag{5-14}$$

　　修正后的信息增益为

$$\text{GrainRatio}=\frac{\text{Grain}(S,v)}{\text{SplitInfo}(S,v)} \tag{5-15}$$

　　以杭州市的土地利用变化模拟为例，采用 C5.0 决策树算法求取地理元胞自动机模型的元胞转换规则，计算过程如图 5-10 所示。

　　基于 C5.0 决策树算法的元胞转换规则的获取过程为：首先将期末的土地利用数据和影响土地利用变化的人口密度数据、DEM、公路距离栅格、水域距离栅格等进行裁剪，使这些数据具有相同的空间范围。在此基础上，用随机采样的方法对土地利用数据及其影

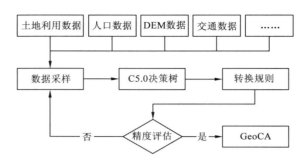

图 5-10　C5.0 决策树算法获取元胞转换规则流程图

响因素数据进行抽样,获取转换规则挖掘所需要的样本点数据。然后,将这些采样数据输入到 C5.0 决策树算法中进行分类挖掘元胞转换规则。最后,对元胞转换规则进行精度检验,如果精度能满足要求,则可以用于驱动地理元胞自动机进行土地利用变化的模拟;否则,需要进行重新采样以获取新的转换规则,直到精度满足要求为止。

值得注意的是,大多数情况下,转换规则的获取是对变化数据进行处理得到的。例如,对土地利用变化数据和影响土地利用变化的因素进行采样然后获取元胞转换规则。但本书是对期末的土地利用数据和影响土地利用变化的因素进行采样来获取元胞转换规则的。作者认为,已经存在的地理现象就可能蕴含着地理过程演变的规律。因此,直接从期末的土地利用数据中挖掘出来的土地利用状态和各影响因素之间的关系就蕴含着土地利用演变的规律。基于此,本书采用了与大多数土地利用模拟元胞自动机模型不一样的思路,直接从期末的土地利用数据中挖掘出元胞转换规则如下所示。

分区 1 转换规则:

规则 1
　　if 坡度 <= 5
　　and 人口密度 > 3,961
　　and 离水域的距离 > 254.951
　　then 城市用地
规则 2
　　if 离道路的距离 <= 738.241
　　and 坡度 <= 0
　　and 离铁路的距离 > 707.107
　　and 离铁路的距离 <= 1104.536
　　and 离水域的距离 > 0
　　and 离环线的距离 > 180.278
　　then 城市用地

规则 3
　　if 离道路的距离 <= 223.607
　　and 坡度 <= 5
　　and 离水域的距离 > 0
　　and 离环线的距离 > 180.278
　　then 城市用地
规则 4
　　if 离道路的距离 <= 424.264
　　and 坡度 <= 5
　　and 离铁路的距离 <= 1555.635
　　and 离环线的距离 > 1710.263
　　then 城市用地
规则 5
　　if 坡度 <= 5
　　then 城市用地

---

3. 转换阻抗与总体转换概率测算

分区异步元胞自动机模型的转换阻抗是用来表征每一个元胞从当前土地利用类型转换为其他土地利用类型的难易程度。转换阻抗越大，表明其越难从当前的土地利用类型转换为其他土地利用类型；反之，转换阻抗越小，则表明其越容易从当前的土地利用类型转换为其他土地利用类型。

分区异步元胞自动机模型的转换阻抗主要由如下几方面的因素共同决定：当前土地利用类型及其对应的转换阻抗系数、转换阻抗调整系数。分区异步元胞自动机模型的转换阻抗可以由式（5-16）计算得

$$R_{ij} = LD_{ij} \times r_{ld,ij} \times r_{adj,ij} \tag{5-16}$$

式中：R_{ij} 为元胞 (i,j) 的转换阻抗；LD_{ij} 为元胞 (i,j) 当前的土地利用类型 ld；$r_{ld,ij}$ 为土地利用类型 ld 所对应的转换阻抗系数；$r_{adj,ij}$ 为元胞 (i,j) 所对应的土地利用转换阻抗的调整值。

转换阻抗系数 $r_{ld,ij}$ 由土地利用类型决定，并且对同样的土地利用类型而言，在整个元胞空间内其转换阻抗系数 $r_{ld,ij}$ 具有相同的值。例如，相对于其他土地利用类型而言，某一元胞更难由城市建设用地向其他土地利用类型转换。因而，相对于耕地、林地、草地等土地利用类型而言，城市建设用地拥有较高的转换阻抗。

而转换阻抗调整值 $r_{adj,ij}$ 则是指对于同一土地利用类型而言，不同元胞所对应的该土地利用类型具有不同的属性，从而使其具有不同的转换阻抗。例如，同为城市建设用地，高密度城市建设用地比低密度城市建设用地更难转换为其他土地利用类型，因此，高密度城市建设用地应该比低密度城市建设用地拥有更高的转换阻抗。据此，需要采用转换阻抗调整值 $r_{adj,ij}$ 对转换阻抗进行修正，从而使得高密度的城市建设用地比低密度的城市建设用地具有更高的转换阻抗。

在转换阻抗测算的基础上，可以通过分区转换规则和土地利用转换阻抗测算得到分区异步元胞自动机模型的总体转换概率，如式（5-17）所示：

$$TTP_{ij} = \frac{P_{ij}}{R_{ij}} \tag{5-17}$$

式中：TTP_{ij} 为元胞 (i,j) 由当前元胞转换为目标元胞的概率；P_{ij} 为元胞 (i,j) 的分区转换概率；R_{ij} 为元胞 (i,j) 的转换阻抗。

采用式（5-17）计算出每一个元胞的总体转换概率之后，结合异步演化速率，可以模拟与分析土地利用变化的未来情景。

4. 异步演化速率获取

元胞演化是指在采用元胞自动机模型对地理现象进行模拟的过程中，元胞状态发生的变化，即元胞状态由状态空间的一种状态转变为另外一种状态的过程。就元胞状态空间的某一种状态而言，元胞演化可以指元胞状态由该状态变化为另一种状态，也可以指元胞状态由另一种状态演化为该状态。

1）元胞演化速率的定义

元胞演化速率是指异步元胞自动机模型中，元胞空间中每一个元胞在模拟过程中演化的快慢程度。由于地理过程的演化速率存在空间差异性，作为地理过程模拟工具的地理元胞自动机模型，其元胞空间中的元胞演化速率也存在空间差异性，元胞演化速率正是这种差异性的量化表达。

元胞演化速率具有如下几个方面的特点。

（1）元胞演化速率是针对元胞空间中的每一个子空间而言的，在同一子空间的各个元胞具有相同的演化速率。因此，首先要把元胞空间划分为若干个子空间，然后对每一个子空间求取元胞演化速率，并且将这一演化速率赋给该子空间的所有元胞。

（2）元胞演化速率是相对量。由于元胞自动机模型的时间尺度并不是确定的，也就是元胞自动机模型的一次运行所对应的实际时间并不明确，因此元胞的演化速率是一个相对量，而不是绝对量。某一个元胞的演化速率是该元胞与其他元胞相比演化的快慢程度。

（3）元胞演化速率与子空间的划分密切相关。同一个元胞，在不同的子空间划分方法中具有不同的元胞演化速率，有时候这种差别是很大的。

（4）元胞演化速率与给定的元胞最大演化速率和元胞最小演化速率有关。由于元胞演化速率是一个相对量，要对各元胞子空间的元胞演化速率进行标准化，使它们都投影到元胞最小演化速率和元胞最大演化速率之间。

2）元胞演化速率的计算

可以从图 5-11 中获得元胞演化速率的直观认识，并且从中得到元胞演化速率的计算方法。图 5-11（a）是待模拟的地理现象模拟期初在空间上的分布情况；图 5-11（b）是待模拟的地理现象模拟期末在空间上的分布情况。从图 5-11（a）和（b）并不能直观地判断出四个区域哪一个演化速率快，哪一个演化速率慢。这两幅图都是所研究的地理现象在某一时刻的静态状态，而速率是一个反映动态过程的变量，因而仅从图 5-11（a）或图 5-11（b）中是不能获得地理现象演化速率的。为了获得地理现象的演化速率，将图 5-11（a）和（b）进行叠加分析，用图 5-11（b）减去图 5-11（a），得到图 5-11（c）。图 5-11（c）显示出了从图 5-11（a）到图 5-11（b）的过程中地理现象所发生的变化，它是动态地理过程的反映，因而可以通过图 5-11（c）得到地理现象演化速率的直观认识，从而启发计算元胞自动机模型的元胞演化速率。

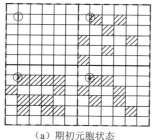 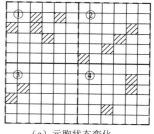

　　（a）期初元胞状态　　　　　　　（b）期末元胞状态　　　　　　　（c）元胞状态变化

图 5-11　元胞演化速率示意图

　　从图 5-11（c）不难看出，在四块大小相同的子区域①、②、③、④内，在相同的时间段，地理现象的状态改变情况不一，其中①号区域有五个栅格单元的状态发生了改变，②号区域有四个栅格单元的状态发生了改变，③号区域有三个栅格单元的状态发生了改变，④号区域有两个栅格单元的状态发生了改变。直观来看，①号区域的演化速率最快，②号区域和③号区域其次，演化速率最慢的是④号区域。

　　从上面的分析可以看出，对于相同时段、同样大小区域而言，元胞变化的栅格数越多，表明其演化速率越快，反之亦然。

　　状态发生变化的栅格单元数据是从两个时段的栅格数据上获得的，因而可以保证在同一研究区域的不同子区域上得到的栅格单元的变化数目是在同一时段内（柯新利 等，2010a，2010b）。

　　前述已及，元胞演化速率的求取，依赖于元胞空间的分区：需要在将元胞空间划分为若干个区域的基础上，分别求取每一个分区的元胞演化速率。在本书中，为了使得每一个分区具有一样的大小，采用了标准格网对元胞空间分区，进而针对每一个标准格网求取异步演化速率，如图 5-12 所示。

　　由图 5-12 可知，根据标准格网对整个区域进行空间划分，虽可以保证每个格网大小一致，但各格网中所包含的研究区域范围不相同，其中研究区域的中心部分，可以填满整格网。但是在研究区域的边缘部分，研究区域并不能填满整个格网，并且充填的程度存在着较大的差异。例如在 1 号区域，整个速率格网都是空的，没有任何一

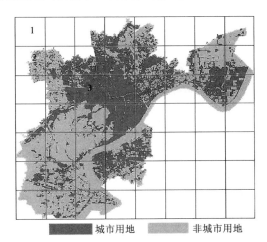

城市用地　　非城市用地

图 5-12　标准网格的空间区域划分图

个研究区域的栅格落于其中；而在 2 号区域，研究区域填充了速率格网的一部分；在 3 号区域，整个速率格网都被研究区域填满。因此，如果用每个标准速率格网内发生变化的栅格单元数目来表征该速率格网内的地理现象演化速率，会产生与实际情况不符的结果。

　　本书中，异步演化速率的计算可以用式（5-18）表达：

$$v_i = \frac{c_i}{s_i} \tag{5-18}$$

式中：v_i 为异步演化速率；c_i 为该速率格网中由一种状态变化为另一种状态的元胞个数；s_i 为该速率格网中的元胞总数。

　　式（5-18）测算得到的 v_i 可以表达异步演化速率。然而，出于下述原因，元胞自动机模型却很难表达元胞演化速率：

　　（1）$0 \leqslant v_i \leqslant 1$，但元胞自动机模型仅能表达离散的时间变量。

　　（2）元胞自动机模型中的所有元胞都是同时发生演化的，缺乏表达异步演化速率的机制。

　　因此，有必要对 v_i 进行转换，从而可以方便地对元胞自动机模型进行改造，使其拥有表达异步演化速率的能力。

　　前述已及，传统元胞自动机模型中所有的元胞都是同时发生演化的，很难表达异步演化速率。本书中，为了表达异步演化速率，需要对异步演化速率的概念进行改进，使其能与元胞自动机模型的离散演化机制结合起来。具体而言，需要用异步演化间隔替代异步演化速率：

$$\text{Interval}_i = \frac{1}{v_i} \qquad (5\text{-}19)$$

式中：Interval_i 为异步演化间隔。

　　然而，由于 $0 \leqslant v_i \leqslant 1$，所以 $1 \leqslant \text{Interval}_i \leqslant \infty$。直接使用式（5-19）中的 Interval_i 计算得到异步演化间隔，会导致某些元胞由于异步演化间隔太长而永远没有机会发生演化。为了避免这种现象的发生，需要限定异步演化间隔的取值范围。本书中，给定 MaxI 为最大异步演化间隔，令

$$\text{Interval}_i = \begin{cases} \text{Interval}_i, & \text{Interval}_i \leqslant \text{MaxI} \\ \text{MaxInterval}_i, & \text{Interval}_i > \text{MaxI} \end{cases} \qquad (5\text{-}20)$$

　　把过去的元胞自动机模型升级成为分区异步元胞自动机模型时，首先利用式（5-20）可以计算得到每一个元胞对应的异步演化间隔。在此基础上，在元胞自动机模型的运行过程中，通过判断每一个元胞的异步演化间隔是否能被元胞自动机模型的当前演化步数整除。若能，则该元胞有机会参与演化，若不能，则该元胞没有机会发生演化。

　　从上面的分析可以看出，分区异步地理元胞自动机模型的元胞演化速率实际是用元胞的演化间隔来表示的。元胞演化间隔的获取流程如图 5-13 所示。

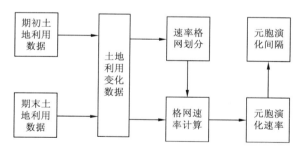

图 5-13　异步元胞演化速率获取流程图

　　元胞演化间隔获取的具体过程是：将研究期初的土地利用数据与研究期末的土地利用数据进行叠加分析，得到研究期内的土地利用变化数据。根据叠加操作得到的研究期内的土地利用变化数据和输入的速率格网的尺寸对整个元胞空间进行规则格网划分，得到分区异步元胞自动机模型的速率格网。针对每一个速率网格，采用本章提出的速率格网的元胞演化速率的计算方法，可以计算出速率格网中每一个网格的元胞演化速率，进而计算出每一个速率格网的元胞演化间隔。结合给定的最大元胞演化间隔，对整个速率格网中所有的网格的元胞演化间隔进行规整化处理，得到规整后的元胞演化间隔。利用规

整化后的元胞演化间隔,结合分区元胞转换规则,驱动元胞自动机模型进行模拟,实现分区异步元胞自动机模型。

5.2.4　分区异步元胞自动机模型的校准与精度评估

分区异步元胞自动机模型的校正过程是利用期初土地利用数据,通过设置与调整分区异步元胞自动机模型的参数开展土地利用变化的动态模拟,从而得到模拟的期末土地利用数据。通过对比分析模拟的期末土地利用数据与已知的期末土地利用数据的差异,开展分区异步元胞自动机模型精度评估。当精度满足要求时,则表明可以用当前参数驱动分区异步元胞自动机模型模拟未来土地利用变化情况或者开展土地资源的优化配置。

常用的元胞自动机模型精度评估方法是混淆矩阵法(Doswell et al.,1990)。然而,由于混淆矩阵忽视了土地利用演变过程中变化的元胞与未变化的元胞之间的差异,其对模型土地利用变化模拟结果的精度分析会出现一些问题(Pontius et al.,2004)。土地利用变化模拟模型大多是模拟几年或者几十年内的土地利用变化,所以,在整个模拟过程中,大部分元胞并没有发生变化。由于这些未发生变化元胞的存在,采用混淆矩阵来评估元胞自动机模型的精度往往会造成对元胞自动机模型精度的高估。

为了避免这种高估,van Vliet 等(2011)提出了 Kappa Simulation 指数用于评估土地利用变化模型的精度。与混淆矩阵不同,Kappa Simulation 指数并不会因为只有少数的元胞发生变化而造成对模型模拟精度的高估。该指数能客观地评价土地利用变化模型的模拟精度。所以,本书采用 Kappa Simulation 指数进行分区异步元胞自动机模型模拟精度的评估。

采用 Kappa Simulation 指数评估元胞自动机模型模拟精度时,模拟得到的土地利用模式与实际土地利用模式之间匹配程度的期望值用式(5-21)表示:

$$\text{PE}_{\text{Transition}} = \sum_{j=1}^{c} p(o=j) \cdot \sum_{i=1}^{c} p(a=i|o=j) \cdot p(s=i|o=j) \qquad (5\text{-}21)$$

式中:$\text{PE}_{\text{Transition}}$ 为匹配程度的期望值;$p(o=j)$ 为期初土地利用数据中土地利用类型为 j 的元胞;$p(a=i|o=j)$ 为期初土地利用数据中土地利用类型为 j,但实际的期末土地利用数据中土地利用类型为 i 的元胞;$p(s=i|o=j)$ 为期初土地利用数据为 j,而模拟的期末土地利用类型为 i 的元胞。

与此类似,最大可能的匹配程度可由式(5-22)计算得

$$\text{PMAX}_{\text{Transition}} = \sum_{j=1}^{c} p(o=j) \cdot \sum_{i=1}^{c} \min\left[p(a=i|o=j), p(s=i|o=j) \right] \qquad (5\text{-}22)$$

式中:$\text{PMAX}_{\text{Transition}}$ 为可以得到的最大匹配程度。

在此基础上,可以计算得到 Kappa Simulation 指数及其组成部分:

$$K_{\text{simulation}} = \frac{\sum_{i=1}^{c} p(a=i|s=i) - \text{PE}_{\text{Transition}}}{1 - \text{PE}_{\text{Transition}}} \qquad (5\text{-}23)$$

$$K_{\text{Transition}} = \frac{\text{PMAX}_{\text{Transition}} - \text{PE}_{\text{Transition}}}{1 - \text{PE}_{\text{Transition}}}$$ （5-24）

$$K_{\text{Transloc}} = \frac{\sum_{i=1}^{c} p(a=i \mid s=i) - \text{PE}_{\text{Transition}}}{\text{PMAX}_{\text{Transition}} - \text{PE}_{\text{Transition}}}$$ （5-25）

式中：$K_{\text{simulation}}$ 为模拟的土地利用变化与实际的土地利用变化之间的匹配程度；$K_{\text{Transition}}$ 为土地利用变化数量模拟的准确程度；K_{Transloc} 为土地利用变化位置模拟的准确程度。

$K_{\text{simulation}}$ 的值为 $-1\sim1$。当该指数为 1 时，表示模拟的土地利用数据与真实的土地利用完全一致；当该指数为 0 时，表示模拟的土地利用数据和真实的土地利用数据的匹配程度与随机分配土地利用变化格局和真实土地利用数据的匹配程度一致。当 $K_{\text{simulation}}$ 的值小于 0 时，表示土地利用模型不够精确；当 $K_{\text{simulation}}$ 大于 0 时，则表示土地利用模型较为精确，值越大则表示土地利用变化模型精度越高。

同样地，$K_{\text{Transition}}$ 取值范围为 $0\sim1$。当该指数取值为 1 时，表示模拟的发生土地利用变化的数量与真实的土地利用变化数量一致；当该指数取值为 0 时，表示真实的土地利用和模拟的土地利用中至少有一个没有发生变化。

K_{Transloc} 的取值范围为 $-1\sim1$。当该指数取值为 1 时，表示模拟的土地利用变化与真实土地利用变化发生的位置完全一样；当该指数取值为 0 时，表示模拟的土地利用变化接近于随机分布的土地利用变化；当该指数取值为 -1 时，表示模拟的土地利用变化与真实的土地利用变化完全不同。K_{Transloc} 大于 0 表明能较为精确地模拟土地利用变化发生的位置，值越大则表示精度越高。

5.2.5 分区异步元胞自动机模型在耕地优化布局中的应用

我国正处在工业化、城市化发展的高速阶段，城镇建设用地扩张与耕地保护的矛盾是我国在这一阶段面临的基本矛盾。因此，在城镇化的高速发展阶段保持耕地数量总体稳定，是促进国家土地资源持续有效利用，实现社会经济可持续增长的必需条件。当前，我国快速城镇化进程中城市人口的增长与城市基础设施的建设需要大量的建设用地作为支撑，从而对城市周边的耕地产生了巨大压力。另外，粮食安全是我国社会经济发展的核心目标，需要一定数量的耕地作支撑。因此，我国必须长期坚持耕地保护这一基本国策。

各城市之间在发展目标、资源禀赋和经济基础等方面存在着较大的区别，导致了耕地区域空间分布不均衡，耕地转化为建设用地的现象有明显的区域差异，尤其表现在经济发达的地区，建设用地需求量大，耕地转用的需求也大，欠发展的地区，耕地转化的效益较低和速率过缓（陈江龙 等，2008）。所以，在经济发达地区往往出现耕地过量占用、违规使用的现象，而在欠发达地区则出现建设用地利用效益偏低的现象。当前，针对耕地保护的相关研究大都关注耕地在多年间数量和质量的变化与针对这种变化的改进措施，而针对耕地利用空间利用的差异性，研究数量不多，当前也未实现和形成公认的、系统的研究方法。在这一背景下，迫切需要从耕地资源禀赋与社会经济发展的区域差异出发，研究耕地资源在不同区域之间的优化布局，探索缓解城镇建设用地扩张与耕地保护矛盾的有效途径。

耕地利用优化配置模型是耕地资源空间优化配置的关键，对耕地资源科学合理有效的空间配置起着无可替代的作用。Santé-Riveira 等（2008）利用空间分析等相关技术方法，搭建了农村土地利用解释制度（rural land use explotation system，RLUES）模型，并且以该模型为基础进行了农村土地的合理配置研究。RLUES 模型耦合多准则评价方法等技术手段，对土地利用的可持续状况进行分析评估，对当前的土地利用结构进行合理优化，就以上工作为基础，再利用空间分析等技术手段实现土地利用的合理布局。Eldrandaly（2010）以空间分析方法为基础，从土地利用的空间关系的视角，搭建土地资源空间分布调配模型，实现土地资源空间分布的合理优化。Eldrandaly（2010）依托空间分析方法，耦合基因表达式编程（gene expression programming，GEP）技术，开展了土地资源的优化配置研究。Ren（1997）采用 GIS 空间分析方法与模型，耦合决策过程，建立 GIWIN-LRA 模型，依据土地资源适宜性评价结果，进行土地资源的优化配置。国内也有很多学者开展了耕地资源优化配置研究，研究大都使用线性规划、灰色系统等分析方法与理论。例如，周宗丽等（1999）依托线性规划模型，以生态效益和经济效益的最大化为目标，开展了农业土地资源的优化配置；戴金华和赵筱青（2009）利用灰色线性规划方法，在分析未来社会经济发展的土地利用需求的前提下，以云南省澜沧县为案例区，开展了土地利用结构优化；余洋（2015）采用定量统计和定性分析相结合的研究方法，将耕地资源数量变化与城镇化进程的关系合理纳入到地区社会经济关系与自然生态的变化格局中，对合肥市土地利用结构进行了优化；谢鹏飞（2016）通过建立约束条件、数量结构优化目标和空间结构优化目标，对澜沧县土地利用结构进行了合理地调整。伴随着 GIS 技术、空间分析技术的飞速发展及广泛使用，GIS 技术等相关方法在土地资源空间合理配置和优化布局中的应用越来越广泛。郑新奇等（2001）依托 GIS 技术，以无棣县为研究区域，进行了该区域的土地资源合理布局和优化配置研究。上述研究对区域土地资源合理配置和优化布局相关研究问题进行了广泛的讨论，为土地资源优化布局理论和实践的下一步探索奠定了基础。但是上述研究大都关注同一区域不同地类之间的优化和空间配置问题，较少有研究开展区域间土地资源的优化配置。柯新利（2008b）提出了基于熵权系数法的基本农田指标的分配思路，通过改进后的熵权系数法来确定基本农田指标在区域间进行合理分配的方案。该研究增加了土地资源在区域间优化配置结果的客观程度。但是利用改进熵权系数法实现土地资源跨区域的配置存在明显缺点，该方法没有考虑不同区域社会经济发展的差异。

地理元胞自动机（geo-cellular automata，GeoCA）拥有对复杂系统时空演化过程进行准确模拟和表达的能力，在地理学，特别是在区域土地利用时空演化格局模拟等科学研究中具备显著的技术优势（黎夏 等，2007）。最近几年，越来越多的研究人员在模拟复杂地理现象、地理过程中都选择使用元胞自动机模型这一方法，成果显著（龙瀛 等，2009；卢远 等，2008；陈志强 等，2007；Almeida et al.，2003；Batty et al.，1999）。本书提出基于分区异步元胞自动机的耕地利用布局优化模型，从区际土地资源配置的角度出发，综合考虑区域间建设用地与耕地需求的空间差异,在此基础上,采用分区异步元胞自动机模型模拟城市建设用地扩张的时空演化过程,探究该过程中耕地被占用的状况,实现建设用地和耕地在空间上的合理分配与布局。

优化区域间耕地的利用状况,其主要目标是实现跨区域的耕地资源合理分布,既能够满足各个区域经济建设对于建设用地的需要,也能在此过程中保证耕地数量、质量的动态平衡。本书以不同区域建设用地需求量和建设用地优先度的测算为基础,并与区域土地利用变化的规律相结合,基于分区异步元胞自动机模型构建耕地区际布局优化模型,搭建耕地区际布局优化配置模型,实现耕地资源的优化配置与合理布局。

本书使用分区异步元胞自动机进行耕地利用的优化布局,该模型包括四个组成部分:分区转换规则模块、异步演化速率模块、分区异步元胞自动机模块和终止条件模块(图 5-14)。分区异步元胞自动机模型分区转换规则是根据区域土地利用历史演变规律及粮食自给率,建设用地指标配置共同决定;异步演化速率是以不同区域的社会经济条件为基础,测算建设用地需求度,再根据该需求度所确定;分区终止条件由各区域耕地非农化需求而决定。耕地区际布局优化配置模型的主要部分为分区异步元胞自动机模块,该模块的运行由分区转换规则和异步演化速率驱动进行迭代运算。模型在每一次重复迭代运算结束之后,都会自动比较迭代结果与模型终止条件。如果两者不相符,模型会继续运算,否则,模型便会停止迭代运算,得出耕地资源在区域之间的优化配置的结果。

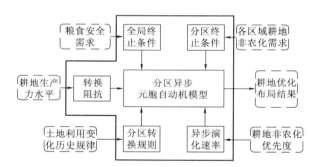

图 5-14 分区异步元胞自动机模型在耕地区际布局优化中的应用状况

具体而言,在实现耕地区域之间布局优化的过程中使用元胞自动机模型实际上就是依据耕地区际布局优化的目标、约束条件等确定分区异步元胞自动机模型关键参数,并据此开展土地利用动态模拟从而得到耕地区际布局优化的结果。

本书中,根据粮食安全对耕地生产力总量需求作为分区异步元胞自动机模型的全局终止条件,当耕地数量减少到等于或者少于粮食安全对耕地资源的需求时,耕地资源不能再继续减少,整个模型终止运行。

根据各区域耕地非农化的需求确定分区异步元胞自动机模型的分区终止条件。对每一分区而言,当耕地非农化需求得到满足,则位于该区域内的耕地不再发生非农化,分区异步元胞自动机模型在该区域内停止运行。

根据土地利用的历史变化规律测算分区转换规则。在元胞空间分区的基础上,以土地利用变化的历史数据与其驱动要素数据基础,利用空间数据挖掘的方式得出区域用地类型演变的规律,据此形成分区异步元胞自动机模型的分区转换规则。

以建设用地需求优先度为基础,确定分区异步元胞自动机模型的异步演化速率。耕地非农化需求优先度越高,表明该区域内的耕地非农化需求应该优先得到满足。因此,位于该区域的元胞应该具有相对较高的演化速率,从而使其耕地非农化需求优先得到满足。

在率定分区异步元胞自动机模型各类土地利用类型转换阻抗的基础上,根据耕地生产力水平对分区异步元胞自动机模型中各地类的阻抗数值进行调整与修正,实现耕地生产力高的地块的优先保护,进而对耕地的生产力进行保护。

依据上面的表述,明确分区异步元胞自动机模型的关键参数之后,通过运行分区异步元胞自动机模型可以得到耕地资源区际优化布局结果。

5.3　人口峰值年中国粮食消费需求量预测

我国是一个人口大国,同时也是一个粮食消费大国。粮食安全一直以来是关系到我国经济可持续发展、社会稳定与国家自立的全局性重大战略问题(唐华俊 等,2012)。未来一段时期,是我国城镇化、农业现代化的快速推进期,也是我国经济、社会快速转型的关键阶段,居民的膳食结构及粮食的消费需求将会发生重大改变,对保障粮食安全提出了新的挑战,开展粮食的中长期消费需求预测迫切而意义重大(罗其友 等,2014)。科学把握粮食消费变化趋势,准确预测经济社会发展的不同时期的粮食消费需求,对于协调粮食供需平衡和确保我国粮食安全等都具有重要的现实意义(李志强 等,2012)。

目前对粮食安全问题的研究主要包括粮食安全的评价研究、粮食的供需平衡预测、粮食供需的内在驱动机制等(王洋 等,2015;尹靖华 等,2015;蔡承智 等,2008)。孙宝民(2012)从粮食消费结构角度实现了粮食需求预测,基于组合预测模型实现了粮食供给预测,确认了粮食供需缺口的存在。粮食的供需是否平衡是衡量粮食安全的重要指标。本书从粮食需求的角度出发,立足于国家粮食安全战略,预测我国 2030 人口峰值年的粮食需求量,以期为我国粮食安全策略提供依据,并为耕地需求量阈值提供支持。

国内对粮食需求的研究主要涉及对未来粮食需求量的预测、影响因素等方面。目前预测未来粮食需求的方法有:时间序列外推法、线性方程及 ARIMA 模型、系统动力学原理为基础的仿真预测等。影响粮食需求量的因素主要有人口增长及人口结构变化、城市化、居民收入水平、产业升级和工业化进程等(吕新业 等,2013)。此外,还有学者从营养健康的视角研究我国未来的粮食需求量,给我们提供了很好的借鉴(辛良杰 等,2015)。向晶等(2013)研究了 2010～2050 年人口变动对未来粮食需求的影响。罗其友等(2014)采用时间序列分析和面板数据分析估计了 2030 年和 2050 年参数和函数方程,预测了不同情景下我国的长期粮食消费需求。李志强等(2012)分析了影响我国粮食消费变动的主要因素,并基于农业局部均衡模型(EMM)对我国未来粮食需求进行预测;了解我国中长期粮食需求发展情况及其趋势变化,影响着我国粮食战略及农业政策调整的方向,对我国粮食安全、农业发展甚至宏观经济政策产生重大影响。

当前国内对预测未来粮食需求量的研究很多,但研究目标的不同、研究方法的多样化及政策的调整,使得研究结果有一定的失真,这也就需要实时更新对未来粮食需求量的判断。本书立足于粮食安全战略,考虑 2030 人口峰值年的人口数量及城市化水平对粮食作物的需求,依据粮食消费结构,从居民口粮、养殖业用粮、工业用粮、种子用粮、相关的粮食损耗及浪费角度入手,基于霍尔特指数平滑和阻尼趋势指数平滑的组合预测模型,综合预测未来人口峰值年粮食需求量。

5.3.1　人口和城市化水平预测

1. 时间序列平滑预测法

时间序列平滑预测法是基于移动平均模型发展起来的一种分析预测方法,其原理是用时间数列根据往年实际观测值的加权平均值状况,对未来的数值进行预测。序列中近期的数据将会被给予较大的权重,远期的数据被给予较小的权重,随着时间序列的推进,历史数值产生的影响将会逐渐降低。指数平滑模型的思想是对过去值和当前值进行加权平均,通过对赋予权重的大小进行调整以抵消统计数值的摇摆影响,得到较为平滑的时间序列。指数平滑模型通过对不规则的时间序列进行平滑操作,挖掘数据过往变化规律及变化趋势,从而达到对未来数据进行预测和推断的目的。这种方法简单灵活,在预测中被广泛应用。本节中用到了霍尔特指数平滑法(Holt exponential smoothing)和阻尼趋势指数平滑法(damped trend exponential smoothing)。

1)霍尔特指数平滑法

当时间序列呈现一种线性上升或下降的趋势且没有季节性时,可以采用霍尔特指数平滑法。霍尔特指数平滑法是线性指数平滑中的一种,区别于一般布朗线性指数平滑的二次平滑,这种方法最突出的优点是对具有趋势的时间序列直接进行平滑修正从而实现对原时间序列进行预测的目的。鉴于该方法能灵活地利用不同的参数对原时间序列进行平滑的特点,在实际时间序列预测中应用广泛。

2)阻尼趋势指数平滑法

阻尼趋势指数平滑法是多种指数平滑法中另外一种比较常用的方法,它适用于具有线性趋势的序列,且该线性趋势正在逐渐消失并且没有季节性。现实生活中,不存在一个变量的增长或者下降是永久持续的,它只能经过一段时间的变化后趋于稳定,这种现象被称为阻尼现象,所以把具有阻尼现象特征的指数平滑模型称为阻尼指数平滑法。

2. 人口及城市化水平预测

1）人口峰值

人口总量及人口结构的变化，是影响粮食需求刚性变化的最直接因素。结合我国人口基本国情及政策对人口的实质影响，掌握我国未来人口的变化趋势及基本状况是预测未来人口峰值年粮食需求量的基础工作和先决条件。未来人口变化是我国社会普遍关注的基本问题，是大量研究问题的先决基础（沈巍 等，2015）。未来的人口变化趋势预测是各权威机构和学术界关注的热点问题。

我国学者相继采用年龄移算模型、ARIMA 模型、PDE 多状态模型等对我国未来人口变化趋势进行预测（孟令国 等，2014；陈功 等，2006）；也有学者采用如灰色预测、神经网络、Logistic 模型等方法进行人口预测（赖红松 等，2004）。2015 年 7 月，联合国经济和社会事务部人口司发表《世界人口展望（2015 修订版）》，指出 2030 年中国人口达到历史峰值，届时人口总数将达到 14.15 亿左右；我国在 2015 年 10 月新出台全面放开二孩政策后，国家卫生和计划生育委员会副主任王培安公开发言表示，我国人口峰值将于 2030 年前后达到 14.5 亿，同时人口学专家王金营和原新也声称人口峰值将于 2029～2030 年达到 14.5 亿（王金营 等，2016）。表 5-2 是近些年国际权威机构和专家学者对我国人口峰值年的预测情况，综合来看，在全面二孩生育政策实施背景下，人口峰值年出现在 2030 年前后，届时人口峰值将达到 14.5 亿左右。

表 5-2　权威机构及专家学者对我国人口峰值年的预测情况

预测单位或个人	发布时间/年	是否考虑二孩政策	峰值年/年	预测人口峰值/亿人
联合国经社部人口司	2015	否	2030	14.16
孟令国等	2014	否	2033	14.216
王光召等	2014	否	2024	14.39
联合国粮食及农业组织	2013	否	2026	14.28
秦中春等	2013	否	2027	14.20
向晶等	2013	否	2030	14.57
任强等	2011	否	2020～2025	14.30
王培安	2016	是	2029～2030	14.5
王金营	2015	是	2029	14.625
原新	2015	是	2029～2030	14.5
国家卫生和计划生育委员会	2017	是	2030	14.5
王金营等	2016	是	2030	14.66
刘晓艳等	2017	是	2025	14.05
王状等	2017	是	2035	14.37

2）城市化水平预测

城镇化的推进对改善我国粮食消费结构和提升人均粮食消费水平有着至关重要的作用。2015 年我国城市化水平达到 56.10%，城镇常住人口 77 116 万人，乡村常住人口 60 346 万人；城镇居民和农村居民的饮食习惯、生活方式存在差异，乡村人口向城镇人口的过渡与迁移，意味着居住环境、生活方式、消费习惯等发生很大变化，这一过程伴随着人们生活质量的提升，同时居民的粮食直接消费量下降，饲料粮等肉蛋奶类消费量增加，进而影响到粮食消费量及粮食消费结构的变化。采用 1949~2015 年我国城市化率（城镇人口/年末常住人口）数据，基于时间序列模型中的阻尼趋势指数平滑模型，预测得到 2030 年我国城市化率将达到 72.33%，届时城镇人口达到 10.49 亿人，乡村人口 4.01 亿人。

5.3.2　粮食需求量现状

1990 年，我国总人口 114 333 万人，城市化率为 26.41%；口粮消费量 29 369.28×10⁴ t，占比 66.62%；饲料粮消费量 8 537.05×10⁴ t，占比 19.37%；工业用粮消费量 3 970.28×10⁴ t，占比 9.01%；种子用粮及损耗 2204.03×10⁴ t，占比 5.00%。2015 年，我国总人口 137 462 万人，城市化水平达到 56.10%，口粮消费量 19 893.58×10⁴ t；饲料粮消费量 21 526.29× 10⁴ t。综合来看，1990~2015 年，我国口粮消费量下降了 9 475.70×10⁴ t，而饲料粮消费量增加了 12 989.24×10⁴ t；且在 2014 年，我国口粮消费量 20 778.24×10⁴ t，饲料粮消费量 21 001.63×10⁴ t，首次饲料粮消费量超越口粮消费量。

综上分析，目前我国粮食消费结构的大体变化趋势呈现：口粮逐步下降，饲料粮稳步上升，并于 2014 年达到持平（图 5-15），未来一段时期将呈现口粮缓慢下降直至稳定在固定水平，饲料粮继续上升超越口粮居于粮食消费量的首要位置；工业用粮随着我国制酒业、粮食加工产业的升级、生物质能源的发展呈现波动上升的趋势；种子用粮由于粮食播种面积及耕作技术的制约，呈现平稳变化。

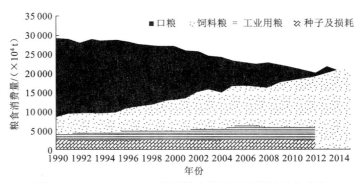

图 5-15　1990~2015 年我国粮食消费量的结构趋势变化

5.3.3　粮食需求量预测

参考国家权威机构及相关学者的人口峰值预测，我国人口峰值出现在 2030 年，人口总量达到 14.5 亿。依据 1949～2015 年我国城市化率数据，建立时间序列模型，预测得到 2030 年我国城市化水平达到 72.33%。则 2030 年我国城镇人口为 10.49 亿人，农村人口为 4.01 亿人。参照表 5-3。

表 5-3　2030 年我国粮食需求量预测结果

年份	总人口 /(×10⁴ 人)	城市化率 /%	口粮 /(×10⁴ t)	饲料粮 /(×10⁴ t)	工业用粮 /(×10⁴ t)	种子用粮及损耗 /(×10⁴ t)	粮食总需求量/(×10⁴ t)	人均粮食消费量/kg
2030	145 000	72.33	18 934.93	29 771.80	6 466.31	2 903.84	58 076.88	400.53

1. 口粮

近些年，随着居民生活水平的提高，膳食结构的逐步完善，城乡居民人均口粮消费呈现缓慢下降趋势（图 5-16），预计将在未来 10～20 年逐步趋于稳定，且农村居民人均口粮消费和城镇居民人均口粮消费维持在 15～25 kg 的差值（辛良杰 等，2015）。本书中成品粮按 70% 的比例折算成原粮；随着城乡居民饮食结构日益多元化，家庭在外消费已经是口粮消费不可忽略的一部分。目前统计年鉴中人均口粮消费并没有考虑到家庭在外消费，且公布的数据比实际数据要低，假设城镇居民家庭在外消费占粮食口粮消费的 12%，农村居民家庭在外消费占口粮消费的 4%（孙宝民，2012）。

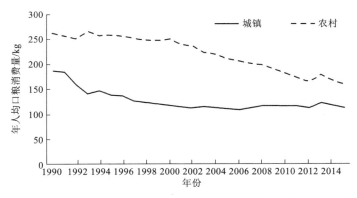

图 5-16　1990～2015 年我国城乡居民人均口粮消费量变化趋势

为预测出人口峰值年城乡居民口粮需求数量，本书首先对人口峰值年城镇居民口粮消费量、农村居民口粮消费量进行了预测，再以未来人口峰值年人口数量、城市化水平为基础，分别得到 2030 年的城镇人口和农村人口，计算出未来城乡居民总的口粮需求量。本书用 1990～2015 年历史数据，采用时间序列模型中的阻尼趋势指数平滑模型进行预测，得到 2030 年城镇居民人均口粮消费为 112.60 kg（原粮），农村居民人均口粮消费为 131.97 kg；总计 2030 年口粮需求量为 17 103.74×10⁴ t。

2. 饲料粮

随着居民收入水平的提升及生活质量的改善，城乡居民对肉蛋奶类及蔬菜、水果等非粮食食品的消费大幅增长，促进了粮食消费结构由以往的数量增加为主转向注重营养平衡为主，带动了间接用粮需求的上升。饲料耗粮转换率又称料肉比，指每增加一千克活重所消耗的标准饲料千克数。本书饲料耗粮转换率是参考农业部信息中心及相关学者的研究得到（李胜贤 等，2015；辛良杰 等，2015），如表5-4所示；饲料粮包括畜产品饲料和谷物类饲料，同时统计数据中的畜产品产量并没有包括在外就餐部分，假定饲料粮中畜产品转化的饲料粮约占70%，则实际饲料粮应在测算出的畜产品饲料粮上再除以70%。近30年来，城乡居民的饲料粮消费呈现逐步上升趋势，如图5-17所示；依据1990~2015年历史数据，城镇居民采用阻尼趋势指数平滑模型，农村居民采用霍尔特指数平滑法，分别预测城镇居民和农村居民的年人均饲料粮需求量为140.80 kg和151.38 kg。2030年城乡居民总饲料消费量为20 840.25×10⁴ t。

表 5-4   主要动物性食品与粮食的转换率

食品	猪肉	牛羊肉	禽肉	禽蛋	奶制品	水产品	酒
转换率	2.8	2.0	2.0	1.8	0.4	0.8	4

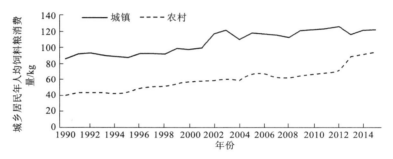

图 5-17   1990~2015 年我国城乡居民年人均饲料粮消费量变化趋势

3. 工业用粮

随着近些年产业升级、粮食加工业及生物质能源的发展，工业用粮也成为粮食需求量的重要组成部分。工业生产中使用的粮食类型主要涵盖酿酒用粮、大豆压榨用粮，不断增长的燃料乙醇用粮及淀粉用粮（骆建忠，2008）。考虑数据的可获得性（城乡居民酒的消费量数据由于统计口径发生改变，只统计到2012年，如图5-18所示），本书只从制酒业的

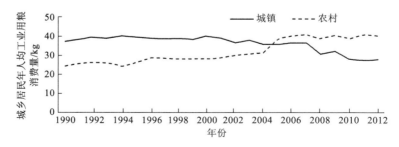

图 5-18   1990~2012 年我国城乡居民年人均工业用粮消费量变化趋势

角度研究,约占工业用粮的 80%,城镇居民采用阻尼趋势指数平滑模型,预测得 27.60 kg;农村居民采用霍尔特指数平滑法,预测得 56.57 kg,2030 年总工业用粮为 5 163.69×10⁴ t。

4. 种子用粮及损耗

种子用粮在粮食消费量中占据了较大的比重,它的变化主要受耕地播种面积、技术进步等因素影响。鉴于我国国情,粮食播种面积并不会有较大的起伏,种子用粮的变化趋势也较为平稳,假定种子用粮占总粮食消费的 3%;粮食产后消费过程存在巨大的损耗与浪费,尤其是在储存、运输过程及粮食餐饮过程中的损耗和浪费,假定损耗占总粮食消费的 2%。2030 年,我国种子用粮及损耗为 2 903.84×10⁴ t。

5. 粮食需求量

综合我国城乡居民口粮消费量、养殖产业的饲料粮消费量、工业用粮消费量、种子用粮及相关损耗,得到 2030 年我国粮食消费量为 58 076.88×10⁴ t。表 5-5 是近些年学术界对我国 2030 年粮食需求量的预测情况,由于研究的前期假设、研究方法等的不同,得到的预测值也各有差异。保守估计,2030 年我国粮食需求量将达到 $6×10^8$ t 左右。

表 5-5　我国 2030 年粮食需求量预测典型结果

预测专家或机构	发布时间/年	预测年份	预测值/($×10^8$ t)
中国经济时报	2016	2030	7.18
罗其友等	2014	2030	5.63～5.85
李志强等	2012	2030	6.06
张玉梅等	2012	2030	6.06
吴乐	2011	2030	6.77
蔡承智等	2008	2030	6.59
封志明	2007	2033	6.63～6.92

6. 人均粮食消费水平

1990～2012 年城乡居民年人均粮食消费量由 385.55 kg 下降到 349.32 kg,呈现波动下降的趋势(图 5-19),我国的年人均粮食消费量不升反降,一是因为国家公布的统计数据主要是城乡居民家庭内部食品消费,并未包括家庭在外消费及餐饮浪费(肖俊彦,2010);二是因为现阶段正处于转型的关键期,受食物多样化、精细化、优质化的影响,居民膳食结构得到了较大的改善,出现了明显的变化。这主要体现在食物消费支出上升的同时消费量没有伴随增加(周竹君,2015)。经计算得到 2030 年我国城乡居民年人均粮食消费量为 400.53 kg,鉴于营养健康的考量,有关学者测算出基于平衡膳食模式下的我国年人均粮食需求量在 400 kg 左右(唐华俊 等,2012)。

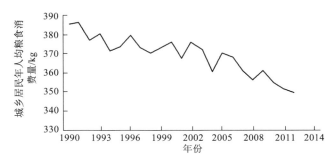

图 5-19　1990～2015 年我国城乡居民年人均粮食消费量变化趋势

5.3.4　粮食消费需求量预测结果

近 30 年来,我国城乡居民的粮食消费结构发生了明显的变化,居民用于口粮的支出不断下降,养殖业对于饲料粮,工业对于工业用粮的需求不断增加,社会的粮食消费需求出现了新的变化。2014 年,饲料粮消费量超越居民口粮居于粮食消费量首要位置。

在我国 2030 人口峰值年总人口达到 14.5 亿的基础上,基于时间序列指数平滑法,预测得到 2030 年我国城市化水平为 72.33%,城镇人口达到 10.49 亿人,农村人口为 4.01 亿人（表 5-2）;城乡居民口粮消费量 18 934.93×10^4 t,占比 32.60%;饲料粮消费量 29 771.80×10^4 t,占比 51.27%;工业用粮消费量 6466.31×10^4 t,占比 11.13%;种子用粮及损耗量 2 903.84×10^4 t,占比 5%;综上,2030 年粮食消费量 58 076.88×10^4 t,年人均粮食消费量 400.53 kg（表 5-3）。

5.4　中国耕地区域布局优化

5.4.1　布局优化模型的校准与精度评估

本书以我国（除港澳台地区,后同）2000 年土地利用数据为模型校准的起始数据,以 2010 年为模型校准的终止年份,在 2000 年土地利用数据的基础之上,设置分区异步元胞自动机模型的关键参数,模拟得到 2010 年土地利用数据。通过对比 2010 年的模拟结果与 2010 年实际土地利用数据,可以得到该参数对应的分区异步元胞自动机模型的模拟精度,进而进行分区异步元胞自动机模型的校准。因而,模型校正的关键是分区异步元胞自动机模型的精度评估。

在进行模型校准时,首先以我国 2000 年的土地利用数据为基期年,在双约束空间聚类对元胞空间进行划分的基础上,采用 C5.0 决策树算法获取分区异步元胞自动机模型的分区转换规则;设定各种土地利用类型的转换阻抗并结合耕地生产力数据对转换阻抗进行调整,得到转换阻抗图层;结合求取的异步演化速率,驱动分区异步元胞自动机模型运行,模拟得到我国 2010 年土地利用模拟结果;采用 Kappa Simulation 指数对模拟结果进行评估，并根据精度评估结果对分区异步元胞自动机模型进行校正。

在分区异步元胞自动机模型的校准过程中，阻抗系数的确定是模型校准的重点。本书中的土地利用类型包括 8 类，分别是耕地、林地、草地、水体、河流、城镇建设用地、农村建设用地、未利用地等。根据历史数据及经验，确定上述 8 类土地利用类型的阻抗系数分别为：1、1.25、1.25、1.5、1.25、1.5、1.5 和 1，进而得到我国 2010 年土地利用量模拟结果。

在此基础上，使用荷兰环境评价署开发的 Map Comparison Kit（Visser et al.，2006）软件包计算上述土地利用变化模拟结果的 Kappa Simulation 指数（表 5-6）。

表 5-6　我国土地利用量模拟结果精评估（2000～2010 年）

指数	耕地	林地	草地	水体	城市建设用地	农村居民点用地	未利用地
$K_{simulation}$	0.261	0.107	0.052	0.214	0.547	0.277	0.303
$K_{Transloc}$	0.470	0.327	0.433	0.454	0.587	0.313	0.434
$K_{Transition}$	0.555	0.328	0.119	0..472	0.931	0.886	0.697

从表（5-6）可以看出，分区异步元胞自动机模型在模拟我国 2000～2010 年的土地利用量变化时具有较高的模拟精度。尤其是城市建设用地和农村建设用地的模拟精度分别达到了 0.547 和 0.277，表明分区异步元胞自动机模型对这两种地类的模拟精度较高。$K_{Transloc}$ 大于 0 表明能较为精确地模拟土地利用类型变化发生的位置。$K_{Transition}$ 大于 0 表示模拟的发生土地利用类型变化的数量与真实的土地利用类型变化数量一致程度较高。可见，分区异步元胞自动机模型可以用来模拟我国未来的土地利用变化，也可以用于开展我国耕地非农化的空间优化配置。

5.4.2　布局优化的关键参数

1. 全局终止条件

耕地区际优化布局的总体目标是通过耕地资源在不同区域之间的合理布局，确保全国范围内粮食生产能力不下降，保障国家粮食安全。

本书通过测算表明，我国人口峰值年将出现在 2030 年前后，到人口峰值年时，全国粮食消费需求为 58 076.88×10^4 t。而耕地生产力评估的结果结合土地利用数据测算得到 2010 年我国耕地生产潜力总量为 1.08×10^9 t。人口峰值年我国粮食消费需求总量为 2010 年我国耕地生产潜力总量的 35.41%。但是，耕地生产潜力很难完全实现，耕地实际生产力与生产潜力之间总是存在着一定的差距，加之种植结构、土地利用集约度等方面的影响，使得耕地生产潜力转换为粮食生产能力的系数受到限制。

本书对比了我国各省（自治区、直辖市）1990～2010 年实际粮食产量与耕地生产潜力的比值（表 5-7）。结果表明，1990～2010 年我国各省（自治区、直辖市）实际粮食产量与耕地生产潜力的比值在 14%～61%波动。2010 年，我国各省（自治区、直辖市）粮食产量与耕地生产潜力之间比值的平均值为 42.72%。可见，要实现全国范围内的粮食安全，需要保证耕地生产潜力不下降。因此，耕地区际布局优化的总体目标是保证优化后的耕地生产潜力与 2010 年全国耕地生产潜力持平。

表 5-7　1990～2010 年各省（自治区、直辖市）粮食产量与耕地生产潜力之比

省（自治区、直辖市）	1990 年	1995 年	2000 年	2005 年	2010 年	2015 年
安徽	0.226 458	0.238 935	0.230 553	0.244 032	0.285 838	0.416 534
北京	0.387 620	0.448 355	0.252 001	0.181 463	0.246 767	0.202 298
重庆	—	—	0.380 836	0.405 164	0.404 409	0.443 617
福建	0.514 791	0.539 900	0.503 592	0.433 896	0.399 896	0.508 214
甘肃	0.191 728	0.177 894	0.196 330	0.229 978	0.244 341	0.267 035
广东	0.611 518	0.582 021	0.589 862	0.485 877	0.438 138	0.623 692
广西	0.456 232	0.504 164	0.509 123	0.496 453	0.466 986	0.551 340
贵州	0.240 211	0.316 132	0.384 448	0.382 060	0.385 079	0.425 913
海南	0.156 825	0.188 364	0.185 916	0.143 298	0.172 408	0.294 345
河北	0.228 399	0.280 786	0.261 666	0.268 171	0.300 989	0.349 421
黑龙江	0.210 420	0.214 987	0.205 692	0.248 211	0.337 916	0.403 853
河南	0.225 157	0.236 025	0.279 796	0.315 222	0.370 466	0.512 400
湖北	0.284 203	0.285 282	0.257 273	0.255 626	0.263 018	0.448 169
湖南	0.371 099	0.379 545	0.389 785	0.379 502	0.398 770	0.341 385
江苏	0.350 605	0.365 511	0.349 343	0.324 229	0.372 252	0.430 348
江西	0.300 666	0.292 142	0.293 934	0.321 676	0.359 140	0.500 646
吉林	0.374 665	0.348 977	0.283 892	0.445 636	0.491 088	0.540 080
辽宁	0.265 930	0.248 720	0.197 528	0.303 378	0.323 990	0.519 820
宁夏	0.227 998	0.225 543	0.270 846	0.334 164	0.365 432	0.488 275
青海	0.399 155	0.404 047	0.280 215	0.322 003	0.351 434	0.423 555
陕西	0.196 766	0.168 212	0.200 649	0.196 400	0.210 024	0.391 121
山东	0.274 054	0.350 799	0.317 587	0.328 567	0.361 026	0.402 921
上海	0.460 516	0.437 930	0.368 492	0.246 747	0.295 596	0.395 785
山西	0.236 477	0.223 992	0.208 510	0.241 201	0.255 446	0.477 763
四川	0.457 357	0.469 389	0.363 737	0.349 345	0.342 486	0.473 070
天津	0.275 831	0.309 330	0.185 731	0.212 079	0.230 838	0.359 536

省（自治区、直辖市）	1990 年	1995 年	2000 年	2005 年	2010 年	2015 年
新疆	0.158 074	0.173 696	0.178 667	0.180 800	0.186 409	0.290 550
西藏	—					
云南	0.254 932	0.289 231	0.357 355	0.370 276	0.372 775	0.449 227
浙江	0.541 657	0.502 334	0.432 758	0.312 449	0.302 480	0.478 164
内蒙古	0.178 765	0.185 002	0.203 963	0.272 183	0.348 098	0.408 330

2. 元胞空间分区

用于土地利用类型变化模拟时，通常采用空间聚类或双约束空间聚类的方法进行元胞空间分区，从而使得每一个分区具有相对一致的元胞演化规律。

然而，在开展耕地区际优化布局时，为了使得优化布局的结果能应用于管理实践，可以直接采用行政区划作为元胞空间分区的结果。本书是在全国范围内对耕地资源进行区际优化布局，而我国很多耕地保护政策（如耕地总量动态平衡政策）是在省级行政单元上执行的。所以，本书直接以省级行政区划作为元胞空间分区。在此基础上，利用分区异步元胞自动机模型开展耕地区际布局优化。

3. 分区转换规则获取

本书中，在元胞空间分区的基础上，采用 C5.0 决策树算法挖掘土地利用类型变化与各影响因素之间的关系，进而求取各土地利用类型的分区转换规则。

根据影响土地利用类型变化的关键因子及数据的可得性，本书中涉及的土地利用类型变化驱动因子有高程、坡度、与国道的距离、与省级道路的距离、与县级道路的距离、与铁路的距离、与高速公路的距离和与市区道路的距离等。根据上述影响因子，测算得到各种土地利用类型的全局转换概率值。

4. 异步演化速率获取

异步演化速率是开展基于生产力总量平衡的耕地区际布局优化的关键点，是耕地非农化优先度的表征指标。前述已及，耕地非农化优先度是用来衡量耕地非农化效率、耕地非农化压力和建设用地人口密度区域差异的指标。在开展耕地区际布局优化时，通过将耕地非农化指标优先配置在耕地非农化效率高、耕地非农化压力大和建设用地人口密度高的区域，可以在保障全国耕地生产力总量不变的前提下，使得耕地非农化压力得到最大限度的释放、耕地非农化效率最大化和耕地非农化的人口容纳能力最大化。因此，异步演化速率是协调耕地生产力保护和耕地非农化矛盾的关键点。

本书采用第 4 章提出的耕地非农化优先测算的方法，测算得到我国 31 省（自治区、直辖市）耕地非农化优先度如表 5-8 所示。

表 5-8　我国 31 省（自治区、直辖市）耕地非农化优先度

省（自治区、直辖市）	耕地非农化优先度	省（自治区、直辖市）	耕地非农化优先度	省（自治区、直辖市）	耕地非农化优先度
北京	0.458 0	安徽	0.297 4	四川	0.362 5
天津	0.383 9	福建	0.408 9	贵州	0.274 6
河北	0.342 0	江西	0.279 9	云南	0.320 7
山西	0.270 2	山东	0.471 2	西藏	0.206 9
内蒙古	0.230 7	河南	0.345 1	陕西	0.317 4
辽宁	0.396 4	湖北	0.316 9	甘肃	0.218 1
吉林	0.210 2	湖南	0.327 6	青海	0.243 3
黑龙江	0.206 3	广东	0.667 0	宁夏	0.203 3
上海	0.570 9	广西	0.282 9	新疆	0.223 0
江苏	0.580 8	海南	0.327 6		
浙江	0.469 2	重庆	0.335 5		

如前所述，耕地非农化优先度越高的区域，在分区异步元胞自动机模型中应该拥有越高的异步演化速率，从而可以获得更多的演化机会。然而，元胞自动机模型并没有演化速率的概念，也无法表达演化速率的差异。所以，在分区异步元胞自动机模型中，采用异步演化间隔来表达异步演化速率，如 5.2 节所示。采用 5.2 节的方法，测算得到我国 31 省（自治区、直辖市）的异步演化间隔。

5. 转换阻抗

在分区异步元胞自动机模型中，转换阻抗是用来表达元胞空间中的每一个元胞从当前土地利用类型转换为其他土地利用类型的难易程度。因此，在采用分区异步元胞自动机模型进行耕地区际优化布局时，可以在模型校准得到各种土地利用类型转换阻抗系数的基础上，采用耕地生产力对转换阻抗进行修正，从而使得耕地生产力高的区域，其转换阻抗也高，因而更难转换为其他用地类型；反之，耕地生产力低的区域，其转换阻抗也相对较低，从而更容易发生耕地非农化。使用耕地生产力水平对转换阻抗进行修改，从而使得耕地生产力高的耕地尽可能得到保护。

本书中，采用式（5-16）求取耕地区际优化布局的分区异步元胞自动机模型的转换阻抗，土地利用转换阻抗的调整值 $r_{\mathrm{adj},ij}$ 由如式（5-26）计算得到

$$r_{\mathrm{adj},ij} = \frac{\mathrm{prod}_{i,j} - \mathrm{prod}_{\min}}{\mathrm{prod}_{\max} - \mathrm{prod}_{\min}} \times (r_{\mathrm{adj},\max} - r_{\mathrm{adj},\min}) + r_{\mathrm{adj},\min} \tag{5-26}$$

式中：$\mathrm{prod}_{i,j}$ 为元胞 (i,j) 处对应的耕地生产力；$\mathrm{prod}_{\max}$ 为耕地生产力的最大值；$\mathrm{prod}_{\min}$ 为耕地生产力的最小值；$r_{\mathrm{adj},\max}$ 为调整系数的最大值；$r_{\mathrm{adj},\min}$ 为调整系数的最小值。在本书中，$r_{\mathrm{adj},\max}$ 取值为 1.1，$r_{\mathrm{adj},\min}$ 取值为 1.0。

5.4.3　布局优化结果

在分区异步元胞自动机模型中输入相关参数,驱动模型运行,可以得到我国耕地区际优化布局的结果。

1. 优化后的耕地生产力

将优化后的土地利用数据与耕地生产力空间数据进行叠加分析,测算得到:优化后,我国耕地生产潜力总量为 1.07×10^9 t。前述已及,2010 年,我国耕地生产潜力总量为 1.08×10^9 t。并且对 1990~2010 年我国耕地生产力与粮食产量关系的研究也表明:全国范围内耕地生产潜力总量维持在 1.07×10^9 t 是能够保证我国人口峰值年的粮食生产力总量。也就是说,优化后,耕地生产力总量能保障我国人口峰值年的粮食安全。

2. 优化后的城镇建设用地人口容纳能力

将优化的土地利用数据与各省域城镇建设用地人口容纳能力空间数据进行叠加分析,测算得到:优化后,我国城镇建设用地的人口容纳能力为 10.49 亿人。对我国人口峰值年的人口总量和城市化水平的预测结果表明:到 2030 年,我国人口总量将达到 14.5 亿人;与此同时,我国城镇化水平将达到 72.33%;所以,我国城镇人口将达到 10.49 亿人。也就是说,优化后,城镇建设用地对人口的容纳能力能支撑我国人口峰值年的城镇人口总量。

3. 优化后的农村居民点人口容纳能力

将优化后的土地利用数据与各省域农村居民点人口容纳能力空间数据进行叠加分析,测算得到:优化后,我国农村居民点人口容纳能力为 8.95 亿人。对我国人口峰值年的人口总量和城市化水平的预测结果表明:到我国人口出现峰值的 2030 年,农村人口为 4.01 亿人。可见,优化后,农村居民点的人口容纳能力远高于人口峰值年的农村人口数量,2030 年农村居民点的人口容纳能力为农村人口数量的 2.23 倍。这表明,在我国快速城市化的过程中,农村居民点具有巨大的开发整理潜力,有近 50% 的现有农村居民点可以通过土地整理的方式转换成耕地,也是减少我国耕地保护压力的重要途径。

4. 2010~2030 年耕地资源数量变化特征

将优化后的土地利用数据与 2010 年的土地利用数据进行叠加分析,得到 2010~2030 年耕地资源的数量变化特征:2010~2030 年,耕地流失总量为 10 669 km²;与此同时,为了达到生产力总量平衡,在 2010~2030 年,耕地补充总量为 8 953 km²。可见,虽然补充的耕地面积小于流失的耕地面积,但是由于开展了耕地布局的空间优化配置,所以能够实现耕地生产力总量的平衡,进而保障我国的粮食安全。

此外,由于本书要解决的主要矛盾是建设用地扩张与耕地保护的矛盾,没有考虑生态退耕、灾损等对耕地流失的影响,所以在优化结果中,2010~2030 年我国耕地面积流失的

10 669 km^2 全部来源于城市建设用地。然而，耕地补充的来源却呈现多样化的特征，但也主要来源于林地、草地、湿地和未利用地。其中，耕地补充侵占未利用地的面积最大，为 2 798 km^2，占补充耕地面积总量的 31.25%；耕地补充侵占草地的面积次之，为 1 654 km^2，占补充耕地面积总量的 18.47%；林地和湿地的开垦对耕地补充也有很大贡献，两者总面积达 2 817 km^2，共占补充耕地面积总量的 31.46%，这表明在耕地占补平衡政策的驱动下，我国退耕还林、退耕还湖的实施效果在部分区域可能面临着巨大的压力。

5. 2010～2030 年城市建设用地数量变化特征

将优化后的土地利用数据与 2010 年土地利用空间数据进行叠加分析，可以测算得到 2010～2030 年我国城市建设用地数量变化特征：2010～2030 年，人口数量持续增加，城市化进程不断加快，导致我国城市建设用地的面积也处于逐渐增加的趋势。2010～2030 年，我国城市建设用地面积增加量将达到 1 9195 km^2。未来城市建设用地增加的主要来源是耕地、农村居民点用地、林地、湿地和草地。其中，城市建设用地增加占用耕地面积将达到 10 669 km^2，占城市建设用地面积增加总量的 55.58%；城市建设用地增加占用农村建设用地的面积为 3 380 km^2，占城市建设用地面积增加总量的 17.61%；城市建设用地增加占用林地的面积总量为 2 357 km^2，占城市建设用地增加总量的 12.28%；城市建设用地增加总量对湿地侵占的总面积达到 1 075 km^2，占城市建设用地增加总量的 5.60%；城市建设用地扩张对草地的占用为 772 km^2，占城市建设用地增加总量的 4.02%。

可见，2030 年之前，我国城市建设用地扩张的趋势不可逆转，并且城市建设用地扩张以占用耕地为主，占到 2010～2030 年城市建设用地扩张面积的 55% 以上。也就是说，在当前我国人口数量持续上升、城市化进程不断加快的背景下，耕地资源被城市建设用地所侵占是不可避免的。在这样的背景下，迫切需要开展基于生产力总量平衡的耕地区际布局优化，通过耕地生产力总量的保护实现我国的粮食安全。

6. 2010～2030 年农村居民点用地数量变化特征

将优化后的土地利用数据与 2010 年土地利用空间数据进行叠加分析，可以测算得到 2010～2030 年我国农村居民点用地数量变化特征：2010～2030 年，我国农村居民点总量减少 4 703 km^2，并且农村建设用地面积的减少是城市建设用地的占用和补充耕地两方面造成的。即使 2010～2030 年，我国农村建设用地面积减少了 4 703 km^2，到 2030 年，我国农村居民点用地的人口容纳能力仍然高达 8.95 亿人，远远高于我国人口峰值年农村人口总数。因此，我国农村居民点具有极大的复垦潜力，通过对农村居民点的整治和复垦，可以从很大程度上减少我国粮食安全与城市扩张的土地资源压力。

7. 2010～2030 年耕地资源变化的空间特征

对优化后的土地利用数据与 2010 年的土地利用数据进行叠加运算得到 2010～2030 年土地利用变化的空间数据。在此基础上，采用各省（自治区、直辖市）的行政单元分区数据对土地利用变化的空间数据进行分区统计，得到耕地资源的变化情况（表 5-9）。

表 5-9　2010~2030 年我国 31 省（自治区、直辖市）耕地增加量及减少量　　（单位：km²）

省（自治区、直辖市）	耕地增加量	耕地减少量	省（自治区、直辖市）	耕地增加量	耕地减少量
北京	5 071.38	5 209.33	湖北	4 905.17	6 323.23
天津	6 363.86	6 092.55	湖南	3 634.14	5 643.19
河北	5 183.06	6 125.01	广东	2 169.74	3 107.50
山西	2 729.64	3 374.76	广西	1 763.58	2 705.84
内蒙古	2 106.73	2 250.12	海南	4 481.55	6 316.23
辽宁	4 057.19	5 084.47	四川	3 256.11	3 347.20
吉林	3 515.30	4 476.40	重庆	2 723.94	3 335.86
黑龙江	3 379.45	4 107.54	贵州	1 928.45	2 128.27
上海	5 793.14	7 917.23	云南	1 613.59	2 656.37
江苏	7 561.25	9 474.84	西藏	464.89	233.94
浙江	3 483.62	4 633.055	陕西	2 736.33	3 372.37
安徽	7 433.47	9 004.30	甘肃	2 244.42	2 778.89
福建	1 711.90	2 254.62	青海	1 186.57	1 800.08
江西	3 699.59	5 722.77	宁夏	2 167.20	2 612.24
山东	7 290.85	7 971.13	新疆	3 372.81	2 633.63
河南	8 949.14	9 607.16			

　　从表 5-9 中可以看出，2010~2030 年，耕地流失发生的区域主要集中于上海、江西、湖南、江苏、海南。上海耕地流失量为 2 124 km²，占同期全国耕地流失量的 8.00%；江西耕地流失量为 2 023 km²，占同期全国耕地流失总量的 7.62%；湖南耕地流失量为 2 009 km²，占同期全国耕地流失总量的 7.56%；江苏耕地流失量为 1 913 km²，占同期全国耕地流失总量的 7.20%；海南耕地流失量为 1 835 km²，占同期全国耕地流失总量的 6.91%。

　　与此同时，耕地补充发生的区域主要集中在新疆、天津、西藏等省（自治区、直辖市）。其中，2010~2030 年，新疆耕地补充总量为 739 km²，占同期全国耕地补充总量的 59.54%；天津耕地补充总量为 271 km²，占同期全国耕地补充总量的 21.85%；西藏耕地补充总量为 231 km²，占同期全国耕地补充总量的 18.60%。

　　可见，在基于生产力总量平衡的耕地区际布局优化结果中，城镇建设用地的扩张导致耕地资源的流失；而另一方面，需要新开垦一部分耕地以确保耕地生产力总量达到动态平衡。耕地区际布局优化的结果显示：城镇建设用地扩张造成的耕地流失和为了保证耕地生产力总量平衡而造成的耕地增加发生在不同的区域，这主要是耕地非农化压力和耕地生产力存在着区域差异导致的。

8. 2010～2030 年城市建设用地变化的空间特征

从基于生产力总量平衡的耕地区际优化布局结果和 2010 年全国土地利用空间数据的叠加分析和分区统计的结果,还可以得到 2010～2030 年城镇建设用地扩张造成耕地流失的情况(表 5-10)。

表 5-10 2010～2030 年我国 31 省(自治区、直辖市)建设用地占用耕地数量 （单位：km²)

省(自治区、直辖市)	建设用地占用耕地数量	省(自治区、直辖市)	建设用地占用耕地数量	省(自治区、直辖市)	建设用地占用耕地数量
北京	5 071.38	安徽	7 433.47	重庆	2 723.94
天津	6 363.86	福建	1 711.90	贵州	1 928.45
河北	5 183.06	江西	3 699.59	云南	1 613.59
山西	2 729.64	山东	7 290.85	西藏	464.89
内蒙古	2 106.73	河南	8 949.14	陕西	2 736.33
辽宁	4 057.19	湖北	4 905.17	甘肃	2 244.42
吉林	3 515.30	湖南	3 634.14	青海	1 186.57
黑龙江	3 379.45	广东	2 169.74	宁夏	2 167.20
上海	5 793.14	广西	1 763.58	新疆	3 372.81
江苏	7 561.25	海南	4 481.55		
浙江	3 483.62	四川	3 256.11		

从表 5-10 可以看出,2010～2030 年,城镇建设用地扩张占用耕地最显著的区域主要集中在河南、江苏、安徽、山东、天津、上海、河北等地。其中,城镇建设用地扩张占用耕地面积最大的区域为河南省。2010～2030 年,江苏城镇建设用地面积增加了 8 949 km²,占同期全国城镇建设用地扩张占用耕地面积的 7.65%;其次为安徽,其城镇建设用地扩张占用耕地面积 7 433 km²,占同期全国城镇建设用地扩张占用耕地面积的 6.35%;再次为山东省,其城镇建设用地扩张占用耕地面积为 7 291 km²,占同期全国城镇建设用地扩张占用耕地面积的 6.23%。

可见,2010～2030 年,耕地非农化效率、耕地非农化压力和耕地非农化对人口的容纳能力的区域差异,使得在基于生产力总量平衡的耕地区际优化布局过程中,城镇建设用地扩张呈现显著的区域差异。

参 考 文 献

边馥苓, 2006. 空间信息导论. 北京: 测绘出版社.
蔡承智, 梁颖, 李啸浪, 2008. 基于 AEZ 模型预测的我国未来粮食安全分析. 农业科技通讯(2): 15-17.
曹银贵, 周伟, 乔陆印, 等, 2012. 中国东部地区城市建设用地变化与利用效益分析. 地理科学进展,

31(7): 869-877.

陈凤, 张安明, 邹小红, 2010. 基于主成分分析法的建设用地需求优先度研究: 以重庆市渝东南和渝东北两翼为例. 西南大学学报, 32(8): 158-162.

陈功, 曹桂英, 刘玉博, 等, 2006. 北京市未来人口发展趋势预测: 利用多状态模型对未来人口、人力资本和城市化水平的预测分析. 市场与人口分析(4): 29-41.

陈江龙, 曲福田, 陈雯, 2008. 农地非农化效率的空间差异及其对土地利用政策调整的启示. 管理世界(8): 37-42.

陈志强, 陈健飞, 2007. 福州城市用地变化 CA 模型动态模拟研究. 地球信息科学, 9(2): 70-73.

程龙, 董捷, 2012. 武汉城市圈建设用地增减挂钩潜力分析. 农业现代化研究, 33(1): 95-99.

戴金华, 赵筱青, 2009. 基于灰色线性规划的土地利用结构优化: 以云南省澜沧县为例. 云南地理环境研究, 21(3): 26-31.

邓聚龙, 1987. 灰色系统基本方法. 武汉: 华中工学院出版社.

邓乃扬, 田英杰, 2004. 数据挖掘中的新方法: 支持向量机. 北京: 科学出版社.

封志明, 2007. 中国未来人口发展的粮食安全与耕地保障. 人口研究, 2: 15-29.

关小克, 张凤荣, 郭力娜, 等, 2010. 北京市耕地多目标适宜性评价及空间布局研究. 资源科学, 32(3): 580-587.

何春阳, 陈晋, 史培军, 等, 2003. 大都市区城市扩展模型: 以北京城市扩展模拟为例. 地理学报, 58(2): 294-304.

何春阳, 史培军, 陈晋, 等, 2005. 基于系统动力学模型和元胞自动机模型的土地利用情景模型研究. 中国科学, 35(5): 464-473.

何金阳, 仇鸿超, 李林, 等, 2017. 基于两种改进人口模型的新生育政策下人口预测与分析: 以西安市为例. 计算机与现代化(8): 26-30.

胡茂桂, 傅晓阳, 张树清, 等, 2007. 基于元胞自动机的莫莫格湿地土地覆被预测模拟. 资源科学, 29(2): 142-148.

侯西勇, 常斌, 于信芳, 2004. 基于 CA-Markov 的河西走廊土地利用变化研究. 农业工程学报, 20(5): 286-291.

姜群鸥, 邓祥征, 林英志, 等, 2010. 中国耕地用途转移对耕地生产力影响的预测与分析. 应用生态学报, 21(12): 3113-3119.

焦利民, 刘耀林, 任周桥, 2008. 基于自组织神经网络的空间点群聚类及其应用分析. 武汉大学学报(信息科学版), 33(2): 168-171.

柯新利, 2008a. 基于 AHP 方法的土地利用现状评价与分析. 国土资源科技管理, 25(4): 57-60.

柯新利, 2008b. 改进熵权系数法在基本农田指标分解中的应用. 湖北农业科学, 47(7): 779-782.

柯新利, 2009. 分区异步元胞自动机模型及其尺度敏感性分析. 武汉: 武汉大学.

柯新利, 边馥苓, 2010a. 基于空间数据挖掘的分区异步元胞自动机模型. 中国图象图形学报, 15(6): 921-930.

柯新利, 邓祥征, 刘成武, 2010b. 基于分区异步元胞自动机模型的耕地利用布局优化: 以武汉城市圈为例. 地理科学进展, 29(11): 1442-1450.

柯新利, 韩冰华, 刘蓉霞, 等, 2012. 1990 年以来武汉城市圈土地利用变化时空特征研究. 水土保持研究, 19(1): 76-81.

赖红松, 祝国瑞, 董品杰, 2004. 基于灰色预测和神经网络的人口预测. 经济地理(2): 197-201.

黎夏, 叶嘉安, 2002. 基于神经网络的单元自动机 CA 及真实和优化的城市模拟. 地理学报, 57(2): 159-166.

黎夏, 叶嘉安, 2005. 基于神经网格的元胞自动机及模拟复杂土地利用系统. 地理研究, 1: 19-27.

黎夏, 叶嘉安, 刘小平, 等, 2007. 地理模拟系统: 元胞自动机与多智能体. 北京: 科学出版社.

李德仁, 王树良, 李德毅, 等, 2002. 论空间数据挖掘和知识发现的理论和方法. 武汉大学学报(信息科学版), 27(6): 221-233.

李德仁, 王树良, 李德毅, 2006. 空间数据挖掘理论与应用. 北京: 科学出版社.

李胜贤, 曹敏建, 2015. 区域粮食消费水平与预测模型研究: 以辽宁省为例. 农机化研究(4): 12-17.

李志强, 吴建寨, 王东杰, 2012. 我国粮食消费变化特征及未来需求预测. 中国食物与营养(3): 38-42.

刘开第, 1997. 未确知数学. 武汉: 华中理工大学出版社.

刘丽军, 宋敏, 屈宝香, 2009. 中国耕地非农化的区域差异及其收敛性. 资源科学, 31(1): 116-122.

刘小平, 黎夏, 彭晓鹃, 2007. "生态位"元胞自动机在土地可持续规划模型中的应用. 生态学报, 27(6): 2391-2402.

刘晓艳, 石洪波, 2017. "全面二孩"政策下的中国人口结构解析. 统计与决策(8): 77-80.

刘耀林, 刘艳芳, 明冬萍, 2004. 基于灰色局势决策规则的元胞自动机城市扩展模型. 武汉大学学报(信息科学版), 29(1): 7-13.

龙瀛, 韩昊英, 毛其智, 2009. 利用约束性 CA 制定城市增长边界. 地理学报, 64(8): 999-1008.

卢远, 莫建飞, 韦亮英, 2008. 生态约束性城市扩展模型与应用分析: 以南宁市区为例. 地球信息科学, 10(6): 710-715.

罗其友, 米健, 高明杰, 2014. 中国粮食中长期消费需求预测研究. 中国农业资源与区划, 5: 1-7.

骆建忠, 2008. 基于营养目标的粮食消费需求研究. 北京: 中国农业科学院.

吕新业, 冀县卿, 2013. 关于中国粮食安全问题的再思考. 农业经济问题(9): 15-24.

梅方权, 2009. 2020 年中国粮食的发展目标分析. 中国食物与营养(2): 4-8.

孟令国, 李超令, 胡广, 2014. 基于 PDE 模型的中国人口结构预测研究. 中国人口·资源与环境(2): 132-141.

米健, 罗其友, 高明杰, 2013. 粮食需求预测方法述评. 中国农业资源与区划(3): 28-33.

秦中春, 2013. 中国未来人口变化的三大转折点预测: 基于年龄移算人口预测模型的分析. 区域经济评论(5): 5-14.

任强, 侯大道, 2011. 人口预测的随机方法: 基于 Leslie 矩阵和 ARMA 模型. 人口研究(2): 28-42.

沈巍, 宋玉坤, 2015. 人口预测方法的现状、问题与改进对策. 统计与决策(12): 4-9.

宋佩锋, 2013. 人口预测方法比较研究. 合肥: 安徽大学.

孙宝民, 2012. 中国粮食供需的预测指标体系及模型设计. 经济问题(3): 39-43.

谈明洪, 吕昌河, 2005. 城市用地扩展与耕地保护. 自然资源学报, 20(1): 52-58.

唐华俊, 李哲敏. 2012. 基于中国居民平衡膳食模式的人均粮食需求量研究. 中国农业科学(11): 2315-2327.

田剑, 胡月明, 王长委, 等, 2007. 聚类支持下决策树模型在耕地评价中的应用. 农业工程学报, 23(12): 58-62.

万幼, 2008. K 邻近空间关系下的离群点检测和关联模式挖掘研究. 武汉: 武汉大学.

王洋, 余志刚, 2015. 中国粮食市场的供需结构、趋势及政策需求分析: 基于 ARIMA-GRNN 模型的预测. 中国农学通报(4): 280-285.

王昱, 丁四保, 卢艳丽. 2012. 建设用地资源的空间优化配置: 现状、矛盾与实现路径. 经济问题探索(4): 7-12.

王光召, 安和平, 2014. 低生育背景下中国人口惯性与人口增长峰值预测. 宁夏大学学报(人文社会科学版) (3): 166-170.

王金营, 2015. "全面二孩"下 21 世纪中国人口仍难回转年轻. 探索与争鸣(12): 21-23.

王金营, 戈艳霞, 2016. 全面二孩政策实施下的中国人口发展态势. 人口研究, 40(6): 3-21.

王培安, 2016. 人口新形势与人口研究. 人口研究, 40(5): 3-5.

温兴平, 胡光道, 杨晓峰, 2007. 基于 C5.0 决策树分类算法的 ETM+影像信息提取. 地理与地理信息科学, 23(6): 26-29.

吴乐, 2011. 中国粮食需求中长期趋势研究. 武汉: 华中农业大学.

向晶, 钟甫宁, 2013. 人口结构变动对未来粮食需求的影响: 2010~2050. 中国人口·资源与环境, 23(6): 117-121.

肖俊彦, 2010. 我国粮食消费水平及中长期需求与政策建议. 理论学刊(12): 31-35, 127.

谢鹏飞, 2016. 基于 GMDP 模型和 ACO 算法的澜沧县多目标土地利用优化配置研究. 昆明: 云南大学.

辛良杰, 王佳月, 王立新, 2015. 基于居民膳食结构演变的中国粮食需求量研究. 资源科学(7): 1347-1356.

徐建华, 2002. 现代地理学中的数学方法. 2 版. 北京: 高等教育出版社.

薛正平, 邓华, 杨星卫, 等, 2006. 基于决策树和图层叠置的精准农业产量图分析方法. 农业工程学报, 22(8): 140-144.

杨俊, 解鹏, 席建超, 等, 2015. 基于元胞自动机模型的土地利用变化模拟: 以大连经济技术开发区为例. 地理学报, 70(3): 461-475.

杨国清, 刘耀林, 吴志峰, 2007. 基于 CA-Markov 模型的土地利用格局变化研究. 武汉大学学报(信息科学版), 32(5): 414-418.

杨丽霞, 杨桂山, 苑韶峰, 2006. 数学模型在人口预测中的应用: 以江苏省为例. 长江流域资源与环境, 15(3): 287-291.

杨青生, 黎夏, 2006. 基于支持向量机的元胞自动机及土地利用变化模拟. 遥感学报, 10(6): 836-846.

杨青生, 黎夏, 2007. 多智能体与元胞自动机结合及城市用地扩张模拟. 地理科学, 27(4): 542-548.

尹靖华, 顾国达, 2015. 我国粮食中长期供需趋势分析. 华南农业大学学报(社会科学版), 2: 76-83.

余洋, 2015. 基于城镇化–耕地耦合关系的合肥市土地利用结构优化. 北京: 中国地质大学.

原新, 2015. 完善生育政策与人口老龄化的若干关系问题. 人口与计划生育(5): 18-20.

臧俊梅, 王万茂, 李边疆, 2007. 我国基本农田保护制度的政策评价与完善研究. 中国人口·资源与环境, 17(2): 105-110.

张鸿辉, 曾永年, 刘慧敏, 2011. 多目标土地利用空间优化配置模型及其应用. 中南大学学报(自然科学版), 42(4): 1056-1065.

张效军, 2006. 耕地保护区域补偿机制研究. 南京: 南京农业大学.

张效军, 欧名豪, 高艳梅, 2007. 耕地保护区域补偿机制研究. 中国软科学(12): 47-55.

张玉梅, 李志强, 李哲敏, 等, 2012. 基于 CEMM 模型的中国粮食及其主要品种的需求预测. 中国食物与营养, 18(2): 40-45.

张志兵, 2004. 空间数据挖掘关键技术研究. 武汉: 华中科技大学.

郑新奇, 阎弘文, 徐宗波, 2001. 基于 GIS 的无棣县耕地优化配置. 国土资源遥感, 48(2): 53-56.

中国科学院地理科学与资源研究所 "武汉城市圈总体规划" 课题组, 2005. 武汉城市圈总体规划(2005~2020 年)总报告.

周成虎, 孙战利, 谢一春, 2001. 地理元胞自动机研究. 北京: 科学出版社.

周脚根, 2007. 双约束和粒度可变空间聚类以及分布式离群点检测研究. 武汉: 武汉大学.

周竹君, 2015. 当前我国谷物消费需求分析. 农业技术经济(5): 68-75.

周宗丽, 宁大同, 杨志峰, 1999. 三峡库区秭归县土地资源优化配置. 北京大学学报(自然科学版), 35(4): 536-541.

AGRAWAL R, ARNING A, BULLINGER T, et al., 1998. Automatic subspace clustering of high dimensional data for data mining applications. Proceeding of the ACM SIGMOD International Conference on Management of Data. Seattle, Washington, USA. June 2~4, 1998. Atlantic City, NJ, USA: ACM Press: 94-105.

AKKAS E, AKIN L, CUBUKCU H E, et al., 2015. Application of decision tree algorithm for classification and identification of natural minerals using SEM-EDS. Computers & Geosciences, 80: 38-48.

ALMEIDA C M D, BATTY M, CÂMARA G, et al., 2003. Stochastic cellular automata modeling of urban land use dynamics. Computer, Environment and Urban Systems, 27: 481-509.

AMBROISE C, DANG M, GOVAERT G, 1997. Geostaticstics for Environmental Applications. Dordrecht, Norwell: Kluwer Academic Publisher.

ANKERST M, BREUNING M, SANDER J, 1999. OPTICS: Ordering points to identify the clustering stucture. Proceedings of the ACM SIGMOD International Conference on Management of Data. Philadelphia, Pennsylvania, USA. June 1~3. Atlantic City, NJ, USA: ACM Press: 49-60.

AWREJCEWICZ J, 1989. Bifurcation and chaos in simple dynamical systems. Singapore: World Scientific.

BATTY M, LONGLEY P, FOTHERINGHAM S, 1989. Urban growth and form: scaling, fractal geometry, and diffusion-limited aggregation. Environment and Planning A, 21: 1447-1472.

BATTY M, XIE Y C, SUN Z L, 1999. Modeling urban dynamics through GIS-based cellular automata. Computers, Environment and Urban Systems, 23: 205-233.

BATTY M, XIE Y, 1994. From cells to cities. Environment and Planning B: Planning and Design, 21: 531-548.

BATTY M, XIE Y, 1997. Possible urban automata. Environment and Planning B: Planning and Design, 24(2): 175-192.

BAYS C, 1988. Classification of semitotalistic cellular automata in three dimensions. Complex System, 2(2): 235-254.

BENENSON I, TORRENS P M, 2004. Geosimulation: automata-based modeling of urban phenomena. Computers Environment and Urban Systems, 28(1): 1-8

BESSUSI E, CECCHINI A, RINALDI E, 1998. The diffused city of the Italian north-east: identification of urban dynamics using cellular automata urban models. Computer, Environment and Urban Systems, 22(5): 497-523.

BOWNESS R, CHAPLAIN MAJ, POWATHIL G G, et al., 2018. Modelling the effects of bacterial cell state and spatial location on tuberculosis treatment: insights from a hybrid multiscale cellular automaton model. Journal of Theoretical Biology, 446: 87-100.

CARPENTER G A, GROSSBERG S, 1987. ART2: Self-orgnization of stable category recognition codes for analog input patterns. Applied Optics(26): 4919-4930.

CHEN Q, MYNETT A E, 2003. Effects of cell size and configuration in cellular automata based pre-predator modeling. Simulation Modeling Practice and Theory, 28: 428-438.

CLARK K C, 1998. Loose-coupling a cellular automaton model and GIS: long-term urban growth prediction for San Francisco and Washingtom/Batimore. International Journal of Geographical Information Science, 12(7): 699-714.

CLARKE K C, HOPPEN S, GAYDOS L, 1997. A self-modifying cellular automaton model of historical urbanization in the San Francisco Bay area. Environment and Planning B: Planning and Design, 24: 247-261.

COMPUT J P D, PETRICA L, 2018. FPGA optimized cellular automaton random number generator. J Parallel Distrib Comput, 111: 251-259.

CORTES C, VAPNIK V, 1995. Support vector networks. Machine Learning, 20(3): 273-297.

COUCLELIS H, 1985. Cellular worlds: a framework for modeling micro-macro dynamics. Environment and Planning A, 17: 585-596.

CULIK I I K, HURD L P , YU S, 1990. Computation theoretic aspects of cellular automata. Physica D, 45: 357-378.

DAHAL K R, CHOW T E, 2014. An agent-integrated irregular automata model of urban land-use dynamics. International Journal of Geographical Information Science, 28(11): 2281-2303.

DEADMAN P J, BROWN R D, GIMBLETT H R, 1993. Modeling rural residential settlement patterns with cellular automata. Journal of Environmental Management(37): 147-160.

DEMPSTER A P, LAIRD N M, RUBIN D B, 1997. Maximum likelihood from incomplete data via the EM algorithm. Journal of the Royal Staticstical Society, Series B, 39: 1-22.

DOSWELL C A I, DAVIES-JONES R, KELLER D L, 1990. On summary measures of skill in rare event forecasting based on contingency tables. Weather and Forecasting, 5(4): 576-585.

DUNG E J, SUGUMARAN R, 2005. Development of an agricultural land evaluation and site assessment (LESA) decision support tool using remote sensing and geographic information system. Journal of Soil and Water Conservation, 60(5): 228-235.

ELDRANDALY K, 2010. A GEP-based spatial decision support system for multisite land use allocation. Applied Soft Computing, 10: 694-702.

EMBUTSU I, GOODCHILD M F, CHURCH R, et al., 1994. A cellular automaton modeling for urban heat island mitigation. Proceeding of GIS/LIS'94, 262: 271.

ENGELEN G, WHITE R, ULJEE I, et al., 1995. Using cellular-automata for integrated modeling of socio-environmental systems. Environmental Monitoring and Assessment, 34: 203-214.

ERMENTROUT G B, EDELSTEIN-KESHET L, 1993. Cellular automata approaches to biological modeling. Journal of Theoretical Biology, 160: 97-133.

ESTER M, KRIEGEL H P, SANDER J, 1996. A density-based algorithm for discovering clusters in large spatial databases with noise. Proceedings of the 2nd International Conference on Knowledge Discovery and Data Mining. Porland, Oregon, USA. August 2~4, 1996. Menlo Park, CA, USA: AAAI/MIT Press: 226-231.

ESTER M, KRIEGEL H P, SANDER J, 1997. Density-connected sets and their application for trend detection in spatial databbases. Proceeding of the 3rd International Conference On Knowledge Discovery and Data Mining. Newport Beach, CA. USA. August 14~17, 1997. Menlo Park, CA, USA: AAAI/MIT Press: 10-15.

FANG S, GERTNER G Z, SUN Z L, et al., 2005. The impact of interactions in spatial simulation of the dynamics of urban sprawl. Landscape and Urban Planning, 73(4): 294-306.

FLACHE A, HEGSELMANN R, 2001. Do irregular grids make a difference? Relaxing the spatial regularity assumption, in cellular models of social dynamics. Journal of Artificial Societies and Social Simulation, 4.

FRIEDL M A, BRODLEY C E, 1997. Decision tree classification of land cover from remotely sensed data. Remote Sensing of Environment, 61: 399-409.

GUHA S, RASTOGI R, SHIM K, 1990. CURE: an efficient clustering algorithm for large database. Proceeding of ACM SIGMOD International Conference on Management of Data. Seattle, USA. June, 1998. Atlantic City, NJ, USA: John Wiley & Sons: 30-66.

GUTOWITZ H A, 1990. A hierarchical classification of cellular automata. Physica D, 45: 136-156

HAGERSTRAND T, 1965. A monte-carlo approach to diffusion. European Journal of Sociology, 6(1): 43-67.

HAN J W, KAMBER M, 2007. 数据挖掘概念与技术. 2 版. 范明, 孟小峰, 等译. 北京: 机械工业出版社.

HINNEBURG A, KEIM D A, 1998. An efficient approach to clustering in large multimedia databases with noise. Proceedings of the 4th International Conference on Knowledge Discovery and Data mining. New York, USA. August 27-31. Menlo Park, CA, USA: AAAI/MIT Press, 58-65.

HUANG B, XIE C, TAY R, et al., 2009. Land-use-change modelling using unbalanced support-vector machines. Environment and Planning B: Planning and Design, 36: 398-416.

ITAMI R M, 1994. Simulating spatial dynamics: cellular automata theory. Landscape and Urban Planning, 30:

24: 47.

JANTZ C A, GOETZ S J, 2005. Analysis of scale dependencies in an urban land-use-change model. International Journal of Geographical Information Science, 19: 217-241.

KAUFMAN L, ROUSSEEW P J, 1990. Finding Groups Data: an Introduction to Cluster Analysis. New York: John Wiley & Sons.

KOHONEN T, 1989. Self Organization and Associative Memory. 3rd ed. New York: Springer Verlag.

KOPERSKI K, 1999. A progress refinement approach to spatial data mining. Burnaby: Simon Fraser University.

LI C, BISWAS G, 1997. Unsupervised clustering with mixed numeric and nominal data: A new similarity based agglomerative system. Singapore: Proceedings of the 1st Pacific-Asia Conference on KDD & Data Mining: 35-48.

LI X, LIU Y, LIU X, et al., 2013. Knowledge transfer and adaptation for land-use simulation with a logistic cellular automaton. International Journal of Geographical Information Science, 27(10): 1829-1848.

LI X, YEH A G O, 2000. Modelling sustainable urban development by the integration of constrained cellular automata and GIS. International Journal of Geographical Information Science, 14(2): 131-152.

LIU X H, ANDERSSON C, 2004. Assessing the impact of temporal dynamics on land use change modeling. Computer, Environment and Urban Systems, 28: 107-124.

LIU X, LI X, SHI X, et al., 2008. Simulating complex urban development using kernel-based non-linear cellular automata. Ecological Modelling, 211: 169-181.

LIU X, MA L, LI X, et al., 2014. Simulating urban growth by integrating landscape expansion index (LEI) and cellular automata. International Journal of Geographical Information Science, 28(1): 148-163.

LIU Y, 2012. Modelling sustainable urban growth in a rapidly urbanising region using a fuzzy-constrained cellular automata approach. International Journal of Geographical Information Science, 26(1): 151-167.

MENARD A, MARCEAU D J, 2005. Exploration of spatial scale sensitivity in geographic cellular automata. Environment and Planning B: Planning and Design, 32: 693-714.

MICALSKI R S, CHILAUSKY R L, 1980. Learning by being told and learning from examples: an experimental comparison of two methods of knowledge acquisition in context of developing on expert system for soybean disease diagnosis. Policy Analysis and Information Systems: 125-150.

MOGHADAM H S, HELBICH M, 2013. Spatiotemporal urbanization processes in the megacity of Mumbai, India: a markov chains-cellular automata urban growth model. Applied Geography, 40: 140-149.

MOORE K, 2000. Resel filtering to aid visualization within an exploratory data analysis system. Journal of Geographical Systems, 2: 375-398.

MURRAY A T, SHYY T K, 2000. Integrating attribute and space characteristics in choropleth display and spatial data mining. International Journal of Geographical Information Science, 14(7): 649-667.

NAGATANI T, TAINAKA K I, 2018. Cellular automaton for migration in ecosystem: application of traffic model to a predator-prey system. Physica A: Statistical Mechanics and its Applications, 490: 803-807.

NG R, HAN J, 1994. Efficient and effective clustering methods for spatial data mining. Proceeding of the 20th International Conference on VLDB. Santiago de Chile, Chile. September 12~15, 1994. San Francisco, California, USA: Morgan Kaufman: 144-155.

O'SULLIVAN D, 2001. Exploring spatial process dynamics using irregular cellular automaton models. Geographical Analysis, 33: 1-18.

PERRIER J Y, SIPPER A G, ZAHND J, 1996. Toward a viable, self-reproducing universal computer. Physica D, 97: 335-352.

PONTIUS R G, SHUSAS E, MCEACHERN M, 2004. Detecting important categorical land changes while accounting for persistence. Agriculture Ecosystems & Environment, 101(2-3): 251-268.

QUINLAN J R, 1993. C4. 5: Programs for Machine Learning. San Francisco: Morgan Kaufmann Publishers: 1-42.

QUINLAN J R, 1993. Combining instance-based and model-based learning. San Mateo, CA. Morgan Kaufmann: Proceedings of the 10th International Conference on Machine Learning: 236-243.

QUINLAN J, 1986. Introduction of decision trees. Machine Learning(5): 239-266.

RAGHAVAN S, SAHAY S S, 2009. Modeling the topological features during grain growth by cellular automaton. Computational Materials Science, 46: 92-99.

REN F H, 1997. A training model for GIS application in land resource allocation. ISPRS Photogrammetry and Remote Sensing(2): 261-265.

SANTÉ-RIVEIRA I, GRECENTE-MASEDA R, MIRANDA-BARROS D, 2008. GIS-based planning support system for rural land-use allocation. Computers and Electronics in Agriculture, 63: 257-273.

SHEIKHOLESLAMI G, CHATTERJEE S, ZHANG A D, 1998. WaveCluster: a multi-resolution clustering approach for very large spatial databases. Proceedings of the 24th VLDB Conference. New York City, NY, USA. August 24~27, 1998. San Francisco, California, USA: Morgan Kaufman, 428: 439.

SMITH A, 1969. Cellular Automata Theory. Technical Report 2, Stanford Electronic Lab., Stanford University.

TOBLER W R, 1970. A computer movie simulating urban growth in the detroit region. Economic Geography, 46: 234-240.

TOBLER W, 1984. Application of image processing techniques to map processing. Proceedings of International Symposium of Spatial Data Handling (International Geographical Union, Zurich): 140-144.

TURING A M, 1936. On computable numbers with and application to the entscheidungs problem. Proceedings of the London Mathematical Society, 2: 544-548.

VAN VLIET J, BREGT A K, HAGEN-ZANKER A, 2011. Revisiting Kappa to account for change in the accuracy assessment of land-use change models. Ecological Modelling, 222(8): 1367-1375.

VICHNIAC G, 1984. Simulating physics with cellular automata. Physica D, 10: 96-115.

VICTOR J D, 1990. What can automaton theory tell us about the brain? Physica D , 45: 205-207.

VISSER H, DE NIJS T, 2006. The map comparison kit. Environmental Modelling & Software, 21(3): 346-358.

VOTSIS A, 2017. Utilizing a cellular automaton model to explore the influence of coastal flood adaptation strategies on Helsinki's urbanization patterns. Computers, Environment and Urban Systems, 64: 344-355.

WANG W, YANG J, MUNTZ R, 1997. STING: A statictical information grid approach to spatial data mining. San Francisco, Califoornia, USA: Morgan Kaufman: Proceeding of the 23rd VLDB Conference. Athens, Greek: 286-195.

WANG X H, YU S, HUANG G H, 2004. Land allocation based on integrated GIS-optimization modeling at a watershed level. Landscape and Urban Planning, 66: 61-74.

WHITE R, ENGELEN G, 1993. Cellular automata and fractal urban form: a cellular modeling approach to the evolution of urban land-use patterns. Environment and Planning A(25): 1175-1199.

WHITE R, ENGELEN G, 1997. Cellular automata as the basis of integrated dynamic regional modeling. Environment and Planning B(24): 235-246.

WOLFRAM S, 1983. Statistical mechanics of cellular automata. Reviews of Modern Physics, 55(3): 601-644.

WU F L, 1998. Sim-land: a prototype to simulate land conversion through the integrated GIS and CA with AHP-drived transition rules. International Journal of Geographical Information Science, 12(1): 63-82.

WU F, 2002. Calibration of stochastic cellular automata: the application to rural-urban land conversions.

International Journal of Geographical Information Science, 16(8): 795-818.

ZHANG T, RAMAKRISHNAN R, LIVNY M, 1996. BIRCH: an efficient data clustering method for very large databases. ACM SIGMOD Record, 25(2): 103-114.

第 **6** 章 耕地非农化收益测算及其区域差异

6.1 概　　述

全球可持续发展 17 项目标是对未来经济、社会和环境可持续发展的一个总体预期。他们从需求出发以人为本，土地作为物质生产的基础与人类生存和发展息息相关，在解决粮食安全、生物多样性流失等现实问题方面，处于十分重要的地位（张甘霖 等，2018）。目前我国经济的快速增长、城市用地的盲目扩张导致耕地资源的不合理利用，造成耕地数量不断减少，耕地质量大量下降、城镇建设用地扩张与耕地保护之间的矛盾日益尖锐（柯新利 等，2015）。理想的城镇化进程应该使耕地非农化与耕地保护和土地集约节约利用之间形成一种动态的要素交换关系（张浩 等，2017）。因此，在快速城镇化过程中应该权衡耕地非农化的效用和机会成本，从成本收益角度实现土地资源的优化配置（唐少琛，2004）。

耕地保护区域补偿机制的建立是协调耕地非农化与耕地保护的重要手段之一（毛良祥，2013）。耕地保护区域补偿机制包括区域耕地保护责任及区域耕地补偿价值标准的核算，是协调耕地非农化与耕地保护的重要手段之一（毛良祥，2013）。在明确耕地保护责任的基础上，经济发达区域承担较少的耕地保护责任，支付耕地保护经济成本，而经济欠发达区域承担较多的耕地保护责任，补偿耕地保护经济成本。对耕地非农化收益进行测算是制定耕地保护区域补偿标准的前提。

大部分专家基于农地发展权及耕地自身禀赋来计算发展权价值，从而确定耕地非农化收益。发展权价值即耕地用于建设用地价值减去耕地用于粮食生产价值（朱一中 等，2012）。但是这种方法仅考虑了耕地转变为建设用地前后的价值变化，即只考虑了单因素的影响，忽略了耕地非农化对整个经济体系的作用，耕地非农化收益被低估。因此，应科学全面地认识耕地非农化收益。

测算耕地非农化收益是实现耕地保护区域补偿的基础。我国中东西部的地形地貌，气候及经济发展差异显著，不同省（自治区、直辖市）间的耕地资源也存在较大差异，因此测算不同省份的耕地非农化收益是必要的。在当前人地关系紧张的国情下，我国必须充分重视调整人地关系，以保证土地资源的可持续性。

6.2 测 算 方 法

耕地非农化收益的测算方法有很多，如生产函数法、收益还原法和市场比较法等。但这些常用的耕地非农化收益测算方法，如生产函数法、收益还原法、市场比较法在使用时，仅考虑耕地非农化过程中土地部门的投入产出情况，忽略了经济体系中土地部门与其他部门之间的相互影响，以及非农化活动对整个经济系统造成的联动影响和因此而产生的耕地非农化收益的增加或损失。投入产出模型从国民经济系统多投入与多产出的动态平衡原理出发，分析了国民经济系统内各经济部门之间的要素投入与要素产出的关系，能够对国民经济系统中单个具体要素的变动对整个国民经济系统产生的影响进行有效评估。为了测算土地要素对整个国民经济系统的影响，本书首先在建立投入产出模型时新增了一个土地资源账户，将城市扩张占用的土地作为土地部门的要素产出，以及其他经济部门发展运行所需的要素投入。然后运用新建立的模型计算出当土地要素的投入发生变化时整个国民经济系统产出值的变化情况，国民经济系统产出总值的变化量即为发生变化的那部分城市扩张所占用耕地的非农化收益。

6.2.1 投入产出模型基本概念

投入产出模型是一种以要素投入与产出平衡为基础原理的经济模型，主要分析国民经济系统内部各部门之间要素投入与要素产出的相互联系，通常有两种：价值型和实物型，在计算国民经济系统中的投入产出关系时分别以价格与物品数量为单位。在此基础上，还有全球投入产出模型、多区域投入产出模型等。投入产出模型的表达形式主要有投入产出数学模型和投入产出表。投入产出模型确定了各个国民经济部门及各个国民经济部门之间的相互联系和要素流动情况。投入产出表则是投入产出模型的数据体现，它通过数据来具体反映国民经济各部门之间的要素流动情况及相互关系。投入产出表的一般表达形式见表6-1。

表6-1中列表示该列代表的部门生产产品时需要使用的由行代表的部门生产的产品的情况；行表示该行代表的部门所生产的产品作为生产要素在其他部门中被使用的情况。单元格内的数值可以是数量也可以是价值，分别表示该单元格对应的列部门使用的该单

表 6-1　投入产出表的一般表达形式

参数		中间使用部门					最终使用量	总产出
		部门 1	部门 2	部门 3	……	合计		
中间部门投入	部门 1	E_{11}	E_{12}	E_{13}	……	T_1	Y_1	Q_1
	部门 2	E_{21}	E_{22}	E_{23}	……	T_2	Y_2	Q_2
	部门 3	E_{31}	E_{32}	E_{33}	……	T_3	Y_3	Q_3
	……	……	……	……	……	……	……	……
部门投入合计		M_1	M_2	M_3	……	……		
要素增加值	劳动	L_{11}	L_{12}	L_{13}	……	……		
	资本	C_{21}	C_{22}	C_{23}	……	……		
	……	……	……	……	……	……		
增加值合计		A_1	A_2	A_3	……	……		
总投入		Q_1	Q_2	Q_3	……	……		

元格对应的行部门的产品的数量及花费。由于统计直接的资本投入的难度较大、成本较高,因此沿用世界标准采用资产折旧作为商品生产的资本投入。该表反映了各个产业投入和产出的平衡关系:

$$\sum_{j=1}^{n} Q_{ij} + Y_i = Q_i \qquad (6\text{-}1)$$

$$\sum_{j=1}^{n} Q_{ij} + Y_i = Q_j \qquad (6\text{-}2)$$

式中:Q_{ij} 为部门 i 产品作为中间产品投入到部门 j 的情况;Y_i 为部门 i 生产产品的最终使用情况;Q_i 为部门 i 的产品总产出;Q_j 为部门 j 的要素总投入;P_{ij} 为因为要素 j 变动使国民经济部门 i 收益的增加值。

6.2.2　土地资源投入产出模型的构建

增加了土地部门和土地生产要素,用来分析土地部门与经济系统其他各部门之间的联系及土地要素变动对其他各部门产出的影响。该模型可以对不同经济部门利用土地要素的效率情况进行测度,还能进一步分析土地要素投入量变动与国民经济总产值变动之间的联动关系。

要想实现对土地资源投入产出的分析,首先要构建经济投入产出表中各部门经济投入产出与各部门土地使用类型对应的关系,进而得到土地投入变化所带来的经济变

化。考虑到各方面条件,本书将原有的 42 部门的投入产出表重新整理合并成 6 部门,
见表 6-2。

表 6-2　投入产出表 42 部门合并为 6 部门

6 部门	42 部门	
1 农业	1 农林牧渔业	
2 工业	2 煤炭采选产品	15 金属制品
	3 石油和天然气开采产品	16 通用设备
	4 金属矿采选产品	17 专用设备
	5 非金属矿和其他矿采选产品	18 交通运输设备
	6 食品和烟草	19 电气机械和器材
	7 纺织品	20 通信设备、计算机和其他电子设备
	8 纺织服装鞋帽皮革羽绒及其制品	21 仪器仪表
	9 木材加工品和家具	22 其他制造产品
	10 造纸印刷和文教体育用品	23 废品废料
	11 石油、炼焦产品和核燃料加工品	24 金属制品、机械和设备修理服务
	12 化学产品	25 电力、热力的生产和供应
	13 非金属矿物制品	26 燃气生产和供应
	14 金属冶炼和压延加工品	27 水的生产和供应
3 交通运输仓储业	30 交通运输、仓储和邮政	
4 房地产业	28 建筑业	34 房地产业
5 商业服务业	29 批发和零售	33 金融
	31 住宿和餐饮	35 租赁和商务服务
	32 信息传输、软件和信息技术服务	
6 公共服务业	36 科学研究和技术服务	40 卫生和社会工作
	37 水利、环境和公共设施管理	41 文化、体育和娱乐
	38 居民服务、修理和其他服务	42 公共管理、社会保障和社会组织
	39 公共教育	

另外根据已有的土地利用分类标准,结合现有的研究整理出了 6 部门投入产出表与
土地利用类型的对应关系,见表 6-3。

表 6-3　6 部门投入产出表与土地利用类型对应关系

6 部门	对应土地利用类型
1 农业	耕地、园地、林地、牧草地
2 工业	工业用地
3 交通运输仓储业	物流仓储用地、道路交通用地
4 房地产业	居住用地
5 商业服务业	商业服务业用地
6 公共服务业	公共管理与公共服务用地、公共设施用地、绿地与广场用地

　　根据上述整理的 6 部门投入产出表与土地利用类型的对应关系,在投入产出表中增加土地资源账户,本书最终构建的土地资源投入产出模型如表 6-4 所示。

表 6-4　6 部门土地资源投入产出表

参数		中间使用产业							最终使用	总产出
		农业	工业	交通运输仓储业	房地产业	商业服务业	公共服务业	合计		
中间投入	农业	E_{11}	E_{12}	E_{13}	E_{14}	E_{15}	E_{16}	UE_1	F_1	Q_1
	工业	E_{21}	E_{22}	E_{23}	E_{24}	E_{25}	E_{26}	UE_2	F_2	Q_2
	交通运输仓储业	E_{31}	E_{32}	E_{33}	E_{34}	E_{35}	E_{36}	UE_3	F_3	Q_3
	房地产业	E_{41}	E_{42}	E_{43}	E_{44}	E_{45}	E_{46}	UE_4	F_4	Q_4
	商业服务业	E_{51}	E_{52}	E_{53}	E_{54}	E_{55}	E_{56}	UE_5	F_5	Q_5
	公共服务业	E_{61}	E_{62}	E_{63}	E_{64}	E_{65}	E_{66}	UE_6	F_6	Q_6
中间投入合计		M_1	M_2	M_3	M_4	M_5	M_6			
增加值	劳动者报酬	L_{11}	L_{12}	L_{13}	L_{14}	L_{15}	L_{16}	UL_1		
	生产税净额	L_{21}	L_{22}	L_{23}	L_{24}	L_{25}	L_{26}	UL_2		
	固定资产折旧	L_{31}	L_{32}	L_{33}	L_{34}	L_{35}	L_{36}	UL_3		
	营业盈余	L_{41}	L_{42}	L_{43}	L_{44}	L_{45}	L_{46}	UL_4		
增加值合计		I_1	I_2	I_3	I_4	I_5	I_6			
总投入		Q_1	Q_2	Q_3	Q_4	Q_5	Q_6			
土地资源投入/km²		L_1	L_2	L_3	L_4	L_5	L_6			

　　表 6-4 可以反映不同经济部门之间土地资源投入产出的平衡关系。

本书中的土地资源投入产出模型，从经济学原理出发来探索研究国民经济各个产业相对应的土地资源要素的投入产出效益。国民经济各个产业对应的土地资源要素的利用效益可以近似通过相关产业的土地产出系数来表示。土地产出系数一般包括直接产出系数和完全产出系数。

6.2.3　直接产出系数和完全产出系数

在本书构建的土地资源投入产出模型中，直接产出系数可以用来衡量单位土地资源变动所产生的经济效益，即该国民经济部门中的土地资源要素投入增加或减少一单位所导致的该部门经济收益的增加/减少量，因此直接产出系数可以表示为

$$c_j = \Delta Q_j / \Delta L_j \qquad (6-3)$$

式中：ΔQ_j 为国民经济第 j 部门总产值的变化量；ΔL_j 为国民经济第 j 部门的土地资源要素投入变化量；c_j 为国民经济第 j 部门的直接产出系数，表示国民经济 j 部门增加一单位土地资源要素投入产生的经济效益。

将各个国民经济部门的直接产出系数按照本书构建的土地资源投入产出表中各个国民经济部门的布局方式进行相同的布局，则可以得到整个国民经济系统的直接产出系数矩阵，用 C 来表示：

$$C = [c_1, c_2, c_3, c_4, c_5, c_6] \qquad (6-4)$$

完全产出系数表示在产业经济系统中，国民经济系统中某部门增加或减少该部门中一单位土地资源要素的投入量所引起的整个国民经济系统中收益产值总量的变化量，完全产出系数矩阵可以用 D 表示：

$$D = [d_1, d_2, d_3, d_4, d_5, d_6] \qquad (6-5)$$

其计算公式可以表示为

$$D = (I - \omega A)^{-1} A \qquad (6-6)$$

式中：D 为完全产出系数；$(I - \omega A)^{-1} A$ 为里昂惕夫矩阵；A 为直接产出系数；ω 为本地区生产比重对角矩阵，本地区生产比重等于总产出/(进口+总产出)。当 D 的值越大时，说明该国民经济部门投入单位土地资源要素对整个国民经济系统收益产值的贡献程度越高。

6.3　中国耕地非农化收益测算

6.3.1　数　　据

本书主要采用三大类数据，即各省（自治区、直辖市）土地利用现状数据，全国层面、各省（自治区、直辖市）层面的社会经济基础数据和基础地理数据。

1. 各省（自治区、直辖市）土地利用现状数据

本书研究区域中各省（自治区、直辖市）农业用地面积及建设用地面积，分别来源于《2016 年中国农村统计年鉴》和《2016 年中国城市建设统计年鉴》。详见表 6-5（未利用地带来的收益未能在投入产出表中的某部门体现出来，暂不进行研究，后期可对其进行进一步分析）。

表 6-5　土地利用数据分类

经济部门分类	土地分类	数据来源
1 农业	农业用地：1 耕地、2 园地、3 林地、4 草地、5 其他农用地	《2016 中国农村统计年鉴》
2 工业	1 工业用地	《2016 中国城市建设统计年鉴》
3 交通运输仓储业	1 物流仓储用地、2 道路交通用地	《2016 中国城市建设统计年鉴》
4 房地产业	1 居住用地	《2016 中国城市建设统计年鉴》
5 商业服务业	1 商业服务业用地	《2016 中国城市建设统计年鉴》
6 公共服务业	1 公共管理与公共服务用地、2 公共设施用地、3 绿地与广场用地	《2016 中国城市建设统计年鉴》

2. 社会经济基础数据

本书所涉及的社会经济基础数据有：全国经济发展数据如人口数据及经济发展数据，均来源于《中华人民共和国 2017 年国民经济和社会发展统计公报》；各省（自治区、直辖市）各部门经济收益数据来源于各省份投入产出表，由于该表每五年更新一次，因此本书采用最新的 2012 年数据进行建模分析。

3. 基础地理数据

本书中的所有基础地理数据来源于国家自然资源部，包括中国行政区划地理图数据及土地利用遥感影像图数据等。

4. 数据结果

截止 2017 年底，我国人口总规模达到 13.90 亿人，其中城镇人口规模达到 8.13 亿人，农村人口规模达到 5.77 亿人，常住人口城镇化率较 2016 年增长 1.17 个百分点，达到 58.52%。2017 年全年实现 GDP 82.71×10^4 亿元，较上年增长 6.9%，分产业来看：第一产业产值同比增长 3.9%，达到 6.55×10^4 亿元，占总 GDP 的 7.9%；第二产业产值同比增长 6.1%，达到 33.46×10^4 亿元，占总 GDP 的 40.5%；第三产业产值同比增长 8.0%，达到 42.70×10^4 亿元，占总 GDP 的 51.63%（数据均来源于《中华人民共和国 2017 年国民经济和社会发展统计公报》）。从 2013 年国土资源部、国家统计局、国务院发布的以 2009 年 12 月 31 日为标准时点汇总的第二次土地调查数据来看，我国国土面积为 950.69×10^4 km²，具体地类面积及占比情况见表 6-6。

表 6-6 各地类面积及占比

地类	耕地	园地	草地	林地	城镇村及工矿用地	交通运输用地	水域及水利设施用地	其他用地	汇总
面积/（×10⁴ km²）	135.39	14.81	287.31	253.95	28.74	7.94	42.69	179.86	950.69
占比/%	14.24	1.56	30.22	26.71	3.02	0.84	4.49	18.92	100.00

在研究分析耕地非农化收益时，从两个尺度进行：①研究分析各省（自治区、直辖市）的耕地非农化收益；②按照国家标准将我国划分为东、中、西地区进行分析（其中西藏由于数据不全，暂未对其进行分析研究），三大地区具体划分见表 6-7。

表 6-7 我国 31 省（自治区、直辖市）区域划分情况

国家层面	区域层面	省（自治区、直辖市）层面
中国	东部地区	北京、天津、河北、辽宁、上海、江苏、浙江、福建、山东、广东、海南
	中部地区	山西、吉林、黑龙江、安徽、江西、河南、湖北、湖南
	西部地区	内蒙古、广西、重庆、四川、贵州、云南、西藏、陕西、甘肃、青海、宁夏、新疆

6.3.2 土地资源投入产出模型的建立——以北京市为例

本书主要利用各省（自治区、直辖市）各部门经济收益数据及土地利用现状数据进行建模，分析各省（自治区、直辖市）之间土地经济产出效益差异情况。受篇幅限制，正文部分仅讨论北京市。

1. 投入产出表的合并

根据表 6-5 的分类结果，对投入产出表进行部门合并，合并的操作过程为：先进行行向量叠加，再进行列向量的叠加，合并后的北京市投入产出表见表 6-8。

2. 北京市各部门用地直接产出系数和完全产出系数的计算

由式（6-3）可得北京市各部门用地直接产出系数，如表 6-9。

表 6-8　北京市 6 部门投入产出表

投入＼产出		代码	中间使用 农林牧渔业	工业	交通运输仓储业	房地产业	商业服务业	公共服务业	中间使用合计	最终使用 最终消费支出	资本形成总额	流出	最终使用合计	流入	其他	总产出
	代码	—	01	02	03	04	05	06	TIU	FU1	FU2	FU3	TFU	IM	ERR	GO
中间投入	农业	01	801 813.06	2 816 613	4 302.47	248 962.2	1 134 783.7	611 461.3	5 617 936	3 222 043.908	99 956.533 23	9 070 177.346	12 392 177.79	14 052 613.76	0	3 957 499.716
	工业	02	1 103 611.6	129 023 915	9 439 756	29 301 000	19 184 777	23 673 595	2.12E+08	25 396 082.1	10 356 490.97	548 867 412.6	584 619 985.6	606 916 488.6	0	189 430 151.5
	交通运输仓储业	03	136 388.8	4 352 239.6	8 532 301.7	1 499 462	4 772 533.9	4 226 980.3	23 519 906	2 286 121.52	188 896.0352	33 303 785.62	35 778 803.17	27 482 517.15	0	31 816 192.37
	房地产业	04	0	774 726.45	312 216.75	1 755 664.6	4 143 875.5	4 040 080.2	11 026 564	5 234 437.56	48 568 299.95	17 105.933 1	53 819 843.44	2 331 709.874	0	62 514 697.17
	商业服务业	05	150 813.7	17 646 808	4 644 510.5	8 720 691	33 330 361	12 894 356	77 387 540	20 722 265.8	14 837 056.38	87 177 058.16	122 736 380.3	52 848 572.12	0	147 275 348.1
	公共服务业	06	262 836.09	1 907 059.3	720 004.93	897 764.94	3 747 597.8	9 507 523.3	17 042 786	49 689 549.11	45 300	39 643 846.55	89 378 695.66	16 299 742.36	0	90 121 739.59
	中间投入合计	TII	2 455 463.2	156 521 361	23 653 092	42 423 545	66 313 929	54 953 996								
增加值	劳动者报酬	VA001	1 027 914.6	12 518 639	4 694 598.8	7 634 156.7	37 359 534	26 996 505								
	生产税净额	VA002	10 907	7 239 199.2	760 757.42	4 884 874.5	13 896 721	2 517 044.6								
	固定资产折旧	VA003	242 148	5 864 820.1	2 898 308.8	4 480 770.1	6 071 564.8	3 349 076.1								
	营业盈余	VA004	221 066.9	7 286 131.9	-190 565	3 091 350.8	23 633 599	2 305 118								
	增加值合计	TVA	1 502 036.5	32 908 791	8 163 100	20 091 152	80 961 419	35 167 744								
	总投入	TI	3 957 499.7	189 430 152	31 816 192	62 514 697	147 275 348	90 121 740								
	土地资源投入 / km²	LAND	11 478	263.55	320.7	417.17	133.45	319.82								

表 6-9　北京市各部门土地直接产出系数　　　　　（单位：万元/km²）

代码	01	02	03	04	05	06
部门	农业	工业	交通运输仓储业	房地产业	商业服务业	公共服务业
直接产出系数	344.79	718 763.62	99 208.58	149 854.25	1 103 599.46	281 788.94

由此结果分析可知：北京市的耕地转为其他用地所带来的直接效益从低到高排序为：交通运输仓储业＜房地产业＜公共服务业＜工业＜商业服务业。

由式（6-6）可得北京市各部门用地完全产出系数结果，如表 6-10 所示。

表 6-10　北京市各部门完全产出系数　　　　　（单位：万元/km²）

代码	01	02	03	04	05	06
部门	农业	工业	交通运输仓储业	房地产业	商业服务业	公共服务业
完全产出系数	7 153.61	984 359.30	174 567.45	217 581.53	1 500 271.76	361 170.28

由此结果分析可知：北京市的耕地转为其他用地所带来的整体经济效益从低到高排序为：交通运输仓储业＜房地产业＜公共服务业＜工业＜商业服务业。

6.3.3　耕地非农化收益的测算结果

1. 产出系数权重的确定

耕地非农化：即耕地转换为商服、交通、工业、居住等用途的城乡建设用地的过程。不同的用地带来的经济收益不同，同时各省（自治区、直辖市）之间经济结构、产业结构也有较大的差异。因此本书以省（自治区、直辖市）作为基本研究单元，以不改变省（自治区、直辖市）之间经济结构和产业结构为基本假设，通过各类建设用地占所有建设用地的比例计算得到非农化转变权重，在一定程度上可以反映建设用地中的地类分布，结合各地类直接产出系数进一步计算出加权后的各省（自治区、直辖市）建设用地的平均经济收益。其表达式为

$$W_i = L_i \Big/ \sum_{i=1}^{n} L_i \qquad\qquad (6\text{-}7)$$

式中：W_i 为具体某省（自治区、直辖市）第 i 部门的产出系数权重；L_i 为具体某省份第 i 部门的土地面积，km²。通过计算得到的各省（自治区、直辖市）非农用地转变权重见表 6-11。

表 6-11　我国 30 省（自治区、直辖市）非农用地转变权重

区域	省（自治区、直辖市）	工业	交通运输仓储业	房地产业	商业服务业	公共服务业
东部	北京	0.18	0.22	0.29	0.09	0.22
	天津	0.24	0.25	0.26	0.05	0.20

续表

区域	省（自治区、直辖市）	工业	交通运输仓储业	房地产业	商业服务业	公共服务业
东部	河北	0.15	0.17	0.35	0.07	0.26
	辽宁	0.23	0.15	0.34	0.08	0.20
	上海	0.25	0.17	0.36	0.05	0.17
	江苏	0.23	0.16	0.30	0.08	0.23
	浙江	0.23	0.17	0.28	0.09	0.23
	福建	0.18	0.17	0.34	0.07	0.24
	山东	0.24	0.15	0.30	0.07	0.25
	广东	0.26	0.16	0.31	0.07	0.20
	海南	0.06	0.20	0.29	0.11	0.34
	均值	0.20	0.18	0.31	0.08	0.23
中部	山西	0.16	0.17	0.31	0.07	0.29
	吉林	0.20	0.17	0.37	0.07	0.20
	黑龙江	0.20	0.19	0.35	0.05	0.21
	安徽	0.18	0.18	0.32	0.09	0.23
	江西	0.18	0.18	0.30	0.09	0.25
	河南	0.16	0.19	0.30	0.05	0.30
	湖北	0.22	0.18	0.31	0.06	0.23
	湖南	0.13	0.15	0.35	0.06	0.30
	均值	0.18	0.18	0.33	0.07	0.25
西部	四川	0.18	0.17	0.32	0.07	0.25
	重庆	0.21	0.2	0.31	0.06	0.22
	贵州	0.17	0.17	0.32	0.08	0.26
	云南	0.11	0.16	0.36	0.09	0.28
	陕西	0.12	0.19	0.24	0.08	0.37
	甘肃	0.16	0.18	0.27	0.07	0.32
	青海	0.08	0.21	0.44	0.05	0.23
	宁夏	0.10	0.20	0.33	0.05	0.32
	新疆	0.15	0.16	0.35	0.08	0.26
	广西	0.16	0.22	0.3	0.06	0.26
	内蒙古	0.14	0.23	0.29	0.08	0.25
	均值	0.14	0.19	0.32	0.07	0.27
	总均值	0.18	0.18	0.32	0.07	0.25

注：香港、澳门、台湾、西藏因缺少相关数据，故未在表中列出

由表 6-11 可知,全国层面来看:各类建设用地占总建设用地的比例呈现出:商业服务业＜工业＜交通运输仓储业＜公共服务业＜房地产业。公共服务业用地与交通运输仓储业用地之和占总建设用地的比例达到 43%,表明我国基础配套设施在不断增多,使得其他建设用地具有较强的正外部性;房地产业用地与工业用地之和占总建设用地的比例为 50%,其中房地产业用地占整体建设用地的 32%,表明近些年我国经济发展对于房地产行业的依赖性较强,开发商也是仍在不断开发住宅;而工业用地占建设用地比例为 18%,原因主要有两点:①虽然经济在向服务业转型,但工业仍是我国的支柱产业;②制造业工厂占地面积较大;商业服务业用地占总建设用地面积的比例为 7%,低于发达国家,主要原因是商业服务业在快速发展阶段,且商业服务业用地一般较为集中,用地效率较高。

从三大地带各地类占比来看:东部地区从高到低排序为:房地产业＞公共服务业＞工业＞交通运输仓储业＞商业服务业;中西部地区排序为:房地产业＞公共服务业＞交通运输仓储业＞工业＞商业服务业。三大区域呈现出的用地结构整体差异并不大,说明我国各区域发展模式较为类似,可能原因是:①国家宏观调控政策,努力实现区域发展差异减小;②东部发展较快,中西部发展落后于东部,在发展过程中会参考东部发展模式进行借鉴。

从各地类在区域之间的分布来看:工业用地占比表现为东部＞中部＞西部,东部发展早于中西部,虽近些年在经济转型,但工业比例仍高于中西部。商业服务业、房地产业、交通运输仓储业占建设用地比例在东中西分区存在的差异较小。公共服务业用地占比表现出西部＞中部＞东部,在我国提出西部大开发战略后,不断加强对西部基础设施的投资,也在积极地促进中西部的快速发展。

2. 直接产出系数和完全产出系数的测算

根据前面建立的投入产出模型,测算出各省(自治区、直辖市)每平方米土地的直接产出系数和完全产出系数结果见表 6-12。

表 6-12　我国 30 省(自治区、直辖市)非农化直接产出系数　　　(单位:元/m²)

区域	省(自治区、直辖市)	农业	工业	交通运输仓储业	房地产业	商业服务业	公共服务业
东部	北京	3.447 9	7 187.636	992.085 8	1 498.542	11 035.99	2 817.889
	天津	5.393 883	11 857.95	1 299.46	1 693.71	11 615.19	1 779.454
	河北	4.081 311	18 033.89	1 551.285	1 084.717	5 027.71	900.412 2
	辽宁	3.512 977	8 932.235	920.871 3	1 009.59	4 637.015	990.203 5
	上海	10.226 64	4 803.974	1 035.854	603.281 3	13 882.6	1 033.225
	江苏	8.867 614	13 301.42	791.912 1	1 314.153	6 595.411	1 022.284
	浙江	3.086 703	13 302.55	868.818 3	1 643.27	7 808.456	1 193.104
	福建	2.764 104	13 344.67	1 140.564	1 473.236	6 971.569	947.261 2
	山东	6.892 267	11 935.8	722.957 7	965.43	5 645.077	719.674

续表

区域	省（自治区、直辖市）	农业	工业	交通运输仓储业	房地产业	商业服务业	公共服务业
东部	广东	3.110 186	8 758.718	756.487 1	894.021 7	7 002.236	1 044.153
	海南	3.638 824	10 452.36	701.356 3	1 279.257	2 854.552	486.970 4
	均值	5.002 037	11 082.84	980.15	1 223.564	7 552.346	1 175.875
中部	山西	1.300 411	10 039.78	1 013.675	1 104.44	5 588.484	596.724 3
	吉林	1.506 681	7 615.699	425.729 2	674.417 7	4 059.8	1 077.417
	黑龙江	0.989 988	4 193.046	462.582 5	596.005 1	4 720.956	750.949 5
	安徽	3.342 543	9 010.986	545.278 6	990.093 1	3 035.915	854.387 4
	江西	1.661 881	11 453.71	596.442 1	1 179.187	3 781.794	775.331 9
	河南	5.266 883	16 450.01	630.992 6	1 072.165	5 684.721	615.066 9
	湖北	3.001 51	7 242.762	692.836 8	1 015.627	4 835.936	910.516 3
	湖南	2.695 449	15 147.95	894.100 2	1 140.882	6 474.913	1 182.711
	均值	2.470 668	10 144.24	657.704 6	971.602	4 772.815	845.388 0
西部	四川	1.288 061	9 131.588	362.980 1	1 050.921	4 846.456	847.629 6
	重庆	1.980 168	6 946.775	452.744 1	1 428.357	5 217.953	653.677 4
	贵州	0.973 382	5 618.582	1 203.945	934.549 6	4 400.584	930.956 4
	云南	0.813 805	9 355.288	487.495 4	1 314.289	4 762.473	902.060 4
	陕西	1.237 41	15 046.35	709.604 8	2 097.977	5 098.631	743.068
	甘肃	0.717 399	6 341.825	430.095 1	1 074.797	3 413.767	601.424
	青海	0.058 504	17 410.88	443.130 2	1 047.642	6 491.525	889.979 5
	宁夏	1.012 447	8 549.083	498.966 6	909.924 8	3 663.511	422.238 8
	新疆	0.440 258	5 027.397	507.768	706.154 8	1 940.747	576.807 3
	广西	1.784 895	8 365.421	535.035 2	1 160.04	5 595.559	624.259 1
	内蒙古	0.295 466	13 397.52	1 208.646	1 400.591	5 045.685	697.909 3
	均值	0.963 8	9 562.792	621.855 5	1 193.204	4 588.808	717.273 6
总均值		2.8	10 275.22	762.8	1 145.2	5 724.5	919.6

注：香港、澳门、台湾、西藏因缺少相关数据，故未在表中列出

　　表 6-12 结果显示：我国的耕地非农化直接产出系数从高到低排序为：工业＞商业服务业＞房地产业＞公共服务业＞交通运输仓储业。首先，耕地转化为工业用地直接产出系数最高，达到 10 296.3 元/m²，说明我国工业仍在高速发展，且工业用地利用效率在不断提升；其次是转化为商业服务业用地，达到 5 724.5 元/m²，商业服务业近些年快速发展且集聚程度较高，土地利用效率较强；然后是转化为房地产业用地，为 1 142.3 元/m²，目前我国的房地产行业发展较好，投入的单位土地带来的经济效益也较高；之后是转化为公共服务业用地带来的直接效益为 925.3 元/m²，主要原因是公共服务业发挥了较强的社会

功能,而经济效益未能直接体现出来,其外部性比较强;最后耕地转化为交通运输仓储业用地带来的直接效益最低,为 766.3 元/m^2,交通运输用地同公共服务用地一样,主要发挥基础配套功能,带来的社会效益更大,而经济效益未体现出来。

　　从三大地带来看:各区域内耕地转化为非农部门带来的直接效益趋势是一样的,都呈现出:工业>商业服务业>房地产业>公共服务业>交通运输仓储业。这表明当前国家发展过程中,各部门导致的耕地非农化带来的直接效益大小关系比较固定,而部门与部门之间的差异较为明显。

　　各地类在区域之间对比来看:耕地转化为房地产业用地带来的直接经济效益表现出的顺序为:东部>西部>中部;耕地转化除房地产部门以外的其他非农部门带来的直接经济效益表现出的顺序为:东部>中部>西部。总体来看,耕地非农化带来的直接收益都呈现出东部高于中西部,这表明区域发展较好的地方耕地非农化带来的收益较高,因此,中西部在快速发展的过程中,耕地非农化的直接收益也会不断提升。

表 6-13　我国 30 省(自治区、直辖市)非农化完全产出系数　　（单位：元/m^2)

区域	省（自治区、直辖市）	农业	工业	交通运输仓储业	房地产业	商业服务业	公共服务业
东部	北京	71.536 12	9 843.593	1 745.674	2 175.815	15 002.72	3 611.703
	天津	389.440 7	28 472.59	2 940.331	1 977.538	16 007.37	2 157.499
	河北	2 065.275	44 831.19	3 520.092	1 237.738	7 822.964	1 489.77
	辽宁	1 368.594	22 113.42	2 070.813	1 345.805	7 347.669	1 655.791
	上海	30.712 98	10 872.77	2 349.318	1 596.049	21 301.52	1 450.46
	江苏	994.611 6	32 172.41	2 035.105	1 639.883	10 837.09	1 447.468
	浙江	688.747 2	32 650.84	2 226.514	2 020.086	13 092.41	1 903.036
	福建	1 853.658	31 323.85	2 742.698	1 842.665	12 282.79	1 826.183
	山东	2 050.245	41 130.45	1 944.168	1 236.727	8 324.651	985.465 1
	广东	421.739 6	21 014.64	1 756.584	1 289.184	10 176.04	1 377.14
	海南	665.200 1	16 523.61	1 515.067	1 469.276	5 817.26	733.996 9
	均值	963.614 6	26 449.94	2 258.76	1 620.979	11 637.5	1 694.41
中部	山西	604.703 6	18 752.58	2 011.059	1 528.962	9 036.153	812.484 1
	吉林	1 472.98	16 882.68	1 016.193	790.195 9	5 854.221	1 431.986
	黑龙江	818.519 8	7 349.513	1 051.444	872.411 3	6 112.058	944.236 4
	安徽	902.726 6	16 756.62	1 010.699	1 203.676	4 382.27	1 089.09
	江西	1 193.143	29 280.77	1 681.498	1 382.753	6 391.528	1 330.376
	河南	2 569.085	34 153.04	1 676.17	1 361.804	8 235.013	888.158 7
	湖北	1 681.268	17 777.89	1 480.27	1 453.766	7 385.848	1 514.887
	湖南	2 306.149	30 341.36	2 676.198	1 329.913	10 963.93	2 254.791
	均值	1 443.572	21 411.81	1 575.441	1 240.435	7 295.128	1 283.251

续表

区域	省（自治区、直辖市）	农业	工业	交通运输仓储业	房地产业	商业服务业	公共服务业
西部	四川	1 920.959	22 889.34	923.042 3	1 326.122	7 920.325	1 350.487
	重庆	570.805 9	14 005.59	976.119 7	1 668.025	6 988.742	792.033 2
	贵州	582.009 5	10 188.51	2 349.527	1 121.387	6 584.509	1 297.032
	云南	1 093.51	16 056.47	1 222.375	1 590.617	7 039.559	1 323.33
	陕西	901.091 9	24 777.17	1 341.895	2 390.555	7 306.016	1 099.053
	甘肃	525.286 2	13 133.4	1 039.212	1 249.656	5 144.27	749.154 9
	青海	555.333 9	32 784.41	1 205.859	1 253.581	11 289.7	1 272.245
	宁夏	566.231 1	13 670.68	1 365.511	1 054.293	5 373.658	651.639 4
	新疆	513.275	8 232.969	1 025.905	817.794 3	2 945.985	692.453 4
	广西	1 530.903	16 670.28	1 361.596	1 295.833	8 027.95	809.189 8
	内蒙古	2 061.65	24 039.71	1 913.872	1 500.626	7 528.156	939.367 6
	均值	983.732 3	17 858.96	1 338.629	1 388.045	6 922.625	997.816 8
总均值		1 101.828	21 951.911	1 737.807	1 432.491	8 738.716	1 328.969

注：香港、澳门、台湾、西藏因缺少相关数据，故未在表中列出

计算结果（表 6.13）显示：从全国尺度来看耕地的非农化对整个经济系统的影响程度呈现出：工业＞商业服务业＞交通运输仓储业＞房地产业＞公共服务业。即耕地转变为工业、商业服务业、交通运输仓储业、房地产业、公共服务业用地可为整个经济系统带来的收益从高到低依次为 21 951.911 元/m^2、8 738.716 元/m^2、1 737.807 元/m^2、1 432.491 元/m^2、1 328.969 元/m^2。综合耕地非农化带来的直接收益来看，耕地转变为交通运输仓储业、工业、商业服务业用地的乘数效应相对较强，说明这些部门与其他部门之间的联系较多，外部性较强，转变为公共服务业、房地产业用地的乘数效应相对其他非农用地来说处于较弱水平，说明这两个部门与其他部门之间的直接联系相对较少。

各地类带来的完全收益在区域之间对比，从三大地带来看：东部和中部两大区域的顺序相同：工业＞商业服务业＞交通运输仓储业＞公共服务业＞房地产业；而西部区域的顺序为：工业＞商业服务业＞交通运输仓储业＞房地产业＞公共服务业。耕地非农化对整个经济系统的影响呈现的规律与耕地非农化直接带来的经济效益规律较为类似。从耕地非农化乘数上来看：东部＞中部＞西部，这表明经济发展水平越高，经济系统中各部门联系越多，耕地非农化的乘数效应越明显。

3. 各省（自治区、直辖市）平均耕地非农化收益的测算

在土地资源投入产出模型中，土地资源投入到各经济部门带来的收益可以用直接产出系数和完全产出系数来衡量，两者差别在于是否考虑乘数效应。本书旨在分析耕地非农化为整个经济系统带来的经济收益，因此需要采用完全产出系数来计算耕地非农化带来的经济收益。前面对耕地转化为其他部门的非农用地带来的直接或间接收益进行了分

析，接下来分析耕地转化为非农用地的平均收益，以及考虑耕地非农化的平均收益。具体计算公式如下：

$$P = \sum_{i=2}^{n} W_i D_i - D_1 \qquad (6\text{-}8)$$

式中：D_i 为第 i 非农部门用地的完全产出系数；W_i 为第 i 非农部门完全产出系数的权重；D_1 为耕地的完全产出系数；P 为耕地非农化平均收益。通过式（6-8）计算出了耕地转化为非农用地的直接平均收益及完全平均收益，按照三大地带将非农化收益计算结果分类整理，见表 6-14。

表 6-14　我国 30 省（自治区、直辖市）非农化收益结果　（单位：元/m²）

区域	省（自治区、直辖市）	非农化完全平均收益	排名	非农化直接平均收益	排名	乘数效应	排名
东部	北京	4 860.165	11	3 556.338	7	1.366 621	17
	天津	8 925.093	3	4 542.395	2	1.964 843	5
	河北	6 625.974	6	3 930.418	4	1.685 819	9
	辽宁	5 404.659	9	3 101.294	13	1.742 711	8
	上海	4 973.094	10	2 453.821	20	2.026 673	2
	江苏	8 422.510	4	4 334.170	3	1.943 281	6
	浙江	9 381.092	1	4 641.489	1	2.021 139	3
	福建	6 175.480	7	3 809.426	6	1.621 105	10
	山东	9 312.798	2	3 830.845	5	2.431 003	1
	广东	6 710.519	5	3 371.328	9	1.990 467	4
	海南	1 944.778	27	1 614.329	27	1.204 697	24
	均值	6 612.378		3 562.350		1.818 033	
中部	山西	4 079.719	13	2 684.010	15	1.520 009	11
	吉林	3 064.875	21	2 343.211	22	1.307 981	20
	黑龙江	1 660.394	29	1 527.859	29	1.086 745	28
	安徽	3 325.462	20	2 503.356	18	1.328 402	19
	江西	5 702.723	8	3 055.317	14	1.866 492	7
	河南	4 300.612	12	3 537.029	8	1.215 883	22
	湖北	3 738.558	16	2 529.536	17	1.477 962	15
	湖南	3 839.401	15	3 243.270	10	1.183 805	25
	均值	3 713.968		2 677.949		1.373 410	
西部	四川	3 672.442	19	2 591.558	16	1.417 079	16
	重庆	3 676.252	18	2 447.068	21	1.502 309	13
	贵州	2 772.289	23	2 052.007	25	1.351 013	18

续表

区域	省（自治区、直辖市）	非农化完全平均收益	排名	非农化直接平均收益	排名	乘数效应	排名
西部	云南	2 444.997	26	2 260.611	24	1.081 565	29
	陕西	3 891.992	14	3 125.489	12	1.245 243	21
	甘肃	2 700.351	24	1 813.006	26	1.489 433	14
	青海	3 729.326	17	2 476.103	19	1.506 127	12
	宁夏	1 899.063	28	1 572.256	28	1.207 858	23
	新疆	1 587.760	30	1 387.296	30	1.144 500	26
	广西	2 516.709	25	2 300.443	23	1.094 010	27
	内蒙古	3 016.376	22	3 137.650	11	0.961 349	30
	均值	2 900.687		2 287.590		1.272 771	
总均值		4 478.515		2 859.098		1.499 537	

注：香港、澳门、台湾、西藏因缺少相关数据，故未在表中列出

表 6-14 结果显示：全国尺度来看，未考虑乘数效应的耕地非农化直接平均收益为 2 875.413 元/m²，三大地带来看：东部为 3 562.350 元/m²，中部为 2 677.949 元/m²，西部为 2 287.590 元/m²，呈现的趋势为：东部＞中部＞西部，同时中部和西部的非农化直接平均收益低于我国平均水平。东部较中西部发展较快且较为完善，最显著的是经济、产业和资本都在不断集聚，从而导致建设用地利用效率、耕地非农化带来的直接收益均较高。区域内部来看：在东部地区，浙江耕地非农化直接平均收益为 4 641.489 元/m²，天津为 4 542.395 元/m²，江苏为 4 334.170 元/m²，河北为 3 930.418 元/m²，山东为 3 830.845 元/m²，上述省（自治区、直辖市）无论是在东部内部之间比较还是在全国范围内比较，都算是非农化直接平均收益较高的几个省份。分析原因有二：①上述各省（自治区、直辖市）经济发展程度较高，导致建设用地利用效率较高；②上述各省（自治区、直辖市）在全国来看工业用地和商业服务业用地占总建设用地比例较高，这两个地类利用效率较高，为经济系统带来的经济效益也较高。北京经济发展程度持平甚至好于上述所有省（自治区、直辖市），但耕地非农化直接平均收益却相对较低，认为是：北京承担着重要的政府工作职能，但未能体现在经济收益上，一定程度上降低了耕地非农化的直接平均收益水平。而东部地区中海南耕地非农化收益为 1 614.329 元/m²，属该区域非农化直接平均收益水平最低的省份，因海南在东部算是发展较为靠后的城市。在中部地区，河南耕地非农化直接平均收益为 3 537.029 元/m²，湖南为 3 243.270 元/m²，江西为 3 055.317 元/m²，属于非农化直接平均收益相对较高的省份；而吉林耕地非农化直接平均收益为 2 343.211 元/m²，黑龙江为 1 527.859 元/m²，低于中部耕地非农化的平均水平，主要是上述省份非农产业相对落后，经济还在不断转型。西部地区与中部地区差异不大，整体水平相对较低，但内蒙古耕地非农化直接平均收益达到 3 137.650 元/m²，陕西耕地非农化直接平均收益达到 3 125.489 元/m²，上述省（自治区、直辖市）经济发展水平在西部属于发展较好的省份，因此耕地非农化直接平

均收益相对较高。

　　全国尺度来看：考虑到乘数效应的耕地非农化完全平均收益为 4 478.515 元/m²；三大地带分开来看：东部为 6 612.378 元/m²，中部为 3 713.968 元/m²，西部为 2 900.687 元/m²，非农化完全平均收益顺序与直接收益顺序一样，为东部＞中部＞西部。乘数效应上，全国来看：平均值为 1.499 537；分三大地带来看：东部均值为 1.818 033，中部均值为 1.373 410，西部均值为 1.272 711，乘数效应大小排序为：东部＞中部＞西部。整体表现出：经济发展程度越高，各经济部门之间的联系越密切，非农化活动的外部性也越强，非农化收益水平越高，乘数效应越明显，耕地非农化为整个经济带来的收益也越高。耕地非农化完全平均收益分三大地带来看：在东部，浙江为 9 381.092 元/m²，山东为 9 312.798 元/m²，天津为 8 925.093 元/m²，上海为 4 973.094 元/m²，江苏为 8 422.510 元/m²，广东为 6 710.519 元/m²，河北为 6 625.974 元/m²，这几个省（自治区、直辖市）的整体非农化收益处于较高水平，且非农化乘数效应均也高于东部整体平均水平。其中山东地区非农化乘数最高，达到 2.431 003，说明山东各非农部门之间的经济活动联系较为密切，可以直接推动耕地非农化完全平均收益水平的提升；在中部，江西为 5 702.723 元/m²，河南为 4 300.612 元/m²，山西为 4 079.719 元/m²，均处于该区域非农化收益相对较高的省份；而东北地区黑龙江为 1660.394 元/m2，吉林为 3 064.875 元/m²，在中部处于非农化收益较低的水平，其乘数效应分别仅为 1.086 745 和 1.307 981，相应也处于较低水平，表明这两个省份发展较为落后，同时各非农经济活动之间的联系较少；在西部，陕西为 3 891.992 元/m²，青海为 3 729.326 元/m²，处在区域内非农化收益水平相对较高水平，其乘数值相对较高，分别为 1.245 243 和 1.506 127，主要因为上述省（自治区、直辖市）产业相对集聚，各非农经济部门之间的联系较多，带来一定外部性，使得非农化带来的经济收益得到一定的提升。而新疆为 1 587.760 元/m²，宁夏为 1 899.063 元/m²，在西部内部也处于较低水平，受区域资源禀赋影响，成都也较为落后，因此耕地非农化完全平均收益也较低。

　　考虑乘数效应后，东部地区耕地非农化收益在全国来看处于较高水平，区域内部差异也较为显著，其中浙江、山东、天津、江苏、广东领先其他省（自治区、直辖市），而海南相对较弱；中部地区耕地非农化收益整体也有一定差异，但与东部对比来看差异较小，主要因为东北地区相对落后；西部地区耕地非农化收益差异相对也较为显著，其中陕西、青海和重庆在西部内部处于较高水平，其他省（自治区、直辖市）较低且差异并不显著。

　　不考虑乘数效应的话，在东部，整体耕地非农化收益仍处于全国范围内的较高水平，区域差异显著，其中浙江、天津、江苏、河北、山东这几个省份处于较高水平；中部地区和西部地区整体水平比较接近，其中内蒙古、陕西、四川、河南、湖南等省（自治区、直辖市）在区域内耕地非农化处在相对较高水平，其他省份耕地非农化收益相对较弱。

　　总之，在分析耕地非农化收益时如果不考虑耕地非农化的乘数效应，各省份的耕地非农化价值会被严重低估，低估最严重的是山东、上海、浙江、广东、天津、江苏。耕地非农化带来的收益是耕地区际补偿和耕地保护政策落实的基础，耕地非农价值被低估可能会直接导致耕地保护、耕地区际补偿政策在全国部分地区失灵，因此更需要科学合理地测算耕地非农化收益。

6.4　中国耕地非农化收益的空间自相关与区域差异

6.4.1　空间自相关分析

1. 全局空间自相关分析

全局空间自相关方法可以衡量出整体的空间关联，反映出整体区域空间的集聚程度（蒋国富 等，2008）。本书采用目前应用最多的全局空间自相关方法——莫兰 I 数（Moran I）来计算耕地非农化收益的空间相关性：

$$I = \frac{n \sum\limits_{i=1}^{n} \sum\limits_{j=1}^{n} w_{ij} (p_i - \overline{p})(p_j - \overline{p})}{S^2 \sum\limits_{i=1}^{n} w_i} \tag{6-9}$$

式中：I 为 Moran I 值；p_i、p_j 为每个省（自治区、直辖市）的属性值；$\overline{p}$ 和 S^2 分别为每个省（自治区、直辖市）耕地非农化收益的平均值和方差；w_{ij} 为空间权重矩阵。I 值范围为[-1, 1]，当 I 值靠近-1 时，表明相邻省（自治区、直辖市）的值差异较大；当 I 值靠近 1 时，表明相邻省（自治区、直辖市）的值相差很小；当 I 值靠近 0 时，表明各个省（自治区、直辖市）随机分布，不存在空间相关性。

本书计算出的 2015 年我国耕地非农化收益的 Moran I 如图 6-1 所示。

由图 6-1 可得，2015 年我国耕地非农化收益的 Moran I 为 0.212 945，表明我国各个省（自治区、直辖市）之间呈正空间相关性，

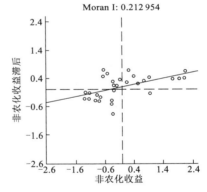

图 6-1　我国耕地非农化收益的 Moran I

即我国各个省级行政区之间的耕地非农化收益存在空间收敛的现象。

根据图 6-1 及表 6-15 分析可得，我国省级行政区，处于高值被高值环绕模式（H-H）有 10 个（位于第一象限）；处于低值被高值环绕模式（L-H）有 7 个省级行政区（位于第二象限）；处于低值被低值环绕模式（L-L）有 12 各省级行政区（位于第三象限）；处于高值被低值环绕模式（H-L）有 1 个省级行政区（位于第四象限）。综上所述，第一象限及第三象限共 22 个省份，表明我国的耕地非农化收益主要呈正相关，耕地非农化收益较高或较低的省域较为集聚。因此国家在进行耕地跨区域补偿时，建议考虑空间位置相距较远的省（自治区、直辖市），避免有集聚效应的相邻省份。另外，在制定其他相关方面政策时，还应多考虑相邻省（自治区、直辖市）的一致性。

表 6-15　耕地非农化收益的空间收敛模式

象限	空间收敛模式
第一象限	高值被高值环绕（H-H）
第二象限	低值被高值环绕（L-H）
第三象限	低值被低值环绕（L-L）
第四象限	高值被低值环绕（H-L）

2. 局部空间自相关分析

全局 Moran I 表明我国耕地非农化收益存在明显的空间集聚现象，但不能确定具体产生集聚效应的省域，故采用局部空间自相关分析的方法来分析各省级行政区之间存在的空间相关联的模式，以此来揭示数据的空间异质性（柯新利 等，2016）。LISA（local indicator of spatial association）指数是一种局部 Moran I，可以反映空间差异程度，在本书中可以表示不同省（自治区、直辖市）的耕地非农化收益的关联度，公式如下：

$$\text{LISA} = \frac{(p_i - \overline{p}) \sum\limits_{i=1}^{n} w_i (p_i - \overline{p})}{S^2} \tag{6-10}$$

式中：p_i 为每个省（自治区、直辖市）的属性值；$\overline{p}$ 和 S^2 分别为每个省（自治区、直辖市）耕地非农化收益值的平均值及方差；w_{ij} 为空间权重矩阵。当 LISA>0 时，表示高值被高值环绕或低值被低值环绕；当 LISA<0 时，表示低值被高值环绕或高值被低值环绕。故测算出 2015 年我国耕地非农化收益的局部自相关数据。

在山东、河北、江苏、浙江、上海、福建、湖北、四川等地存在非常显著的局部自相关效应。其中，有 7 个省级行政区处于高值被高值环绕模式，分别是辽宁、河北、山东、江苏、上海、浙江和福建；有 5 个省级行政区处于低值被高值环绕模式，分别为吉林、山西、河南、安徽、湖北；有 3 个省级行政区处于低值环绕区，分别为青海、四川、云南；其余省级行政区其局部自相关效应不显著（除西藏与台湾）。这表明辽宁、河北、山东等省级行政区非农化收益比较高，同时这些省级行政区形成了局部集聚的现象，而西部地区的青海、四川、云南与中部地区的山西、河南、安徽和湖北等行政区非农化收益比较低，这些省级行政区也形成了局部集聚的现象。

我国沿海地区城镇化水平高，经济相对发展较好，建设用地产出高，耕地非农化收益较高，因此沿海的省份属于高值集聚地区；中部地区由于其城镇化处于我国的中等水平，建设用地的产出也相对中等，故其耕地非农化收益也相对中等，属于低值–高值环绕地区；而西部地区从局部相关性来分析，属于低值集聚区域，这表明西部地区经济水平仍然相对落后。

6.4.2　区　域　差　异

1. 三大区域耕地非农化收益测算结果

根据土地资源投入产出模型测算各个省级行政区的耕地非农化收益，测算结果如表 6-16 所示。从全国尺度来看，全国非农化收益均值为 4 521.307 元/m²，其中东部地区为 6 612.378 元/m²，中部地区为 3 713.968 元/m²，西部地区为 2 900.687 元/m²。就整体而言，东部>中部>西部。从三大地带来看，在东部地区，山东、天津、江苏、浙江、广东几个省份的耕地非农化收益明显高于东部其他地区，是因为这些东部沿海的省（自治区、直辖市）经济发展水平处于全国前列，城镇化水平高且速度快，非农用地价值远远高于农用地，故该区域内各省（自治区、直辖市）的耕地非农化收益水平较高。而中部地区和西部地区耕地的非农化收益差距不明显，但是山西、江西、河南、重庆、陕西和青海这 6 个省（自治区、直辖市）的耕地非农化收益均比他们所在地区的均值要高，因其建设用地总面积虽然均低于其所在区域的建设用地总量均值，但是集约化程度高，同时这些省份内存在紧密的产业联系。

表 6-16　我国 30 省（自治区、直辖市）非农化收益测算结果

区域	省（自治区、直辖市）	非农化收益（乘数效应）	排名	非农化收益（无乘数效应）	排名	乘数效应	排名
东部	北京	4 860.165	11	3 556.338	7	1.366 621	17
	天津	8 925.093	3	4 542.395	2	1.964 843	5
	河北	6 625.974	6	3 930.418	4	1.685 819	9
	辽宁	5 404.659	9	3 101.294	13	1.742 711	8
	上海	4 973.094	10	2 453.821	20	2.026 673	2
	江苏	8 422.510	4	4 334.170	3	1.943 281	6
	浙江	9 381.092	1	4 641.489	1	2.021 139	3
	福建	6 175.480	7	3 809.426	6	1.621 105	10
	山东	9 312.798	2	3 830.845	5	2.431 003	1
	广东	6 710.519	5	3 371.328	9	1.990 467	4
	海南	1 944.778	27	1 614.329	27	1.204 697	24
	均值	6 612.378		3 562.350		1.818 033	
中部	山西	4 079.719	13	2 684.010	15	1.520 009	11
	吉林	3 064.875	21	2 343.211	22	1.307 981	20
	黑龙江	1 660.394	29	1 527.859	29	1.086 745	28
	安徽	3 325.462	20	2 503.356	18	1.328 402	19
	江西	5 702.723	8	3 055.317	14	1.866 492	7
	河南	4 300.612	12	3 537.029	8	1.215 883	22

区域	省（自治区、直辖市）	非农化收益（乘数效应）	排名	非农化收益（无乘数效应）	排名	乘数效应	排名
中部	湖北	3 738.558	16	2 529.536	17	1.477 962	15
	湖南	3 839.401	15	3 243.270	10	1.183 805	25
	均值	3 713.968		2 677.949		1.373 410	
西部	四川	3 672.442	19	2 591.558	16	1.417 079	16
	重庆	3 676.252	18	2 447.068	21	1.502 309	13
	贵州	2 772.289	23	2 052.007	25	1.351 013	18
	云南	2 444.997	26	2 260.611	24	1.081 565	29
	陕西	3 891.992	14	3 125.489	12	1.245 243	21
	甘肃	2 700.351	24	1 813.006	26	1.489 433	14
	青海	3 729.326	17	2 476.103	19	1.506 127	12
	宁夏	1 899.063	28	1 572.256	28	1.207 858	23
	新疆	1 587.760	30	1 387.296	30	1.144 500	26
	广西	2 516.709	25	2 300.443	23	1.094 010	27
	内蒙古	3 016.376	22	3 137.650	11	0.961 349	30
	均值	2 900.687		2 287.590		1.272 771	
总均值		4 478.515		2 859.098		1.499 537	

注：香港、澳门、台湾、西藏因缺少相关数据，故未在表中列出

从表中数据还可以发现，存在湖北省和重庆市这两个建设用地面积大但是其耕地非农化收益低的特殊省级行政区。湖北省全省建设用地面积的 22% 为工业用地，高于全国均值（18%），但是其耕地非农化的收益为 3 738.558 元/m²，低于全国均值收益（4 478.515 元/m²）；重庆市总建设用地的 21% 为工业用地，高于全国均值，但是其耕地非农化收益为 3 676.252 元/m²，低于全国耕地非农化收益的均值。这说明在两个省级行政区内建设用地利用低效，城镇扩张比较粗放。

从我国各个省级行政区的耕地非农化收益的乘数效应的测算结果来看，我国耕地非农化效益的均值为 1.499 537，三大地区又呈现出各不相同的趋势：东部＞中部＞西部，依次为 1.818 033、1.373 410 和 1.272 771。东部远高于其他两大地区的平均值，说明东部地区各省份之间产业的联动性较强，新的耕地转为建设用地对经济系统的影响比较大，产生的乘数效应较高。中部地区的乘数效应略微高于西部地区（高 0.1），说明中部地区产业之间的相互联系要比西部地区更为紧密。这可在一定程度上表明相比西部来说东部建设用地集约利用程度更高，能够形成较强的集聚规模效应。

2. 三大区域耕地非农化收益区域差异

为了正确表示我国三大地区耕地非农化收益差异的程度，了解由三大地区的区间资

源禀赋及由功能区内部差异造成的差异占总差异的比例,本书采用泰尔指数(Theil index)模型来对耕地非农化收益的区域差异进行探讨。泰尔指数最早是由 Theil 在 1967 年提出的,主要是利用信息理论中熵的概念来计算收入不平等。泰尔指数可以将整体的差异性分解为组间差异和组内差异,因此在分析区域整体差异及区域内部差异的实证研究中被广泛的运用(张艳东 等,2015;严全治 等,2011)。具体公式如下所示。

假定 T_e、T_m、T_w 分别表示我国东部、中部和西部地区的泰尔指数,根据泰尔指数的含义(高鸣 等,2014;陈迅 等,2011;康晓娟 等,2010),各区域的内部差异的泰尔指数公式表示为

$$T_e = \sum_e \frac{Y_i}{Y_e} \ln \frac{P_e Y_i}{P_i Y_e} \tag{6-11}$$

$$T_m = \sum_m \frac{Y_i}{Y_m} \ln \frac{P_m Y_i}{P_i Y_m} \tag{6-12}$$

$$T_w = \sum_w \frac{Y_i}{Y_w} \ln \frac{P_w Y_i}{P_i Y_w} \tag{6-13}$$

$$T_1 = Y_e \ln \frac{Y_e}{P_e} + Y_m \ln \frac{Y_m}{P_m} + Y_w \ln \frac{Y_w}{P_w} \tag{6-14}$$

$$Y_2 = Y_e T_e + Y_m T_m + Y_w T_w \tag{6-15}$$

$$T_m T = T_1 + T_2 \tag{6-16}$$

式中:T_e、T_m、T_w 分别为我国东部、中部和西部地区的泰尔指数;T 为反映我国的泰尔指数;T_1、T_2 分别为地区间和地区内的非农化收益差异的泰尔指数;Y_i、T_e、T_m、T_w 分别为不同省级行政区、三大地区的分区域 GDP 占全国 GDP 的比值;P_i 为各个省级行政区耕地非农化收益占全国均值的比值;P_e、P_m、P_w 分别为三大地区非农化收益均值占全国均值的比例。

运用 Stata 软件进行计算,得出各区域不同层次的泰尔指数,如表 6-17 所示。

表 6-17　我国分区域的泰尔指数

时间/年	东部地区	中部地区	西部地区	区域间	区域内	总体
2016	0.056 2	0.020 2	0.028 5	0.004 6	0.104 9	0.109 4

由表 6-17 可知,东部、中部、西部地区耕地非农化收益的泰尔指数依次为 0.056 2、0.020 2、0.028 5。可以明显看出东部地区的泰尔指数远远高于中部和西部地区,而后两者差异并不明显,这说明东部地区各省级行政区之间的非农化收益差异较大,西部地区次之,中部地区最小。主要原因如下:东部地区各省(自治区、直辖市)的发展差异较大,有江苏、广东等发展大省,也有河北、辽宁等发展较落后的省份,而西部地区除重庆、四川外其他城市发展都比较落后,差距并不明显。

据 2016 年数据统计,我国省(自治区、直辖市)的总体泰尔指数达 0.109 4,其中区域间及区域内指数分别是 0.004 6 和 0.104 9(后者是前者的 23 倍)。这表明区域内的差

异是我国各省（自治区、直辖市）耕地非农化收益差异的主要来源。我国三大地区中，东部地区的泰尔指数较大，中部地区和西部地区的泰尔指数相对较小，这进一步说明由东部地区造成的差异贡献了大部分我国区域内差异，主要原因是东部地区各省份发展资源的较大差异性。基于上述结果，在区域尺度制定相关政策时应更为合理，既要考虑到不同区域之间的资源异质性，避免全国范围内政策提出的统一性，又能避免忽略各省（自治区、直辖市）之间产业的联系与产业之间的集聚效应。

参考文献

陈迅, 冯敬娟, 2011. 重庆区域经济差异分析: 基于泰尔指数. 技术经济(6): 65-68, 99.

陈正伟, 2013. 投入产出分析技术. 成都: 西南财经大学出版社.

方斌, 倪绍祥, 邱文娟, 2009. 耕地保护易地补充的经济补偿的思路与模式. 云南师范大学学报(哲学社会科学版), 41(1): 49-54.

高鸣, 宋洪远. 2014. 粮食生产技术效率的空间收敛及功能区差异: 兼论技术扩散的空间涟漪效应. 管理世界(7): 83-92.

国土资源部耕地保护司, 2002. 耕地保护手册. 北京: 中国大地出版社.

黄滟, 张安录, 2012. 基于 CVM 法的农地发展权定价: 以武汉市远城区为例. 武汉: 华中农业大学, 23(5): 60-63.

蒋国富, 刘长运, 2008. 河南省县域经济的空间分异. 经济地理(4): 636-639.

康晓娟, 杨冬民, 2010. 基于泰尔指数法的中国能源消费区域差异分析. 资源科学, 32(3): 485-490.

柯新利, 杨柏寒, 丁璐, 等, 2015. 基于目标责任区际优化的耕地保护补偿. 中国人口·资源与环境, 25(1): 142-151.

柯新利, 黄翔, 杨柏寒, 2016. 基于 ESDA 的武汉城市圈耕地利用集约度空间差异分析. 水土保持研究, 23(2): 287-291.

李广全, 刘继生, 2001. 思维方式与人地关系理论. 人文地理(6): 77-80.

刘起运, 陈璋, 苏汝劼, 2011. 投入产出分析. 2 版. 北京: 中国人民大学出版社.

毛良祥, 2003. 耕地保护补偿标准与补偿基金规模研究. 北京: 中国地质大学.

彭斯震, 孙新章, 2014. 全球可持续发展报告: 背景、进展与有关建议. 中国人口·资源与环境, 24(12): 1-5.

齐晔, 蔡琴, 2010. 可持续发展理论三项进展. 中国人口·资源与环境(4): 110-116.

钱忠好, 2003. 中国农地保护: 理论与政策分析. 管理世界(10): 60-70.

秦明周, JACKSON R H, 2004. 美国的土地利用与管制. 北京: 科学出版社.

曲福田, 2009. 亚洲绿色增长国际会议: 经济转型和东亚、东南亚农业可持续发展. 国际学术动态(5): 33-35.

唐少琛, 2004. 粮食安全与耕地的关系. 生态环境(1): 149-150.

香宝, 银山, 2000. 人地系统演化及人地关系理论的考察. 中国人口·资源与环境(S1): 2-3.

严全治, 张倩倩, 2011. 高等教育大众化进程中地方高校政府投入的差异研究: 基于泰尔指数的比较. 现代教育管理(12): 18-21.

袁政, 2003. 人地关系理论新探: 区域政治、经济、社会系统观. 人文地理(3): 92-96.

张浩, 冯淑怡, 曲福田, 2017. 耕地保护、建设用地集约利用与城镇化耦合协调性研究.自然资源学报, 32(6): 1002-1015.

张欣, 2010. 可计算一般均衡模型的基本原理与编程. 上海: 上海人民出版社.

张甘霖, 吴华勇, 2018. 从问题到解决方案: 土壤与可持续发展目标的实现. 中国科学院院刊, 33(2): 124-134.

张艳东, 赵涛, 2015. 基于泰尔指数的能源消费区域差异研究. 干旱区资源与环境, 29(6): 14-19.

朱新华, 曲福田, 2008. 不同粮食分区间的耕地保护外部性补偿机制研究. 中国人口·资源与环境(5): 148-153.

朱一中, 曹裕, 2012. 农地非农化过程中的土地增值收益分配研究: 基于土地发展权的视角. 经济地理, 32(10): 133-138.

DROZD D J, JOHNSON B B, 2004. Dynamics of a rural land market experiencing farmland conversion to acreage: the case of saunders county, Nebraska. Land Economics, 80(2): 294-311.

MOUYSSET L, DOYEN L, JIGUET F, et al., 2010. Bio economic modeling for a sustainable management of biodiversity in agricultural lands. Ecological Economics, 70(4): 617-626.

PLANTINGA A J, MILLER D J, 2001. Agriclutrual value and value of right to future land development. Land Economics(2): 56-67.

WESTMAN W, 1977. How much are nature's services worth? Science, 197(4307): 960-964.

第 7 章　基于布局优化的耕地保护区域补偿机制

7.1　耕地保护补偿概述

城镇扩张导致耕地大量流失及土地生产能力退化等一系列的问题,它给社会的可持续发展、粮食安全等带来潜在的威胁。国外在 20 世纪 50 年代就开始关注耕地保护,例如,美国利用规划手段强制管控农业区的土地用途,后来又采取他项权设定的方法限制农用地转为城市建设用地,还实施了税收优惠政策等诸多有效措施。国外学者针对耕地保护方面的内容,不仅在理论上形成了国家干预、市场调节和可持续发展等学说,而且在耕地补偿实践上也形成了三种方式:农地发展权的购买与转移、耕地保护的经济补偿与农业补贴融为一体和生态补偿。

国内从 20 世纪 80 年代起,随着耕地非农化趋势的发展,耕地保护与粮食安全问题得到广泛关注。学术界探讨了耕地保护对粮食安全的重要意义(雍新琴,2010;孔祥斌 等,2005),认为保证一定数量的耕地资源对粮食安全具有重大意义(刘云,2014;葛菁华,2013),提出将保持耕地的总量动态平衡作为耕地保护的基本目的(邓健,2010)。黄贤金等(2002)、钱忠好(2002)、臧俊梅(2007)、谭术魁和张红霞(2010)以不同的视角评价了近年来我国的耕地保护政策的实施效果,并指出当前存在的弊端是激励效应的缺失及不尽合理的土地收益分配机制。随后大量学者开展了针对耕地价值评估及探讨耕地补偿标准的研究(王克强 等,2017;姚柳杨 等,2017),为耕地补偿标准研究奠定了基础。

7.2　耕地保护区域补偿机制

耕地能够产生经济效益,同时耕地在保证粮食安全、维护社会稳定等方面所发挥的重要社会效益,耕地在保持水土、净化环境等方面发挥的生态效益也不容忽视。此外,耕地具有公共物品特性,在耕地保护中应当考虑其外部性。同时,还需要考虑耕地资源本身所具备的其他特性,如空间分异性会使得耕地在不同的空间上地块之间存在差异。从开始实施耕地保护政策以来,从注重耕地数量的平衡、耕地数量与质量并重到如今的耕地数量-质量-生态三位一体的保护,广大学者就探索更加有效的耕地占补平衡政策、区际耕地占补的实施及补偿开展了大量研究,为探索耕地保护的区际补偿提供了科学依据。

7.2.1　耕地保护外部性补偿机制

外部性最早由马歇尔和庇古提出,其含义是指个体或群体的行动和决策使另一个个体或群体受损或受益的影响情况,可以分为正外部性(某个经济行为使其他人受益,且受益者无须进行任何花费)和负外部性(某个经济行为使其他人受损,且该经济行为人没有承担成本)。外部性的存在使得利益主体所获得的边际收益与边际成本不相等,如果完全依靠市场机制,则不能实现资源配置的帕累托最优,从而导致资源的浪费与效率的缺失(苑全治 等,2010)。耕地保护外部性是指耕地保护的边际私人成本或边际收益与边际社会成本或边际社会收益相偏离,个人土地利用行为的收益或成本被其他社会成员分享或承担(朱新华 等,2008)。耕地保护也分为正外部性和负外部性:耕地保护正外部性主要指耕地的生态价值和社会价值,这些价值的外溢使其他利益相关者免费享受耕地保护主体所提供的效用输出(王迪 等,2012);耕地保护负外部性主要是指农民为了获得更多的自身利益而过度利用耕地,从而危及环境、影响耕地的可持续利用(如围湖造田,造成湖泊生态功能恶化等问题)。

国外耕地保护的外部性及其补偿理论可以追溯到庇古等对私人成本和社会成本之间差异的分析并首倡给具有正外部性的活动予以补贴(何承耕,2007)。庇古提出了“负的外部性”,认为当边际私人净产品大于边际社会净产品,会产生“负的外部性”(赵丽琴,2011)。科斯在其《社会成本问题》一文中提出了“交易成本”的概念,他认为产权界定不明确是外部性产生的原因。国内学者对耕地保护外部性的研究也较多:陈美球等(2008)对农户耕地保护外部性的内涵、表现进行论述,认为政府引导、加大对耕地保护的扶持是农户耕地保护外部性内部化的主要措施;此外,许多学者从对耕地保护外部性作用下的非农化驱动机理、耕地利用效益体系等角度进行外部性定量测度与实证(邓春燕,2012;牛海鹏 等,2016,2014)。但当前国内学者对此领域的研究大多还停留在理论层面,对相关利益者的补偿缺乏系统的解决方案及实证研究。

耕地保护外部性是耕地非农化的根本原因,严重制约了耕地保护政策的落实,对国家的粮食安全和生态安全构成了威胁,构建耕地保护外部性补偿机制是耕地保护外部效益内部化的主要措施,其目标是:①基于外部性理论,分析耕地非农化的驱动因素,丰富耕地保护经济补偿研究的理论基础;②通过凸显耕地的生态社会效益,并将其纳入耕地收益中,提高耕地经营者保护耕地的积极性;③弥补相关政策缺位的现象。

7.2.2 　 基于发展机会成市补偿的耕地保护补偿机制

由于资源供给的有限性和稀缺性,资源存在机会成本(李彩红 等,2013),从而影响农户的生产方式、耕地利用等。Reardon 等(1994)的研究发现随着农户放弃非农工作所带来的机会成本的增加,农户更加倾向于种植"高风险、高回报的"经济作物或者从事养殖等行业;Gellrich 等(2007)发现,耕地撂荒与农业劳动力机会成本的上升具有紧密的联系,尤其是在农业条件较为落后的区域。价格关系及不合理的收益配置格局是产生耕地保护机会成本的重要原因。耕地保护的机会成本,主要是耕地保护政策对耕地转为非农建设用地造成的损失加以限制,并且这种损失远大于直接成本。耕地保护的机会成本等于耕地转为建设用地的纯收益,扣除原粮食用地纯收益的余额(雍新琴 等,2011)。耕地生产的粮食的价值远不能通过市场价值得以体现,考虑到现实土地用途可能发生转换,且农民务工方式的多样化,将耕地用于粮食生产的机会成本高于用于贸易收入。姜广辉等(2009)指出,对耕地发展机会成本的补偿,一方面是对限制耕地为农业用途而损失的利益进行补偿,其补偿对象是农民;另一方面,是对耕地转用的限制,在分析耕地转用过程中功能、权益关系变化的基础上,核算主体的收益及耕地的发展权价值,确定耕地保护的机会成本。

基于发展机会成本理论,以耕地保护的机会成本制定耕地保护补偿机制的标准,在实施严格耕地保护政策的地区,耕地向建设用地转用而获得高效益的机会就会减少,对耕地的机会成本进行补偿,能够减缓耕地流失的现象,提高农民保护耕地的积极性,实现国家粮食安全和社会稳定的目标。

7.2.3 　 耕地生态补偿机制

耕地是人类生存和发展不可缺少的生产资料,不仅具有经济价值,还具有涵养水源、保持水土的生态价值和保障国家粮食安全等社会价值。随着环境的恶化、耕地资源数量和质量的下降,耕地的生态价值日益受到学者和政府的重视,耕地的生态补偿就是把耕地生态价值表现的外部性内在化,使耕地价值的内涵更全面。

生态补偿以保护生态环境、促进人与自然和谐为目的。Sommerville 等(2009)认为生态保护补偿是一种对生态系统服务的提供者所做出的有条件的正向激励;Muradian 等(2010)认为,从广义上来讲,生态保护补偿是资源在社会成员间转移的一种形式,其目的主要是在自然资源管理中形成一种激励机制,促使个人或者集体的土地利用决策更加符合社会利益。一般而言,生态补偿包括两方面:一方面是对自然的补偿,即对已遭受破坏的生态环境进行恢复和重建;另一方面是对人的补偿,即对保护生态环境的主体给予经济或政策上的补偿（张飞 等，2009）。耕地生态补偿一方面是给予生态价值的提供者补偿或对生态服务功能的受益者收费，提高其行为的收益或成本；另一方面对保护耕地资源造成的发展权受限损失或者过多承担了耕地保护任务的权益损失给予补偿（马爱慧，2011）。国内学者从农户权益、多主体博弈均衡、生态补偿重要性等方面开展了对耕地生态补偿的探索（张燕梅，2013；路景兰，2013）。

耕地生态补偿机制主要是为了解决生态产品这一公共物品"搭便车"的问题，鼓励公共产品的足额供应，是满足耕地保护外部性内部化的要求。耕地生态补偿机制要达到的目标是：①抑制耕地转为城市建设用地的速度和规模，正确引导农用地非农化趋势，使土地资源的配置更加有效，实现社会经济可持续发展；②缓解耕地数量和质量下降的趋势，保障国家粮食安全；③调控农民的生产和生活方式，减少农民为生产粮食而破坏生态环境的现象，提高整个社会福祉。

7.2.4   征地补偿机制

土地征收是经济社会发展到一定阶段产生的，是国家为了公共利益的需要，依照法律规定的程序和权限将农村集体土地转化为国有土地，并依法给予被征地的农村经济组织或农民适当的补偿和妥善安置的法律行为。土地征收给城市发展带来广阔空间的同时也带来许多问题：如何保障失地农民的利益不受损失、如何确定征地补偿标准等。征地补偿问题是土地征收所产生的核心问题之一，对于解决土地征收过程中产生的其他问题具有重要的促进作用（刘祥琪，2010）。征地补偿机制是一系列相关的制度和机构的有机结合，包括征地补偿的标准、方式、范围，征地补偿的就业保障机制，地方政府的绩效评估机制，失地农民的法律援助机制等（刘兴华，2012）。从 20 世纪 90 年代起，国内学者围绕征地出现的问题进行了探讨，从征地补偿标准、范围、补偿方式等不同方面进行研究，企图创新征地补偿制度，使其适应当前经济社会发展的要求。邝新亮（2009）在研究征地补偿基本理论，分析失地农民补偿现状的基础上，提出完善征地补偿机制的原则和政策建议；刘兴华（2012）运用博弈论，建立地方政府与失地农民以及地方政府与用地企业之间的博弈模型，并引入完善地方政府绩效评估机制的概念，利用利益相关者概念及相互关系来剖析博弈各方之间的关系；张婉莹（2015）基于土地二元价值理论，结合马克思地租与地价理论、科斯定理来研究我国现阶段征地补偿标准，提出解决当前征地补偿标准所存在问题的建议。

征地补偿机制关系到农民的切实利益和社会安定，推进征地补偿机制的创新化、法制化、规范化，有利于提高集体土地的利用效率，实现城乡统筹发展的目标；制定征地补偿标准要考虑农民的切实利益和生计，为解决"三农问题"提供保障；改革现有征地制度、剖析征地补偿机制失灵的原因，有助于促进城乡土地一体化市场实现"同地、同权、同价"，减少征地补偿的纠纷，优化土地资源配置。

7.2.5　耕地发展权补偿机制

20 世纪 50 年代以来,英、法、美等国家为了保护环境,保护农地、控制城市建设用地规模过度扩张,相继建立了发展权制度,并取得了良好的社会效益(罗洋洋 等,2013)。我国在 20 世纪 90 年代开始引入发展权的概念。1992 年,国家土地管理局在《各国土地制度研究》一书中,第一次提出"土地发展权"的概念,指出发展权就是对土地的用途进行变更,或提高土地使用集约度的权利(刘野,2012)。农地发展权是土地发展权的重要组成部分,在土地用途由农用地转为建设用地的过程获得经济利益的能力,被称作农地发展权,其创立是为了明晰土地增值收益的归属,调节收益分配(邓炜,2010)。

土地有偿使用和土地流转制度的发展引发了学者对耕地转为建设用地带来的巨大增值收益及其分配的不同思考。周诚(2006)在谈及农地"自然增值"分配时,对"涨价归公"进行修正,认为"合理补偿,剩余归公,支援全国"更为确切,并提出了"由政府收购农地开发权"。臧俊梅等(2008)认为农地发展权应由农村集体所有转为国家所有,再无偿授予农民使用,使得农地发展权灭失。任艳胜等(2010)将农地发展权定义为农地可转为建设用地等不同用途的权利,即可开发农地的权利,认为该产权是土地产权体系的重要组成部分,主要归属于农民集体所有。综上所述,当前土地发展权的归属在理论界尚不明确。同时,对农地发展权价格的研究也刚起步。农地发展权价值指农地可转为不同用途带来的增值收益价值,是农地未来开发超额地租的折现价值(Plantinga et al.,2001)。周建春(2005)以耕地外部性价格扣除耕地的国家粮食安全价格、国家生态安全价格后得到耕地发展权价格,得到我国耕地发展权价格为 17.55 万元/hm^2。

耕地发展权补偿机制要实现的目标主要有几个方面:将农地发展权引入农村土地权利体系中,能实现对传统土地产权制度的创新;实施耕地发展权补偿机制可以减缓耕地资源下降的趋势,缓解人地供需矛盾;最后,实施耕地发展权补偿机制可以实现按耕地完全价值进行补偿的目标,充分保障失地农民的权益,阻止地方政府滥用征地权,平衡相关主体的权益。

7.2.6　耕地保护区域补偿的意义和标准

为保护耕地、确保国家粮食安全和社会稳定,我国实行了世界上最为严格的耕地保护政策,对耕地保护产生一定积极效果的同时也暴露了一些弊端。例如,区际间耕地保护的责任和义务不明确,没有考虑地区之间资源禀赋和社会经济发展的差异,以及不同区域在特定社会经济发展阶段中对耕地非农化需求的内在合理性。纪昌品等(2010)认为,实现耕地保护必须进行区域协调并做出利益补偿。耕地保护区际补偿机制是在确保国家粮食安全的基础上,为提高土地利用效率,在各区域间合理分配耕地保护目标和责任,通过区际财政转移支付等方式实现不同区域间耕地保护利益关系的协调(廖和平 等,2011),从而在各区域实现耕地资源的优化配置。柯新利(2014)从耕地保护的目标与责任出发,以武汉城市圈为例,通过构建分区异步元胞自动机模型开展耕地的区际布局优化,对耕地保护的区域补偿价值标准进行修正，探讨"以布局引导补偿，以补偿实现保护"的策略。

耕地区际布局优化意在缓解耕地保护与城市化的矛盾，释放发达地区的耕地非农化压力，提高欠发达地区的土地利用效率。实行耕地区际保护补偿机制的主要目标：在保证国家粮食安全的基础上，根据各区域耕地非农化压力差异，开展耕地资源的空间配置，尽可能释放耕地的非农化压力，协调全区域粮食安全对耕地保护的需求，提高土地资源的利用效率；基于耕地发展权价值、耕地粮食安全价值和耕地生态服务价值，测算耕地区际协调保护的价值标准，用耕地保护的区域补偿机制引导耕地利用的区际布局优化。

1. 耕地保护区域补偿的意义

1）使耕地保护政策真正落到实处，抑制耕地过快减少

我国正处于城市化快速发展阶段，耕地保护形势日益严峻。长期以来，我国政府采用世界上最严格的耕地保护政策企图实现耕地保护以保障粮食安全（邓健，2010）。然而，作为耕地保护政策重要组成部分的耕地总量动态平衡、土地用途管制、建设用地的年度供应计划在很多地方出现政策失灵。这是由于当前我国的耕地保护政策未将耕地资源禀赋多样性及社会经济发展的区域差异纳入考虑；此外，耕地非农化需求的内在合理性在不同区域及社会经济发展阶段仍有待考量（姜广辉 等，2009）。确定耕地保护目标责任，作为耕地区域保护补偿机制的重要内容，主要是基于耕地布局的优化结果以耕地非农化收益作为基础，结合耕地价值和耕地赤字/盈余状况测算补偿标准，落实耕地保护政策的作用。

2）适应区域经济发展特点，在保证粮食安全的前提下释放耕地非农化压力

确定耕地区际布局优化目标的前提是保证全区域粮食安全，基于各区域的耕地非农化压力的差异，开展耕地资源的空间配置，尽可能释放耕地非农化压力，统筹全区域粮食安全对耕地保护的需求和各区域社会经济发展对区域耕地非农化的需求，提高土地资源的利用效率。本书要解决的关键问题之一就是综合考虑全区域粮食安全需求、各区域耕地非农化需求和各区域耕地非农化需求紧迫程度，进行耕地资源优化布局。

3）协调区域发展利益，体现区域公平

当前的耕地保护区域补偿机制研究大多基于耕地利用现状，使得耕地非农化需求及土地利用效率脱钩，导致区域间发展不协调，某些需要承担耕地保护任务的区域土地利用效率高且耕地非农化需求迫切；反之某些不需要承担耕地保护任务的区域土地利用效率低且耕地非农化需求不足。耕地保护区域补偿机制考虑区域间的差异性，合理分配适合该区域的耕地保护目标责任，并通过区域间财政转移支付等方式实现不同区域间耕地保护利益关系的协调，使部分经济发达地区在承担较少耕地保护目标责任的基础上对承担较多耕地保护目标责任的区域进行补偿，从而在各区域之间实现耕地资源的优化配置，促进区域公平发展。

2. 耕地保护区域补偿标准

构建耕地保护区域补偿机制，关键在于确定补偿标准，目前很多学者在这方面开展了研究。吴泽斌等（2009）在区域耕地保护赤字/盈余测算的基础上，根据耕地保护机会成

本的区域差异测算得到耕地保护区域间的经济补偿标准,以此矫正耕地保护的外部不经济性造成的损失;廖和平等(2011)基于资源环境经济学理论设计了耕地资源价值体系及其测算方法,定量测算了以重庆市为例的耕地保护区域补偿标准;雍新琴等(2011)在测算粮食安全目标及耕地保护机会成本的基础上探讨了补偿标准及额度的技术思路与方法,并进行实证研究;毛良祥(2013)测算耕地补偿标准考虑了两种情况,一种是区内非占补平衡部分的耕地,其补偿不涉及机会成本,只需给农民一定的激励补偿;另一种是占补平衡部分耕地,需考虑机会成本损失给予耕地保护补偿。此外,王苗苗(2012)在对耕地利用现状研究的基础上,对耕地的价值标准和面积标准进行了核算,以此为基础确定耕地补偿标准。

测算耕地的完全价值是确定补偿标准的前提条件。当前的耕地价值判定一般由耕地自身属性出发考虑,认为耕地价值主要包括经济价值、生态价值和社会价值。然而这些价值并不能成为耕地保护区域补偿价值的全部依据。例如,通过不同区域之间的农产品市场交易能够实现耕地的经济价值,因而该部分价值不应计入耕地保护区域补偿的价值标准。耕地非农化造成的区域内部的部分农民丧失劳动机会,在耕地非农化的过程中该部分价值已经得到补偿,所以耕地社会价值中的提供就业保障的价值也不应作为区域补偿价值标准的一部分纳入。

耕地保护区域补偿在不同区域的耕地保护政策有所差别,使得本属于某一区域的耕地保护任务转移到其他区域,而耕地保护责任的这种转移导致了转入区域的发展受到了限制,因此需要由转出耕地保护责任的区域对转入耕地保护责任的区域做出补偿,以此对转入区域所承担的过多耕地保护责任进行补偿遭受的损失。为此,耕地保护区域补偿的价值标准可从以下几方面进行考虑。

(1)耕地发展权价值。耕地发展权是指将耕地改为最佳利用方式的权利。耕地区际协调保护的结果会使得一些区域承担较少的耕地保护责任而将这一部分责任转嫁给另一些区域,接收耕地保护责任转入的区域相当于失去了相应的发展权。因此,需要对接收耕地保护责任转入的区域进行经济补偿,以保证耕地区际协调保护政策的顺利实施,参考耕地保护责任转入区域的发展权机会成本作为补偿的最低标准。

(2)耕地粮食安全价值。我国制定并实施着世界上最为严格的耕地保护政策,以保护现有耕地,确保国家粮食安全,维护社会稳定。设计耕地区际协调的政策意在将一部分区域的耕地保护的部分责任转嫁给其他区域的同时,将确保国家粮食安全的责任转嫁给相应的区域。换言之,耕地区际协调保护的政策给接收耕地保护责任转入的区域分配了更多的国家粮食安全的责任。由此,依据转移的粮食安全保障责任的大小,耕地粮食安全保障责任的转出区域应当向耕地粮食安全保障责任的转入区域进行相应的补偿。

(3)耕地保护的生态环境价值。耕地保护的一项重要内容包括耕地生态功能的保护。随着耕地保护责任在不同区域之间流动,耕地生态功能的保护也随之在不同的区域之间流动。承担更多耕地保护任务的区域也为人类提供了更多的生态功能。为此,对耕地保护区域进行补偿,需要考虑各区域耕地保护责任及相应的生态环境服务价值的差异,以此来均衡耕地保护责任转出区域与耕地保护责任转入区域间的补偿额度。

7.3　基于布局优化的耕地保护区域补偿理论

7.3.1　理论框架

基于布局优化的耕地保护区域补偿理论是以保证区域粮食安全条件为前提,在一定时期的经济发展和资源区域差异化的条件下进行耕地优化,基于此来确定耕地保护目标及区域补(受)偿标准,以此将耕地优化布局、保护目标责任、区域补偿标准和区际补偿实施保护机制结合,通过合理配置耕地资源以实现全区域粮食安全,以耕地保护区域补偿为基础优化耕地布局。主要内容分两个方面:一是基于耕地区际布局优化结果划分区域保护目标,合理分配各区域在保护过程中承担的责任义务,测算区域耕地赤字及盈余的差异,划定相应的补偿范围和受偿范围;二是对耕地保护补偿价值的标准进行测算,将耕地赤字/盈余状况挂钩并以此与耕地非农化收益相联系以激励耕地保护的行为,约束耕地非农化进程,在耕地赤字越大的区域给予高的补偿标准;相应地,耕地盈余越大的区域给予的受偿标准越高。

7.3.2　区域耕地保护目标责任测算的理论与方法

当前,确定区域耕地保护目标责任的方法主要有三种:需求导向型、供给导向型和供需平衡型。未将耕地保护与城镇建设用地扩张间的固有矛盾纳入考量,使得需求导向型政策在实施过程中出现一定的阻碍;供需平衡型兼顾两者,能够提供合理路径以确定耕地保护目标。

首先,测算区域耕地资源供给量:基于耕地资源的利用现状,通过测算退耕还林(草)面积、建设用地扩张占用耕地面积、灾毁耕地面积等造成的耕地面积减少量,以及土地开发与整理、基本农田整治、土地复垦、后备耕地资源开发等造成的耕地资源增加量,具体测算出耕地供给量。

其次,测算区域耕地资源需求量:根据区域人口预测的结果,结合人均粮食消费水平,测算保障区域粮食安全所需要的粮食产量;在此基础上,根据区域耕地资源的自然生产条件、复种指数、作物种植的粮经比及粮食单产水平,具体测算出耕地需求量。

最后,根据计算而得的耕地供给/需求量,以供需平衡为导向测算区域耕地保护的差别化目标责任。

7.3.3　区域耕地保护补偿价值标准测算的相关理论及方法

区域耕地资源的赤字及盈余量是指一个地区在一定的人均粮食消费水平及粮食自给率状态下所需的最低耕地面积超过/低于该区域耕地资源的实际存量的状态,区域耕地赤字/盈余可以反映地区粮食安全状况。为了保证耕地保护区域补偿机制有良好的实施效果，耕地赤字/盈余状况可用以判断耕地保护区域补偿的价值标准：当区域耕地呈现盈余时，该区域应该为受偿地区，并且所获的耕地保护补偿价值标准应该随耕地盈余量的升高而增大，以此激励在耕地盈余地区的耕地保护积极性；当区域耕地呈现赤字时，则该区域应该为补偿地区，其应当付出的耕地保护补偿的价值标准应该随耕地赤字的升高而增大，以此制约耕地赤字区无限制的耕地非农化及由此造成的对粮食安全的威胁。

　　耕地赤字/盈余是确定耕地区际协调保护补偿价值标准的重要依据之一，可以表示为

$$DS = S_{demand} - S_{opt} \tag{7-1}$$

式中：DS 为区域耕地赤字/盈余；S_{demand} 为保证区域的粮食安全所需要的最少耕地面积；S_{opt} 为基于耕地区际布局优化结果所确定的耕地保护目标。

　　根据上述方法测算得到的耕地保护区域补偿标准存在两方面的问题：一是耕地赤字地区所支付的耕地保护补偿价值总额与耕地盈余地区所应接受的耕地保护补偿价值总额不平衡；二是耕地保护区域补偿价值标准仅与耕地保护目标责任有关，与耕地赤字/盈余相关性不大，因而对耕地保护的激励作用有限。

　　为激励耕地保护，需要将耕地赤字/盈余状况与耕地保护区域补偿的价值标准相结合，以确定耕地保护区域补偿的价值标准：对于耕地赤字区域，需支付的单位面积耕地保护补偿的价值标准因耕地赤字的扩大而升高；而对于耕地盈余区域，需授予的单位面积耕地保护区域补偿的价值标准因耕地盈余的增加而提高。只有将耕地保护区域补偿的价值标准与耕地赤字/盈余状况挂钩，才能制约耕地赤字区进一步缓解耕地数量的减少，尽可能激励耕地盈余维持在原有耕地保有量水平。而耕地赤字地区需要支付的耕地保护补偿价值总额与耕地盈余地区需要接受的耕地保护补偿价值总额不平衡为这一激励机制的构建提供了条件。基于耕地赤字/盈余状况，通过在不同的区域之间进行的补偿总额与受偿总额的差值的分配，可以使耕地保护区域补偿价值起到耕地保护激励作用。

　　通过修正的耕地补偿机制，一方面结合区域耕地赤字/盈余挂钩确定耕地保护区域补偿的价值标准，有效促进耕地保护区域补偿机制的实施；另一方面，实现了耕地赤字区应支付的耕地保护区域补偿价值总额与耕地盈余区应接受的耕地保护区域补偿价值总额的平衡。

7.4　基于布局优化的耕地区域协调保护机制实证

7.4.1　耕地区域保护目标责任测算

　　基于生产力总量平衡的耕地区际优化布局的总体目标是实现全国的粮食安全。因而，基于生产力总量平衡的耕地区际优化布局就是确定保障粮食安全与最大限度释放耕地非农化压力的前提下所需保护的耕地数量及其空间布局。因此，各区域的耕地保护目标责任划定可以根据基于生产力总量平衡的耕地区际优化布局的结果进行（表7-1）。

表 7-1　　基于布局优化结果的区际耕地保护目标责任　　　（单位：km²）

省（自治区、直辖市）	耕地保护目标	省（自治区、直辖市）	耕地保护目标	省（自治区、直辖市）	耕地保护目标
北京	4 281	安徽	79 342	四川	119 836
天津	6 753	福建	20 590	贵州	49 205
河北	96 278	江西	44 970	云南	68 133
山西	60 446	山东	98 288	西藏	4 672
内蒙古	113 421	河南	105 770	陕西	69 503
辽宁	63 885	湖北	68 095	甘肃	66 019
吉林	76 166	湖南	60 757	青海	8 248
黑龙江	162 039	广东	42 178	宁夏	17 114
上海	2 810	广西	51 046	新疆	70 572
江苏	66 909	海南	8 577		
浙江	24 469	重庆	37 009		

　　耕地资源的生产能力存在着显著的空间异质性，单纯保护耕地数量容易导致占优补劣，造成优质耕地的流失，耕地的生产力下降，最终威胁粮食安全。所以，耕地保护不仅需要保护耕地数量，还要保护耕地的生产力。上述耕地保护目标责任的确定是基于生产力总量平衡的耕地区际布局优化结果，需要保护的耕地落实在具体的空间位置上，能够有效保护耕地的生产力总量，保障粮食安全。

　　基于上述思路，采用基于生产力总量平衡的耕地区际优化布局结果，结合我国耕地生产力的空间数据，测算得到耕地生产力总量保护目标，如表 7-2 所示。

表 7-2　　我国 31 省（自治区、直辖市）区际耕地生产力保护目标责任　　（单位：×10⁴ t）

表 7-2　　我国 31 省（自治区、直辖市）区际耕地生产力保护目标责任　　（单位：$\times 10^4$ t）

省（自治区、直辖市）	耕地生产力保护目标	省（自治区、直辖市）	耕地生产力保护目标	省（自治区、直辖市）	耕地生产力保护目标
北京	316.17	安徽	8 217.66	四川	7 148.02
天津	512.72	福建	524.39	贵州	1 183.86
河北	7 434.78	江西	2 725.37	云南	1 843.04
山西	2 588.11	山东	8 779.78	西藏	31.84
内蒙古	3 481.45	河南	11 526.30	陕西	3 170.91
辽宁	3 758.69	湖北	5 799.46	甘肃	1 994.70
吉林	4 224.19	湖南	3 542.68	青海	142.54
黑龙江	9 830.17	广东	1 402.00	宁夏	563.78
上海	243.78	广西	1 498.22	新疆	3 684.73
江苏	6 847.93	海南	530.12		
浙江	1385.12	重庆	1974.08		

7.4.2　区域耕地赤字/盈余

根据人口峰值年份 2030 年我国 31 省（自治区、直辖市）人口总量和人均粮食消费需求量，计算得到 2030 年粮食消费需求量，如表 7-3 所示。

表 7-3　我国 31 省（自治区、直辖市）2030 年粮食消费需求量　（单位：$\times 10^4$ t）

省（自治区、直辖市）	粮食消费需求量	省（自治区、直辖市）	粮食消费需求量	省（自治区、直辖市）	粮食消费需求量
北京	1 065.55	安徽	2 538.56	四川	3 282.07
天津	913.26	福建	1 724.84	贵州	1 419.64
河北	3 307.29	江西	1 929.48	云南	2 037.68
山西	1 683.17	山东	4 307.03	西藏	153.83
内蒙古	1 043.27	河南	3 690.07	陕西	1 594.59
辽宁	1 875.4	湖北	2 415.92	甘肃	1 083.15
吉林	1 113.22	湖南	2 749.22	青海	262.71
黑龙江	1 560.30	广东	4 574.68	宁夏	311.29
上海	1 046.66	广西	1 842.33	新疆	1 142.45
江苏	3 307.23	海南	416.96		
浙江	2 560.49	重庆	1 304.51		

前述已及，1990～2015 年我国 31 省（自治区、直辖市）实际粮食产量与耕地生产潜力比值在 14%～61%波动。2015 年粮食产量与耕地生产潜力之间比值的平均值为 34.26%。到人口峰值年份时，我国粮食消费需求为 5.83×10^8 t。而耕地生产力评估的结果结合土地利用数据测算得到 2015 年耕地生产潜力总量为 1.11×10^9 t。人口峰值年我国粮食消费需求总量为 2015 年耕地生产潜力总量的 52.48%。因此，将 52.48%作为人口峰值年我国耕地生产潜力实现程度的平均值测算耕地生产力赤字与盈余（表 7-4）。

表 7-4　我国 31 省（自治区、直辖市）耕地生产力赤字/盈余　（单位：$\times 10^4$ t）

省（自治区、直辖市）	耕地生产潜力	耕地实际粮食生产力	耕地生产力需求	赤字/盈余
北京	316.17	165.93	1 065.55	-899.62
天津	512.72	269.08	913.26	-644.18
河北	7 434.78	3 901.77	3 307.29	594.48
山西	2 588.11	1 358.24	1 683.17	-324.93
内蒙古	3 481.45	1 827.06	1 043.27	783.79
辽宁	3 758.69	1 972.56	1 875.40	97.16
吉林	4 224.19	2 216.85	1 113.22	1 103.63
黑龙江	9 830.17	5 158.87	1 560.30	3 598.57

续表

省（自治区、直辖市）	耕地生产潜力	耕地实际粮食生产力	耕地生产力需求	赤字/盈余
上海	243.78	127.94	1 046.66	−918.72
江苏	6 847.93	3 593.79	3 307.23	286.56
浙江	1 385.12	726.91	2 560.49	−1 833.58
安徽	8 217.66	4 312.63	2 538.56	1 774.07
福建	524.39	275.20	1 724.84	−1 449.64
江西	2 725.37	1 430.27	1 928.48	−499.21
山东	8 779.78	4 607.63	4 307.03	300.60
河南	11 526.30	6 049.00	3 690.07	2 358.93
湖北	5 799.46	3 043.56	2 415.92	627.64
湖南	3 542.68	1 859.20	2 749.22	−890.02
广东	1 402.00	735.77	4 574.68	−3 838.91
广西	1 498.22	786.27	1 842.33	−1 056.06
海南	530.12	278.21	416.96	−138.75
重庆	1 974.08	1 036.00	1 304.51	−268.51
四川	7 148.02	3 751.28	3 282.07	469.21
贵州	1 183.86	621.29	1 419.64	−798.35
云南	1 843.04	967.23	2 037.68	−1 070.45
西藏	31.84	16.71	153.83	−137.12
陕西	3 170.91	1 664.09	1 594.59	69.50
甘肃	1 994.70	1 046.82	1 083.15	−36.33
青海	142.54	74.80	262.71	−187.91
宁夏	563.78	295.87	311.29	−15.42
新疆	3 684.73	1 933.75	1 142.45	791.30

从表 7-4 可以看出，经过基于生产力总量平衡的耕地区际布局优化之后，耕地生产力总量处于盈余状态的省（自治区、直辖市）主要有河北、内蒙古、辽宁、吉林、黑龙江、江苏、安徽、山东、河南、湖北、四川、陕西、新疆等。其中，耕地生产力总量盈余最大的省份为黑龙江，其盈余量达到 $3\,598.57 \times 10^4$ t。而耕地生产力总量处于赤字状态的省（自治区、直辖市）除了经济发展水平和城市水平较高的北京、天津、上海、浙江、福建、广东之外，还有耕地资源丰富但是人口数量众多的湖南等省（自治区、直辖市），还有人口数量不多、经济发展有限但自然条件差、耕地生产能力低的西藏、青海、甘肃等地。

可见，各省（自治区、直辖市）的耕地赤字/盈余状况不仅受到耕地资源的丰度影响，而且受到区域内社会经济发展状况、人口与城市化水平、自然资源条件等多方面因素的影响。

7.4.3　区域耕地保护补偿价值标准测算

耕地非农化收益是耕地补偿/受偿价值标准的基础。本书在第 6 章采用投入产出模型测算得到各省（自治区、直辖市）耕地非农化收益如表 7-5 所示。

表 7-5　我国 31 省（自治区、直辖市）耕地非农化收益　　（单位：亿元/km²）

省（自治区、直辖市）	耕地非农化收益	省（自治区、直辖市）	耕地非农化收益	省（自治区、直辖市）	耕地非农化收益
北京	48.60	安徽	33.25	四川	36.72
天津	89.25	福建	61.75	贵州	27.72
河北	66.26	江西	57.03	云南	24.45
山西	40.80	山东	93.13	西藏	
内蒙古	30.16	河南	43.01	陕西	38.92
辽宁	54.05	湖北	37.39	甘肃	27.00
吉林	30.65	湖南	38.39	青海	37.29
黑龙江	16.60	广东	67.11	宁夏	18.99
上海	49.73	广西	25.17	新疆	15.88
江苏	84.23	海南	19.45		
浙江	93.81	重庆	36.76		

注：西藏由于缺少相关数据而无非农业化收益值

从表 7-5 可以看出，各省（自治区、直辖市）耕地非农化收益存在着显著的区域差异：耕地非农化收益最高的省份为浙江，其耕地非农化收益为 93.81 亿元/km²；而耕地非农化收益最小的省份为新疆，其耕地非农化收益为 15.88 亿元/km²；两者之间的比值高达 5.91 倍。正是因为耕地非农化收益存在着巨大区域差异，使得通过耕地非农化的空间优化布局，可以达到以较小的耕地非农化代价，获得巨大的耕地非农化收益。这也是本书开展耕地区际优化布局的目的之一。

假设仅根据耕地非农化收益测算耕地非农化区际补偿的价值标准，可以测算得到我国 31 省（自治区、直辖市）耕地区际补偿的价值总额，如表 7-6 所示。

表 7-6　基于耕地非农化价值的我国 31 省（自治区、直辖市）补偿（受偿）总额（单位：亿元）

省（自治区、直辖市）	补偿（受偿）总额	省（自治区、直辖市）	补偿（受偿）总额	省（自治区、直辖市）	补偿（受偿）总额
北京	−651 325.07	辽宁	82 268.43	浙江	−1 118 840.92
天津	−612 963.48	吉林	428 455.54	安徽	523 698.91
河北	528 513.55	黑龙江	826 771.86	福建	−576 117.15
山西	−232 169.30	上海	−518 723.44	江西	−176 237.90
内蒙古	560 088.03	江苏	286 580.43	山东	355 842.77

续表

省（自治区、直辖市）	补偿（受偿）总额	省（自治区、直辖市）	补偿（受偿）总额	省（自治区、直辖市）	补偿（受偿）总额
河南	1 379 704.97	重庆	−82 356.50	甘肃	−67 013.08
湖北	177 939.00	四川	157 697.52	青海	−663 715.96
湖南	−206 363.69	贵州	−161 486.17	宁夏	−4 142.87
广东	−1 488 338.48	云南	−177 178.64	新疆	168 773.43
广西	−141 676.29	西藏	−12 641.01		
海南	−25 780.47	陕西	70 304.57		

表 7-6 显示，如果仅根据耕地非农化收益来确定各省（自治区、直辖市）耕地补偿的价值标准，全国范围内的耕地补偿总额与受偿总额不能达到平衡，各省（自治区、直辖市）及地区的耕地赤字区所需补偿的总额将比耕地盈余区接受的总额多 1 370 431.41 亿元。

7.4.4　区域耕地保护补偿价值标准修正

耕地保护的区际资金补偿是实现耕地区际协调保护的关键所在。本质上讲，耕地保护区际补偿是通过区域之间经济补偿的方式，弥补区域间因耕地保护程度差异导致的损失，以实现区域之间的公平和协调发展。但当前有关耕地保护的补偿，并没有考虑由于耕地保护目标不均衡所带来的区域间发展的不均衡，也没有将耕地非农化收益与耕地保护结合起来考虑，使得当前有关耕地保护的补偿很难起到保护耕地的作用。其主要原因在于，耕地赤字区由于所需要支付的耕地保护区际补偿价值标准远低于其耕地非农化收益，无法抑制耕地赤字区的持续耕地非农化；而在耕地盈余区，由于其所接受的补偿标准与耕地非农化收益相比，并没有比较优势，有必要在确定耕地保护区际补偿价值标准时，将区域的耕地非农化收益考虑进来。这样的耕地保护区际补偿价值标准可以起到激励耕地保护和抑制耕地非农化的作用。可以用图 7-1 来表示这种补偿标准的确定思想。在图 7-1 中，R_1 代表耕地赤字区的耕地非农化收益，R_2 代表耕地盈余区的耕地非农化收益，V 代表当前常见的耕地保护补偿价值标准。学术界的普遍观点是，应该根据耕地资源的价值来确定耕地保护的价值标准。也就是说 V 值只与耕地资源的价值有关，而与耕地非农化的收益无关。由于与耕地资源价值相比，其非农化收益往往较高，所以仅根据耕地资源价值确定的耕地保护补偿价值标准 V 往往位于 R_2 之下，难以起到耕地保护的激励作用。为了使得耕地保护区际补偿的价值标准能

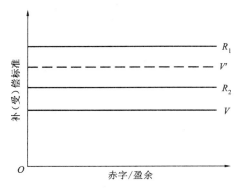

图 7-1　基于农地非农化收益的耕地保护补偿标准

刺激耕地保护行为,需要在确定耕地保护区际补偿价值标准时,将耕地非农化收益考虑进来,从而使得耕地保护区际补偿的价值标准从 V 的位置移动到 V'。

如图 7-1 所示,在确定耕地保护区际补偿价值标准时,引入耕地非农化收益,可以使得耕地保护区际补偿价值标准从图 7-1 中的 V 处移动到 V' 处,即位于耕地赤字区和耕地盈余区的非农化收益之间,可以从一定程度上激励耕地保护。然而,经上述处理的耕地保护区际补偿价值标准将无法考虑区域耕地赤字/盈余量的影响。因此,虽起到了耕地保护的激励作用,但无法激励耕地盈余区保护更多的耕地、耕地赤字区占用尽可能少的耕地。要想实现这一目标,需要继续对耕地保护区际补偿价值标准进行改进,使得耕地盈余量大的区域,单位面积的耕地盈余量享有较高的补偿标准;而对于耕地赤字量大的区域,单位面积的耕地赤字量需要更多补偿资金。如图 7-2 所示,可以将耕地保护区际补偿价值标准从 V' 的位置移动到 V'' 的位置,其中,V'' 是根据耕地赤字/盈余状况对 V' 进行修正得到的。修正之后,对于耕地赤字区而言,赤字量越大,则单位面积的耕地赤字量需要支付的补偿标准就越高,直到单位面积的耕地赤字量所需要支付的补偿标准等于耕地赤字区的耕地非农化收益;而对于耕地盈余区而言,盈余量越大,则单位面积的耕地盈余量可以接受的耕地保护补偿价值标准就越高,甚至可以达到数倍于其耕地非农化收益。这样的改进可以促进这一目标的实现,从而有望提高耕地区际协调保护机制的实施效果。

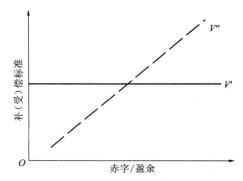

图 7-2　耕地补偿的价值标准的修正示意图

修正耕地保护区际的补偿价值标准,对耕地赤字区与耕地盈余区应当进行不同方向的修正。对于耕地赤字区,应该向下修正,使得耕地赤字区所需要支付的耕地保护区际补偿的价值标准低于该区域耕地非农化收益,并且耕地赤字越大,其需要支付的耕地保护区际补偿价值标准越接近于其耕地非农化收益;反之,赤字越小,其补偿价值标准越小于其耕地非农化收益。而对于耕地盈余区,则应该进行向上修正,从而使得耕地盈余区所接受的耕地保护区际补偿价值标准应不少于该区域的耕地非农化收益,盈余量越大则补偿标准越高;反之,盈余越小则补偿标准越接近于其耕地非农化收益。

基于上述基本思路,对耕地保护区际补偿标准进行修正时需要满足:

$$\sum_i (P_i + P_i') \times A_i = \sum_j (P_j - P_j') \times B_j \qquad (7\text{-}2)$$

式中:P_i 为耕地盈余区 i 的耕地非农化收益;P_i' 为耕地盈余区 i 的耕地保护区际补偿价值标准的修正值;A_i 为耕地盈余区 i 的耕地盈余面积;P_j 为耕地赤字区 j 的耕地非农化收益;P_j' 为耕地赤字区 j 的耕地保护区际补偿价值标准的修正值;B_j 为耕地赤字区 j 的耕地赤字面积。

式(7-2)中,耕地盈余区和耕地赤字区的耕地非农化收益和耕地赤字/盈余面积已知,但是耕地盈余区和耕地赤字区的耕地保护区际补偿价值标准修正值未知。为了求取耕地区际补偿价值标准的修正值，可以将上述公式做如下变换：

$$\sum_i P'_i \times A_i + \sum_j P'_j \times B_j = \sum_j P_j \times B_j - \sum_i P_i \times A_i \qquad （7\text{-}3）$$

式中，等式右边为假定以耕地非农化收益作为耕地保护区际补偿价值标准时，所有耕地赤字区所支付的补偿总额与所有耕地盈余区所接受的补偿总额之差，即 1 370 431.41 亿元。

由于耕地保护区际补偿价值标准与耕地赤字/盈余数量相关，可以继续将式（7-3）变形为

$$\sum_i \left(\frac{R'_i - R'_{i,\min}}{R'_{i,\max} - R'_{i,\min}} \times \alpha \times x \right) \times R_i + \sum_j \left(\frac{R'_j - R'_{j,\min}}{R'_{j,\max} - R'_{j,\min}} \times x \right) \times R_j = 1\,370\,431.41 \qquad （7\text{-}4）$$

式中：R'_i 为耕地盈余区 i 的耕地盈余量（以标准耕地表示）；$R'_{i,\max}$ 为所有耕地盈余区耕地盈余量的最大值（以标准耕地表示）；$R'_{i,\min}$ 为所有耕地盈余区耕地盈余量的最小值（以标准耕地表示）；x 为耕地保护区际补偿价值标准的修正系数；R_i 为耕地盈余区 i 的耕地盈余量（以实际耕地表示）；R'_j 为耕地赤字区 j 的耕地赤字量（以标准耕地表示）；$R'_{j,\max}$ 为所有赤字区耕地赤字量的最大值（以标准耕地表示）；$R'_{j,\min}$ 为所有赤字区耕地赤字量的最小值（以标准耕地表示）；R_j 为耕地赤字区 j 的耕地赤字量（以实际耕地表示）；α 为调整系数，用来调整耕地赤字区的修正系数与耕地盈余区的修正系数之间的关系。通过调整 α，可以保证耕地赤字区补偿价值标准的修正值不超过该区域的耕地非农化收益，从而避免出现修正之后某些赤字区变成接受补偿的情况。

为了求取耕地保护区际补偿价值标准的修正系数 x，可将式（7-4）变形为

$$x = \frac{1\,370\,431.41}{\sum_i \left(\dfrac{R'_i - R'_{i,\min}}{R'_{i,\max} - R'_{i,\min}} \times \alpha \right) \times R_i + \sum_j \left(\dfrac{R'_j - R'_{j,\min}}{R'_{j,\max} - R'_{j,\min}} \right) \times R_j} \qquad （7\text{-}5）$$

根据实际情况，本书中 α 取值为 5，进而可以计算得

$$x = 2.658\,767$$

据此，可以得到耕地保护区际补偿价值标准的修正值，如表 7-7 所示。

表 7-7 我国 31 省（自治区、直辖市）补偿价值标准修正值 （单位：亿元/km²）

省（自治区、直辖市）	补偿价值标准修正值	省（自治区、直辖市）	补偿价值标准修正值	省（自治区、直辖市）	补偿价值标准修正值
北京	28.44	黑龙江	11.41	山东	15.66
天津	24.66	上海	36.35	河南	0.35
河北	3.61	江苏	43.81	湖北	3.02
山西	2.79	浙江	74.41	湖南	7.69
内蒙古	6.64	安徽	1.31	广东	4.70
辽宁	2.05	福建	4.83	广西	10.67
吉林	15.40	江西	34.28	海南	0.75

续表

省（自治区、直辖市）	补偿价值标准修正值	省（自治区、直辖市）	补偿价值标准修正值	省（自治区、直辖市）	补偿价值标准修正值
重庆	10.79	西藏	0.14	宁夏	0.01
四川	5.53	陕西	0.57	新疆	6.41
贵州	18.56	甘肃	1.00		
云南	2.45	青海	1.55		

采用表 7-7 中的耕地保护区际补偿价值标准的修正值对耕地非农化收益进行修正，得到各省（自治区、直辖市）耕地保护补偿价值标准，如表 7-8 所示。

表 7-8　我国 31 省（自治区、直辖市）耕地保护补偿价值标准　　（单位：亿元/km²）

省（自治区、直辖市）	补偿价值标准	省（自治区、直辖市）	补偿价值标准	省（自治区、直辖市）	补偿价值标准
北京	−20.16	安徽	31.94	四川	31.19
天津	−64.59	福建	−56.92	贵州	−9.16
河北	62.65	江西	−22.75	云南	−22.00
山西	−38.01	山东	77.47	西藏	−0.14
内蒙古	23.52	河南	42.66	陕西	38.35
辽宁	52.00	湖北	34.37	甘肃	−26.00
吉林	15.25	湖南	−30.70	青海	−35.74
黑龙江	5.19	广东	−62.41	宁夏	−18.98
上海	−13.38	广西	−14.50	新疆	9.47
江苏	40.42	海南	−18.70		
浙江	−19.40	重庆	−25.97		

根据修正后的我国各省（自治区、直辖市）及地区的耕地保护补偿价值标准值（正/负值分别表示耕地盈余/赤字区的补偿标准），结合各省（自治区、直辖市）耕地赤字/盈余状况，计算得到各省（自治区、直辖市）需要支付或者可以接受的耕地保护区际补偿价值总额，如表 7-9 所示。

表 7-9　我国 31 省（自治区、直辖市）耕地保护补偿价值总额　　（单位：亿元）

省（自治区、直辖市）	补偿价值总额	省（自治区、直辖市）	补偿价值总额	省（自治区、直辖市）	补偿价值总额
北京	−270 179.29	山西	−216 293.02	吉林	213 179.35
天津	−443 600.12	内蒙古	436 779.52	黑龙江	258 490.72
河北	499 718.89	辽宁	79 148.17	上海	−139 564.04

续表

省（自治区、直辖市）	补偿价值总额	省（自治区、直辖市）	补偿价值总额	省（自治区、直辖市）	补偿价值总额
江苏	137 523.22	湖南	−165 026.44	西藏	178.05
浙江	−231 377.40	广东	−1 384 103.78	陕西	69 274.93
安徽	503 065.96	广西	−81 617.25	甘肃	−64 531.11
福建	−531 054.06	海南	−24 786.37	青海	−635 463.27
江西	−70 303.56	重庆	−58 182.76	宁夏	−40.98
山东	296 007.08	四川	133 948.41	新疆	100 647.63
河南	1 368 477.42	贵州	−53 362.67		
湖北	163 566.82	云南	−159 424.54		

7.4.5 基于布局优化的耕地区域协调保护实施保障机制

1. 耕地保护区域补偿的资金管理措施

基于布局优化的区际耕地保护补偿机制，其目标是为了实现"以补偿实现优化，以优化促进保护"。究其本质，耕地保护区际补偿的主要目的是实现区域之间社会经济发展的公平性，从而使耕地区际优化布局落到实处。资金管理是耕地保护区际补偿的关键所在，可以通过建立资金池、完善补偿资金的支付方式、加强资金监管等方面的工作促进耕地保护区际补偿资金的有效管理。

1）资金池的建立

由于本书提出的基于生产力总量动态平衡优化耕地布局，基于该结果明确区域耕地保护目标责任，以此为基础进行耕地区际补偿的测算，我国各省（自治区、直辖市）（除港、澳、台）均涉及其中。因而，本书提出的基于布局优化的耕地保护区际补偿机制不是一对一的补偿，而是多区域对多区域的补偿。此外，由于本书以生产力总量平衡的耕地区际优化布局结果为基础明确全国所有区域的耕地保护目标责任，因而，也不适合用类似于发展权指标市场交易的方式进行资金管理。

针对基于布局优化的耕地保护区际补偿机制的特点，需要构建资金池进行耕地保护区际补偿资金的管理：首先，由耕地赤字区根据耕地保护区际补偿资金支付标准，将其应该支付的资金缴纳进池中；接着，由专门的耕地保护区际补偿管理部门在耕地保护目标责任落实情况评估的基础之上，将资金池中的补偿资金分配到耕地盈余区。

2）耕地保护区际补偿资金的支付方式

本书中7.4.2小节测算得到的耕地赤字区/盈余区需支付/获得的耕地保护区际补偿总

额均是指在耕地保护责任目标得到完全执行之后的补偿总额，而并不是年度补偿总额。因此，在执行过程中，可以根据划分年度耕地保护目标，并结合 7.4.3 小节进行各区域的耕地保护补偿价值标准测算，得出各省（自治区、直辖市）及地区年度耕地保护区际补偿价值总额。

3）耕地保护区际补偿资金的监管

为了保证基于布局优化的耕地保护区际补偿机制的有效运行，应该建立专门的耕地保护区际补偿管理部门进行耕地保护区际补偿资金的监管。该部门主要监管如下几个方面的内容：第一，监督耕地赤字区按时足额缴纳保护区际补偿款，通过暂停批准农用地转用指标和新增建设用地指标或其他强制措施对于未能按时足额缴纳耕地补偿款的区域进行惩罚；第二，监督耕地盈余区耕地保护区际补偿资金的使用。在耕地盈余区，耕地保护区际补偿资金应重点用于高标准基本农田建设、耕地生产条件改善、基础设施建设等。

2. 耕地区域协调保护的法律措施

法律法规是开展耕地区际协调保护的基础，也是确保耕地区际协调保护长效机制的重要手段，同时也是政府宏观调控的重要手段，有利于解决耕地区际协调保护中的外部性问题。对于跨区域的耕地区际布局优化和区际补偿机制，需要相关的法律法规进行有效的约束，如占用耕地补偿制度、基本农田保护制度和耕地总量动态平衡制度等。

1）占用耕地补偿制度

根据《土地管理法》第三十一条，全国进行耕地保护，并严格控制其他用地占用耕地。占用耕地的单位按照数量与质量相当的原则，由占用耕地的单位负责开垦补偿，否则应缴纳当地规定的耕地开垦费，专款专项用于新的耕地开垦。

2）基本农田保护制度

根据我国《中华人民共和国农业法基本农田保护条例》，基本农田是不得占用的耕地，所提供的农产品需满足一定时期内人口和社会经济发展的需求，由土地利用总体规划确定。基本农田保护区由土地利用总体规划依照法定程序划定，是对基本农田实行特殊保护确定的特定保护区域。基本农田对保障我国粮食安全具有非常重要的意义，所以《中华人民共和国农业法基本农田保护条例》对我国基本农田的动态平衡、可持续利用等做出了明确的规定。

3）耕地总量动态平衡制度

根据《土地管理法》第十八条，土地利用总体规划由各省（自治区、直辖）市人民政府编制，以确保耕地总量在本行政区域内不减少。此外，第三十三条规定编制的土地利用总体规划、土地利用年度计划要严格执行，相应期限内的耕地数量及质量保持动态占补平衡。国务院土地行政主管部门联合农业相关行政主管部门对此进行验收。不能达到补偿标准的省（自治区、直辖市），必须经国务院申报，得以批准后进行异地开垦。

这些法律法规为基于布局优化的耕地保护区际补偿机制奠定了良好的基础。然而，本书提出的基于布局优化的耕地保护区际补偿机制还需要得到如下方面的法律法规支持：

（1）2017 年 9 月，中共中央、国务院印发《关于加强耕地保护和改进占补平衡的意见》，指出应当围绕实现耕地数量、质量、生态"三位一体"保护，推动耕地保护制度和政策更加定型与成熟，要从严控制建设占用耕地特别是优质耕地，使得耕地占补平衡责任相关的落实机制更加完善，建设用地单位必须履行补充耕地义务，地方各级政府进行落实，不断使耕地保护责任主体得到补偿激励，调节各地区的补充耕地利益，以经济手段促进耕地保护在农村集体经济组织和农民保护中的积极性。现有的法律法规对耕地占补平衡需要在省级尺度上实现做出规定，然而本书提出的基于生产力总量平衡的耕地区际协调保护机制打破了省级尺度上的耕地占补平衡，以期达到国家尺度上的粮食安全对耕地生产力的需求，实现土地资源在空间上的合理布局。因而，本书成果能得以实施的关键在于法律法规放开省级尺度的耕地占补平衡，而强化国家尺度上的耕地生产力平衡。2018 年 3 月 5 日，李克强总理在部署 2018 年工作时指出要改进耕地占补平衡管理办法，将城乡建设用地的增减挂钩节余指标与建立新增耕地指标进行跨省域的调剂机制，这说明省级尺度的耕地占补平衡即将到来，将会为本书的实施提供便利条件，这也从侧面证明本书的重要意义。

（2）当前法律法规只提出了对耕地占用进行补偿的相关条款，而没有对由耕地保护所造成的区域间的不平衡发展进行补偿的条款。本书的结果表明，基于生产力总量平衡的耕地区际布局优化虽然能在满足全国粮食安全的前提下，实现土地利用效率的最大化和耕地非农化压力的最大限度释放，但布局优化同时也造成了区域间的发展不平衡。因此，需要从法律层面上明确针对基于生产力总量平衡的耕地区际优化布局而造成的不平衡进行补偿。

3. 耕地保护区域协调保护的技术保障

本书提出的基于布局优化的耕地保护区际协调保护机制是根据两个方面的内容：一是基于生产力总量平衡的耕地资源区际优化布局结果，二是基于布局优化结果的耕地保护区际补偿。具体而言，基于布局优化的耕地保护区际协调保护依赖于如下技术保障。

1）耕地利用变化的快速监测技术

耕地利用变化的快速监测是实时评估耕地利用变化时空格局的基础，是基于生产力总量平衡的耕地区际布局优化的前提，也是评价各区域耕地保护目标执行情况的关键。本书提出的全国范围内的耕地区际协调保护机制要求以耕地利用变化的快速监测技术为依托，实时监测、评估各区域耕地保护目标的实施情况，为耕地区际协调保护机制的动态调整提供基础数据。

2）耕地生产力的快速评估技术

基于生产力总量平衡的耕地区际优化布局，其关键在于评估耕地生产力。落实基于布局优化的耕地保护区际补偿机制，需要动态评估全国范围内耕地生产力的变化情况，并结合耕地利用变化时空数据集评估基于生产力总量平衡的耕地保护区际补偿机制的实施效果,并进行动态调整,以保证耕地区际协调保护的长效机制,保证国家粮食安全和土地资源的高效、可持续利用。

3)基于生产力总量平衡的耕地区际布局优化技术方法

基于布局优化的耕地区际协调保护是一个动态过程,在实施过程中,需要根据前期实施效果进行动态调整,以保证基于布局优化的耕地区际协调保护的长效机制。作为基于布局优化的耕地区际协调保护的基础,基于生产力总量平衡的耕地区际布局优化对耕地区际协调保护的实施至关重要。本书提出了基于生产力总量平衡的耕地区际布局优化的技术路线,构建了实现基于生产力总量平衡的耕地区际布局优化的模型。然而,该模型是否能满足基于布局优化的耕地区际协调保护的动态调整,需要实践的检验。

4)耕地非农化收益的测算技术方法

耕地非农化收益是耕地保护区际补偿价值标准的基础和关键。然而,耕地非农化收益受投入结构、产业结构、社会经济发展阶段等众多因素影响。本书提出基于投入产出模型的耕地非农化收益测算的技术方法体系,为耕地非农化收益的测算提供了新视角,也为基于布局优化的耕地区际协调保护的动态调整提供了方法支撑。然而,本书中采用的投入产出模型较为复杂,需要工具化为国土资源管理部门工作人员能简易操作的耕地非农化收益测算工具。

4. 耕地区域协调保护的管理措施

1)管理部门机构的设置

耕地区际协调保护作为一项独立的工作,应该设立专门的机构进行管理。新成立的部门或机构可以细分为三个职能部门:监察部门、审批部门和资金管理部门。其中监察部门负责监察各省耕地生产力及面积的动态变化、资金的使用情况等;审批部门负责耕地保护区际补偿资金使用的审批;资金管理部门负责耕地保护区际补偿资金的收取及发放。

2)耕地保护区际补偿资金使用审批制度

耕地保护区际补偿资金是一种专项资金,应禁止挪作他用。耕地保护区际补偿资金使用审批制度包含两层含义,一层是资金池中的耕地保护区域补偿资金分配到耕地的盈余区及数额需要审批,另一层是所发放的耕地保护区域补偿资金的用途需要审批。

3)耕地区际协调保护的奖惩制度

耕地区际协调保护的目的是更好地保护耕地,根据土地管理中的“人本原理”,在管理过程中为了更好地达到目的,应该充分调动人的积极和主动性,应当制定相应奖惩制度来调动管理人员的积极性。首先可以将耕地区际协调保护工作完成情况纳入考核指标,其次对耕地区际协调保护工作完成较好的区域可以进行适当的资金或指标奖励,对耕地区际协调保护工作完成较差的区域可以通过指标控制等手段进行惩罚。

参 考 文 献

陈美球, 洪土林, 许兵杰, 等, 2008. 我国耕地保护的社会责任及对策分析. 中州学刊(5): 119-123.

党国英, 2005. 农村土地管理制度改革现状思考. 中国土地(2): 13-15.

邓健, 2010. 重庆市耕地保护区域补偿机制研究. 重庆: 西南大学.

邓炜, 2010. 基于农地发展权设置的完善征地补偿机制的思考. 河北农业科学, 14(12): 94-96, 102.

邓春燕, 2012. 基于外部性理论的耕地保护经济补偿研究. 重庆: 西南大学.

方斌, 倪绍祥, 邱文娟, 2009. 耕地保护易地补充的经济补偿的思路与模式. 云南师范大学学报(哲学社会科学版), 41(1): 49-54.

葛菁华, 2013. 陕西省耕地保护与粮食安全研究. 西安: 西北大学.

何承耕, 2007. 多时空尺度视野下生态补偿理论与应用研究. 福州: 福建师范大学.

黄贤金, 濮励杰, 周峰, 等, 2002. 长江三角洲地区耕地总量动态平衡政策目标实现的可能性分析. 自然资源学报(6): 670-676.

纪昌品, 欧名豪, 2010. 区域协调耕地保护利益补偿机制. 长江流域资源与环境, 19(3): 256-261.

贾文涛, 2006. 土地整理, 守住18亿亩的必然选择. 中国国土资源报(3): 11-15.

姜广辉, 孔祥斌, 张凤荣, 等, 2009. 耕地保护经济补偿机制分析. 中国土地科学, 23(7): 24-27.

柯新利, 2014. 我国耕地保护目标责任及区域补偿研究进展. 华中农业大学学报(社会科学版)(1): 117-123.

柯新利, 边馥苓, 2010. 基于空间数据挖掘的分区异步元胞自动机模型. 中国图象图形学报, 15(6): 921-930.

柯新利, 杨柏寒, 丁璐, 等, 2015. 基于目标责任区际优化的耕地保护补偿. 中国人口·资源与环境, 25(1): 142-151.

孔祥斌, 张凤荣, 孟媛, 2005. 不同地区应有不同的耕地保护战略和技术创新.国土地学会625论坛-第十五个全国"土地日": 节约集约用地 促进科学发展论文集.中国土地学会:中国土地学会, 3.

邝新亮, 2009. 我国征地补偿机制研究. 青岛: 中国海洋大学.

李彩红, 葛颜祥, 2013. 可持续发展背景的水源地生态补偿机会成本核算. 改革(11): 106-112.

李丽平, 2008. 我国现行土地征收法律制度存在的问题及完善建议. 农业经济(3): 7-8

廖和平, 王玄德, 沈燕, 等, 2011. 重庆市耕地保护区域补偿标准研究. 中国土地科学(4): 42-48.

刘野, 2012. 基于农地发展权视角的征地补偿研究. 南昌: 江西财经大学.

刘云, 2014. 土地综合整治、耕地保护与粮食安全问题研究. 南昌: 南昌大学.

刘祥琪, 2010. 我国征地补偿机制及其完善研究. 天津: 南开大学.

刘兴华, 2012. 博弈论视角: 地方政府征地补偿机制研究. 沈阳: 辽宁大学.

路景兰, 2013. 论我国耕地的生态补偿制度. 北京: 中国地质大学.

罗洋洋, 于婧, 张升元, 等, 2013. 基于耕地发展权价值视角下的利益分配机制探讨: 以武汉城市圈为例. 国土资源科技管理, 30(1): 109-112.

马驰, 秦明周, 2008. 构建我国区域间耕地保护补偿机制探讨. 安徽农业科学(27): 11883-11885, 11904.

马爱慧, 2011. 耕地生态补偿及空间效益转移研究. 武汉: 华中农业大学.

马文博, 李世平, 陈昱, 2012. 我国耕地保护制度实施影响因素分析. 北京理工大学学报(社会科学版), 14(1): 38-43, 55.

毛良祥, 2013. 耕地保护补偿标准与补偿基金规模研究. 北京: 中国地质大学.

牛海鹏, 王文龙, 张安录, 2014. 基于CVM的耕地保护外部性估算与检验. 中国生态农业学报, 22(12): 1498-1508.

牛海鹏, 肖东洋, 鄯智方, 2016. 多层次作用边界下粮食主产区耕地保护外部性量化及尺度效应. 资源科学, 38(8): 1491-1502.

钱忠好, 2002. 耕地保护的行动逻辑及其经济分析. 扬州大学学报(人文社会科学版)(1): 32-37.

任艳胜, 张安录, 邹秀清, 2010. 限制发展区农地发展权补偿标准探析: 以湖北省宜昌、仙桃部分地区为例. 资源科学, 32(4): 743-751.

史小忆, 朱道林, 2008. 浅议耕地保护过程中地方政府的"内部性"问题. 中国国土资源经济(4): 32-34, 47-48.

谭术魁, 张红霞, 2010. 基于数量视角的耕地保护政策绩效评价. 中国人口·资源与环境, 20(4): 153-158.

唐健, 2006. 我国耕地保护制度与政策研究. 北京: 中国社会科学出版社.

王迪, 聂锐, 王胜洲, 2012. 耕地保护外部性及其经济补偿研究进展. 中国人口·资源与环境, 22(10): 131-136.

王爱萍, 郑新奇, 2001. 基于 SD 的土地利用总体规划: 以无棣县为例. 山东师大学报(自然科学版)(4): 437-442.

王克强, 高琰, 张玮, 等, 2017. 耕地资源资产负债核算体系构建分析: 以上海市奉贤区为例. 农业技术经济(10): 119-128.

王苗苗, 2012. 湖南省耕地保护区际补偿机制研究. 长沙: 湖南师范大学.

王永慧, 严金明, 2007. 农地发展权界定、细分与量化研究. 中国土地科学(2): 25-30.

吴泽斌, 刘卫东, 2009. 基于粮食安全的耕地保护区域经济补偿标准测算. 自然资源学报, 24(12): 2076-2086.

姚柳杨, 赵敏娟, 徐涛, 2017. 耕地保护政策的社会福利分析: 基于选择实验的非市场价值评估. 农业经济问题, 38(2): 32-40.

雍新琴, 2010. 耕地保护经济补偿机制研究. 武汉: 华中农业大学.

雍新琴, 张安录, 2011. 基于机会成本的耕地保护农户经济补偿标准探讨: 以江苏铜山县小张家村为例. 农业现代化研究(5): 606-610.

苑全治, 郝晋珉, 张玲俐, 等, 2010. 基于外部性理论的区域耕地保护补偿机制研究: 以山东省潍坊市为例. 自然资源学报, 25(4): 529-538.

张飞, 孙爱军, 孔伟, 2009. 生态补偿视角下的耕地保护. 生态经济(学术版)(2): 93-95.

张婉莹, 2015. 现阶段我国征地补偿价格标准研究. 中国农业资源与区划, 36(6): 69-76.

张效军, 欧名豪, 高艳梅, 2007. 耕地保护区域补偿机制研究. 中国软科学(12): 47-55.

张效军, 欧名豪, 高艳梅, 2008. 耕地保护区域补偿机制之价值标准探讨. 中国人口·资源与环境(5): 154-160.

张效军, 欧名豪, 李景刚, 等, 2010. 耕地保护区域补偿机制的应用研究: 以黑龙江省和福建省为例. 华中农业大学学报(社会科学版)(1): 76-81.

张燕梅, 2013. 我国耕地生态补偿研究: 给予农民权益保护的视角. 福州: 福建师范大学.

臧俊梅, 2007. 农地发展权的创设及其在农地保护中的运用研究. 南京: 南京农业大学.

臧俊梅, 李景刚, 2008. 基于农地发展权的征地补偿机制构建. 中国国土资源经济(4): 29-31, 47.

臧俊梅, 张文方, 李景刚, 2008. 耕地总量动态平衡下的耕地保护区域补偿机制研究. 农业现代化研究(3): 318-322.

赵丽琴, 2011. 基于外部性理论的城市地下空间安全管理问题研究. 北京: 中国矿业大学.

赵其国, 周生路, 吴绍华, 等, 2006. 中国耕地资源变化及其可持续利用及保护政策. 土壤学报(4): 662-672.

郑新奇, 阎弘文, 徐宗波, 2001. 基于 GIS 的无棣县耕地优化配置. 国土资源遥感(2): 53-56.

周诚, 2006. 论我国农地自然增值公平分配的全面产权观. 中国地产市场(8): 76-79.

周建春, 2005. 耕地估价理论与方法研究. 南京: 南京农业大学.

周宗丽, 宁大同, 杨志峰. 1999. 三峡库区秭归县土地资源优化配置. 北京大学学报(自然科学版)(4): 536 - 541.

朱启才, 2004. 权利、制度与经济增长. 北京: 经济科学出版社.

朱新华, 曲福田, 2008. 不同粮食分区间的耕地保护外部性补偿机制研究. 中国人口·资源与环境, 5(18): 148-153.

CARSJENS G J, VAN DER KNAAP W, 2002. Strategic land-use allocation: dealing with spatial relationships and fragmentation of agriculture. Landscape and Urban Planning, 58(2): 171-179.

CLAASSEN R, CATTANEO A, JOHANSSON R, 2007. Cost-effective design of agri-environmental payment programs: U. S. Experience in theory and practice. Ecological Economics, 65(4): 737-752.

DUHME F, PAULEIT S, BAIER H, 1997. Quantifying targets for nature conservation in future European landscapes. Landscape and Urban Planning, 37(1): 73-84.

DUNG E J, SUGUMARAN R, 2005. Development of an agricultural land evaluation and site assessment (LESA) decision support tool using remote sensing and geographic information system. Journal of Soil and Water Conservation, 60(5): 228-235.

GARDNER B D, 1997. The economics of agricultural land preservation. American Journal of Agricultural Economics, 59(6): 1027-1036.

GELLRICH M, ZIMMERMANN N E, 2006. Investigating the regional-scale pattern of agricultural land abandonment in the Swiss mountains: A spatial statistical modelling approach. Landscape and Urban Planning, 79(1): 65-76.

INES S R, RAFAEL C M, DAVID M B, 2008. GIS-based planning support system for rural land-use allocation. Computers and Electronics in Agriculture, 63(2): 257-273.

INNES R, 2000. The economics of takings and compensation when land and its public use value are in private lands. Land Economics, 76(2): 195-212.

JEFFREY H D, BARRY J B, JOHN C B, et al., 2009. Searching for farmland preservation markets: evidence from the Southeastern US. Land Use Policy, 26(1): 121-129.

JOSE M, GARCIA R, NOEMI L R, 2011. Hydrological and erosive consequences of farmland abandonment in Europe, with special reference to the Mediterranean region: A review. Agriculture, Ecosystems and Environment, 140(3): 317-338.

KHALID E, 2009. A GEP-based spatial decision support system for multisite land use allocation. Applied Soft Computing, 10(3): 694-702.

MOUYSSET L, DOYEN L, JIGUET F, et al., 2010. Bio economic modeling for a sustainable management of biodiversity in agricultural lands. Ecological Economics, 70(4): 617-626.

MURADIAN R, CORBERA E, PASCUAL U, et al., 2010. Reconciling theory and practice: an alternative conceptual framework for understanding payments for environmental services. Ecological Economics, 69(6): 1202-1208.

PLANTINGA A J, MILLER D J, 2001. Agricultural value and value of rights to future land development. Land Economics, 77(1): 56-67.

REARDON T, CRAWFORD E, KELLY V, 1994. Links between nonfarm income and farm investment in african households: adding the capital market perspective. American Journal of Agricultural Economics, 76(5): 1172-1176.

SOMMERVILLE M M, JONES J P G, MILNERGULLAND E J, 2009. A revised conceptual framework for payments for environmental services. Ecology & Society, 14(2): 544-544.

STOATE C, BALDI A, BEJA P, et al, 2009. Ecological impacts of early 21st century agricultural change in Europe: A review. Journal of Environmental Management, 91(1): 22-46.